lle Altersstufen

Rudi Lütgeharm

# FITNESSSTUDIO IM SPORTUNTERRICHT

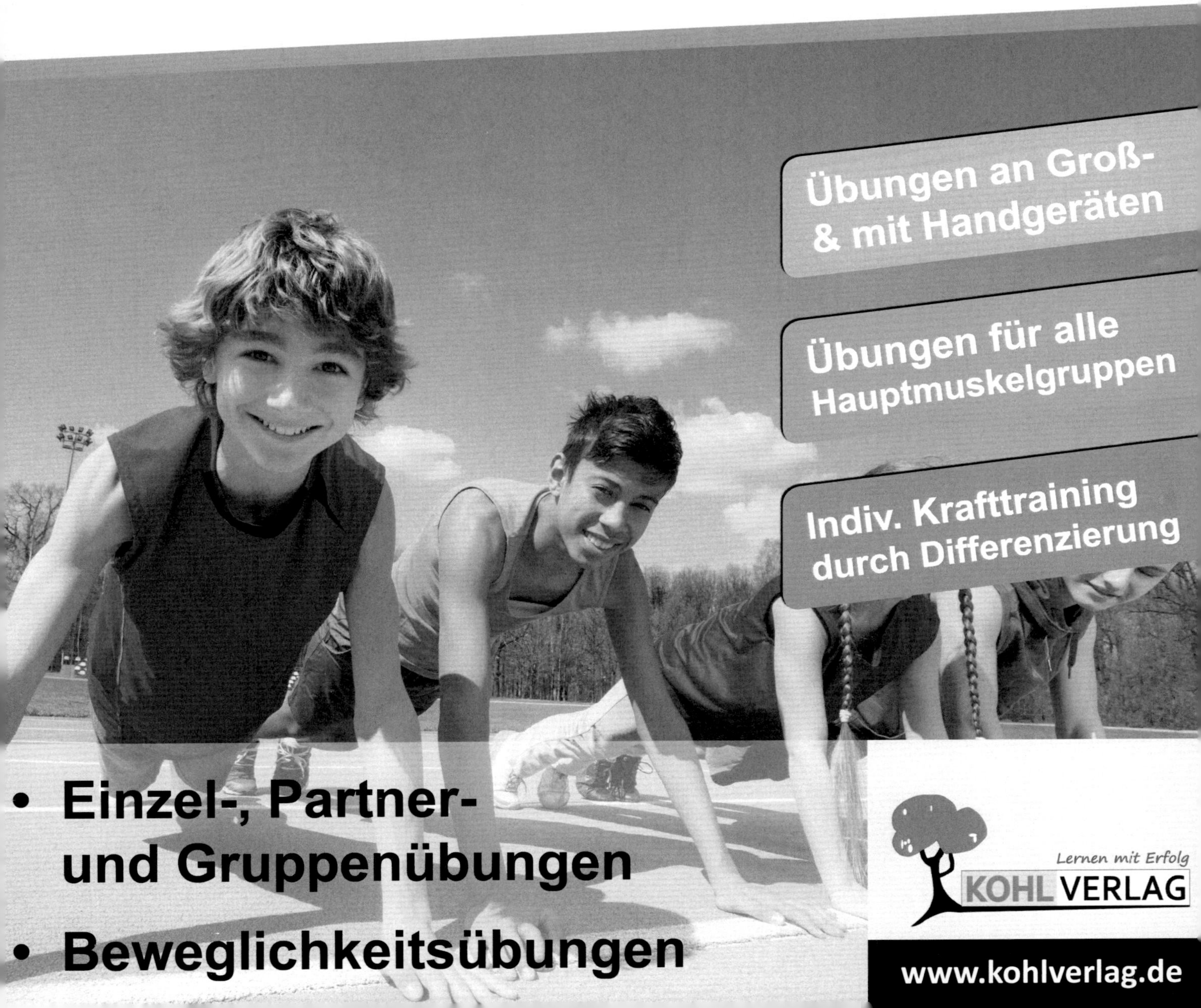

Übungen an Groß- & mit Handgeräten

Übungen für alle Hauptmuskelgruppen

Indiv. Krafttraining durch Differenzierung

- Einzel-, Partner- und Gruppenübungen
- Beweglichkeitsübungen

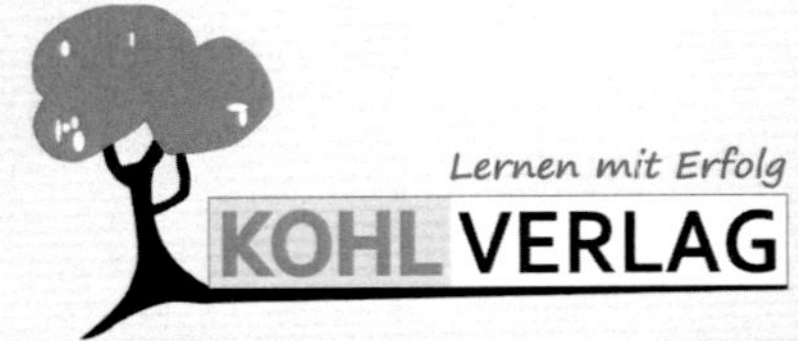


www.kohlverlag.de

# Fitnessstudio im Sportunterricht

## Krafttraining für Kinder & Jugendliche

3. Auflage 2024



Inhalt: Rudi Lütgeharm
Umschlagbild: © Sergey Novikow - AdobeStock.com
Illustrationen: Scott Krausen
Redaktion: Kohl-Verlag
Grafik & Satz: Kohl-Verlag
Druck: Druckerei Flock, Köln

**Bestell-Nr. 12 200**

**ISBN: 978-3-96040-367-8**

# Inhalt

Seite


| | | Seite |
|---|---|---|
| 1. | **Übungsprogramme zur Kräftigung in der Übersicht**<br>Aufwärmübungen und Kräftigen der Hauptmuskelgruppen mit Hand- und Großgeräten | **4 - 5** |
| 2. | **Zeitgemäßer (moderner) Sportunterricht** | **6 - 7** |
| 3. | **Muskeltraining – ohne Kraft geht gar nichts** | **8 - 11** |
| 4. | **Krafttraining für Kinder und Jugendliche**<br>4.1 Warum sollte ein Krafttraining durchgeführt werden? | **12 - 15** |
| 5. | **Auswahl der Übungen**<br>5.1 Funktionelle Übungen<br>5.2 Dynamische Übungen | **16 - 20** |
| 6. | **Wie wird geübt und trainiert?**<br>6.1 Aufeinanderfolge der Übungen bzw. Anordnung der Stationen<br>6.2 Anzahl der Wiederholungen / Übungsdauer und Pausen<br>6.3 Individuelles Krafttraining durch Differenzierung | **21 - 26** |
| 7. | **Top-Übungen in der Übersicht** | **27 - 34** |
| | **Übungsprogramme zur Kräftigung** | **35 - 112** |


## Literatur:


- Drenkow E. / Marschner P.: Körperliche Grundausbildung in der sozialistischen Schule, Volk und Wissen, Volkseigener Verlag, Berlin 1975
- Gottlob, A.: Differenziertes Krafttraining mit Schwerpunkt Wirbelsäule, Urban & Fischer Verlag, München / Jena 2001
- Hollmann W./Hettinger T.: Sportmedizin. 3. Auflage Stuttgart, New York; Schattauer 1990
- Kern, U./Söll, W.: Praxis und Methodik der Schulsportarten, Verlag Karl Hofmann, Schorndorf 1997
- Lütgeharm, R.: Fit wie die Profis, Kohl-Verlag, Kerpen, 2010
- Lütgeharm, R.: Fit und kreativ durch Bewegung, Kohl-Verlag, Kerpen 2009
- Lütgeharm, R.: Grundschule – Sport in drei Niveaustufen, Kohl-Verlag, Kerpen, 2016
- Lütgeharm, R.: Sekundarstufe – Sport in drei Niveaustufen, Kohl-Verlag, Kerpen, 2017
- Neumann, A. / Wolpers R.: Körperliche Fitness durch Krafttraining in der Sporthalle, Pohl-Verlag, Celle 2001
- Mießner, W.: richtig Krafttraining, BLV Buchverlag. München 2006
- Pühse U. / Illi U: Bewegung und Sport im Lebensraum Schule, Verlag Karl Hofmann, Schorndorf 1999
- Reichenbach, C.: Bewegungsdiagnostik in Theorie und Praxis, Borgmann Media, Dortmund 2006
- Roberts S. / Weider B.: Strenght and Weight Training for Young Athletes. 1st ed. Chicago: Contemporary Books 1994
- Söll, W.: Sportunterricht – Sport unterrichten, Verlag Karl Hofmann, Schorndorf 1996
- Zimmermann, K.: Fitneß selbst programmiert, Sportverlag, Berlin 1992




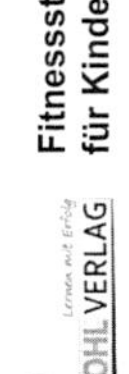

# 1 Übungsprogramme zur Kräftigung in der Übersicht

Aufwärmübungen und Kräftigen der Hauptmuskelgruppen mit Hand- und Großgeräten

Dieses Buch veranschaulicht mit viel Praxis, wie auch im normalen Sportunterricht Kondition und Koordination geschult und verbessert werden können.

**Die Sporthalle wird zum „Fitnessstudio".**

In Form von Einzel- und Partnerübungen werden die Hauptmuskelgruppen gekräftigt.

Es kommen Hand- und Großgeräte zum Einsatz. Damit die Übungen auch im Schulalltag sofort umgesetzt werden können, werden unterschiedliche Organisationsformen angewandt.

Die folgende Übersicht nennt unter „Thema/Übungsprogramm" die Schwerpunkte der jeweiligen Übungs-/Trainingseinheit und auch die Anzahl der ausgewählten Übungen bzw. Stationen.

Somit kann sich der Sportlehrer vor Ort schnell eine erste Übersicht verschaffen und die entsprechende Übungs-/Trainingseinheit für seine Klasse auswählen.

Die Zuordnung/Eignung „ab Klasse" ist nur als grobe Orientierung zu verstehen. Der Sportlehrer kennt seine Klasse, kann die „Fitness" seiner Schüler einschätzen, ob die hier ausgewählten Übungen bzw. auch die vorgeschlagene Organisationsform und die Handhabung der Großgeräte von seinen Schülern zu schaffen ist.

**Damit auch alle Schüler „aktiv mitmachen" und ihre Muskulatur kräftigen können, werden bei jeder Übung Variationen und Möglichkeiten der Differenzierung angeboten.**

## Übungsprogramme zur Kräftigung in der Übersicht

| | Thema<br>Übungsprogramm | ab Klasse | Anzahl der Übungen / Stationen | Seite |
|---|---|---|---|---|
| P1 | **Aufwärmübungen** | 3./4. | 10-14 | 35-37 |
| P2 | **Kräftigung an bekannten Großgeräten**<br>... an großen Kästen | 5./6. | 4 | 38-40 |
| P3 | **8 Stationen vielseitig und abwechslungreich**<br>... an/mit Kastenteilen und kleinen Kästen | 5./6. | 8 | 41-45 |
| P4 | **Fitnessübungen mit einem Alltagsgerät**<br>... mit Teppichfliesen | 3./4. | 8 | 46-49 |
| P5 | **Der Partner als „Übungsgerät"**<br>... mit Partnerübungen | 4./5. | 4 | 50-53 |



Fitnessstudio im Sportunterricht – Krafttraining für Kinder & Jugendliche – Bestell-Nr. 12 200
KOHL VERLAG

# 1 Übungsprogramme zur Kräftigung in der Übersicht

Aufwärmübungen und Kräftigen der Hauptmuskelgruppen mit Hand- und Großgeräten

## Übungsprogramme zur Kräftigung in der Übersicht

| | Thema<br>Übungsprogramm | ab<br>Klasse | Anzahl der Übungen /<br>Stationen | Seite |
|---|---|---|---|---|
| P6 | **Großgeräte im Wechsel einsetzen**<br>... an Recken, kleinen/großen Kästen und Turnbänken | 5./6. | 4 | 54-58 |
| P7 | **Partnerübungen – einer übt, der andere unterstützt**<br>... an Barren, kleinen Kästen und Bänken | 5./6. | 4 | 59-63 |
| P8 | **Einzel- und Partnerübungen**<br>... an und mit Turnbänken | 7./8. | 10 | 64-68 |
| P9 | **Großgeräte im Einsatz**<br>... an Recken, Barren und Turnbänken | 5./6. | 9-10 | 69-73 |
| P10 | **Zu zweit und zu viert intensiv trainieren**<br>... an kleinen Kästen | 4./5. | 9 | 74-79 |
| P11 | **Werfen und Stoßen und Muskeln kräftigen**<br>... mit Medizinbällen | 5./6. | 9 | 80-85 |
| P12 | **Stützen, hängen, schwingen – mit eigenem Körpergewicht trainieren**<br>... an Recken und Barren | 6./7. | 8 | 86-92 |
| P13 | **Zweikampfübungen und Übungen zu dritt**<br>... mit Gymnastikstäben | 5./6. | 8 | 93-97 |
| P14 | **Gemeinsam ein Großgerät bewegen und transportieren**<br>... an und mit Weichböden | 5./6. | 12 | 98-102 |
| P15 | **Kondition und Koordination komplex verbessern**<br>... an Gerätebahnen | 5./6. | 1. Beispiel<br>2. Beispiel | 103-108 |
| P16 | **Steigen, stützen, stoßen und Muskeln kräftigen**<br>... mit Bällen | 5./6. | 10 | 109-112 |

Fitnessstudio im Sportunterricht – Krafttraining für Kinder & Jugendliche – Bestell-Nr. 12 200
KOHL VERLAG

# 2 Zeitgemäßer (moderner) Sportunterricht

Wird es auch in Zukunft Schulsport an Deutschlands Schulen geben? Ja, davon bin ich felsenfest überzeugt. Ob er allerdings noch so heißt und welche Struktur, welche Inhalte, Formen und zeitliche Umfänge er im Schulwesen von morgen haben wird, und ob er noch von Lehrkräften mit einer Hochschulausbildung erteilt wird, darüber wird in nächster Zeit gestritten werden müssen.[1]

In diesem Buch wird der Frage nachgegangen, warum schon heute viele Jugendliche (auch Kinder) regelmäßig ein Fitnessstudio besuchen, um dort an ihrer „Figur" zu arbeiten, um wichtige Muskelgruppen (Hauptmuskelgruppen) zu kräftigen.

- Sind sie mit dem normalen Sportunterricht ganz allgemein nicht zufrieden und/oder reicht ihnen das Angebot nicht?
- Entsprechen die angebotenen Spiel- und Übungsformen und die fachlichen Inhalte nicht mehr ihren Vorstellungen?

Die Institution Schule und jeder Sportlehrer vor Ort muss sich die Frage stellen, ob der herkömmliche Sportunterricht evtl. zeitgemäßer/moderner gestaltet werden müsste? Andere Schwerpunkte/Inhalte/Übungs- und Organisationsformen wären die Konsequenzen.

Es ist ohne große Probleme möglich, auch im regulären Sportunterricht in der ganz normalen Sporthalle, ähnliche Angebote/Übungsprogramme wie im Fitnessstudio mit funktionellen Übungen bereitzustellen.

Mit etwas Fantasie und Kreativität stellt der Sportlehrer eine entsprechende Übungsauswahl an Großgeräten zusammen und bereitet sie methodisch/organisatorisch entsprechend auf. So entsteht ein abwechslungsreiches und interessantes Übungsangebot.

Kinder und Jugendliche werden hoch motiviert diese Übungen ausführen und dabei erkennen, dass man auch ohne hochtechnisierte Geräte seine Muskeln kräftigen und dabei auch noch die koordinativen Fähigkeiten verbessern kann.

Die in diesem Buch genannten beispielhaften Anregungen/Übungsprogramme ...

- an großen Kästen *(Abb. 1)*
- an kleinen Kästen *(Abb. 2)*

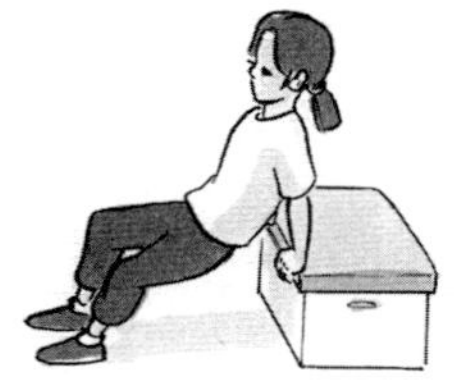

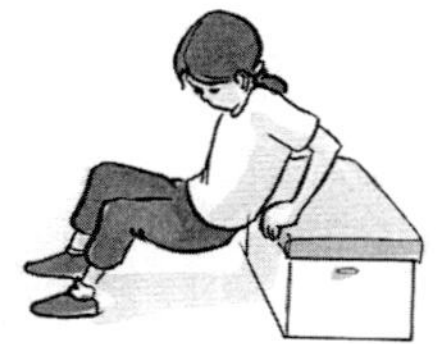

**Abb. 2**

- an und mit Turnbänken *(Abb. 3)*

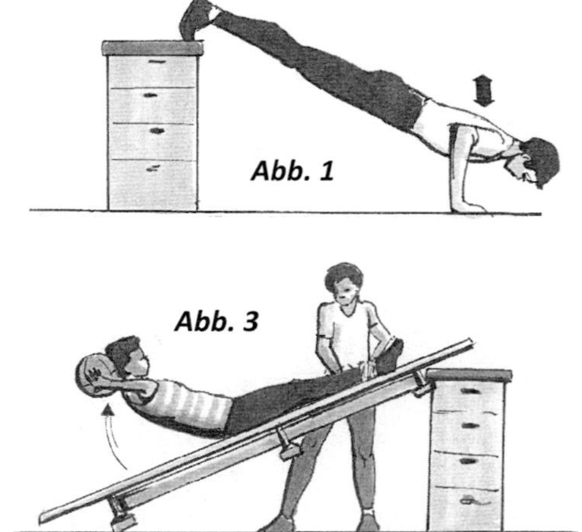

**Abb. 1**

**Abb. 3**

[1] Kofink, H.: Schulsport morgen? Politische Perspektiven, Forderungen und inhaltliche Empfehlungen in Pühse U. / Illi U: Bewegung und Sport im Lebensraum Schule, S. 263



Fitnessstudio im Sportunterricht – Krafttraining für Kinder & Jugendliche – Bestell-Nr. 12 200
KOHL VERLAG

# 2 Zeitgemäßer (moderner) Sportunterricht

– an Stützbarren *(Abb. 4)*

– an Recken *(Abb. 5)*

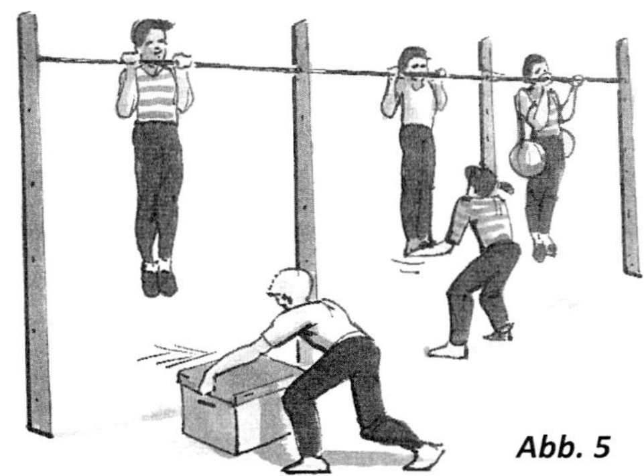

Abb. 5

– an und mit Kastenteilen *(Abb. 6)*

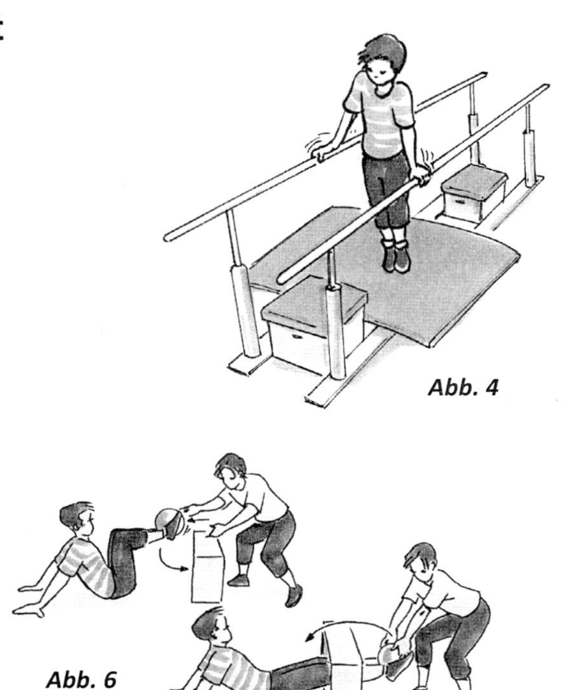

Abb. 4

Abb. 6

… stehen im klaren Gegensatz zum häufig langweiligen/eintönigen Bewegen an einem Gerät, man denke hierbei an den „trostlosen" Einsatz von Cardiogeräten (Stepper, Ergometer und Laufband) im Fitnessstudio. Wichtig hierbei ist, dass der Sportlehrer den Kindern und Jugendlichen seiner Klasse klarmacht, dass es auch im regulärem Sportunterricht möglich ist, „an der Figur" zu arbeiten und die Grundlagen im konditionellen und koordinativen Bereich mit abwechslungsreichen Spiel- und Übungsformen zu verbessern.

Dieses Buch zeigt Möglichkeiten auf und veranschaulicht mit viel Praxis, dass es auch im ganz normalen Sportunterricht machbar ist, den Wünschen und Vorstellungen der Kinder und Jugendlichen „Üben und Trainieren wie im Fitnessstudio" nachzukommen und dabei ein gesundheitsorientiertes und vielseitig ausgerichtetes Muskeltraining anzubieten.

Sportlehrer, aber auch fachfremd unterrichtende Lehrkräfte finden in diesem Buch viele Anregungen und Beispiele, die sie für ihre Klassen und Gruppen sofort praktisch umsetzen können.

In diesem Buch werden Übungsprogramme zum Kräftigen der Hauptmuskelgruppen an großen Kästen, kleinen Kästen, Stützbarren, Recken, Turnbänken, Weichböden und mit Handgeräten etc. vorgestellt.

Häufig sorgt allein der Einsatz von Großgeräten und ihre Anwendung in einer bisher nicht bekannten Art und Weise für eine hohe Motivation der Kinder und Jugendlichen. Wenn Großgeräte mit anderen Geräten kombiniert werden, entstehen weitere interessante Übungsvariationen.

# 3 Muskeltraining – ohne „Kraft“ geht gar nichts

**Kraft ist die Fähigkeit des Muskels, Widerstände zu überwinden (dynamische Kraft) bzw. einer einwirkenden Kraft Widerstand zu bieten (statische Kraft).**[1]

**Die muskulär erzeugte Körperkraft versetzt uns in die Lage, Gegenstände zu halten und zu bewegen, Arbeit und Leistung zu erbringen und auch Widerstände zu überwinden.**

Eine leistungsfähige, voll funktionsfähige Muskulatur ist eine wesentliche Voraussetzung für Gesundheit, Leistungsfähigkeit und Wohlbefinden. Die über 400 Skelettmuskeln des Menschen machen beim Mann 40-50 % und bei der Frau 25-35 % des Körpergewichts aus. Mit diesen Muskeln wird es überhaupt erst möglich, Körperbewegungen auszuführen bzw. bestimmte Körperhaltungen aufrechtzuerhalten.[2]

Die Kraft ist eine unserer fünf motorischen Fähigkeiten. Die anderen sind Ausdauer, Beweglichkeit, Schnelligkeit und Koordination. Hierbei ist die Kraft eine der wichtigsten, da erst durch sie muskuläre Arbeit möglich wird und die anderen motorischen Fähigkeiten auf ihr aufbauen.[3]

Schon bei ganz alltäglichen Tätigkeiten braucht jeder von uns Kraft. Man benötigt Kraft zum Stehen, beim Gehen, sich hinsetzen, wieder aufstehen, beim Sitzen selbst, usw.

Man muss sich das einmal klar „vor Augen führen“ und bewusst machen, dass die unterschiedlichen Hauptmuskelgruppen für eine natürliche Körperhaltung sorgen und zur Bewältigung des normalen Alltags beitragen.

Alles was man im Alltag manchmal „tut“ oder was man im Sportunterricht für Übungen ausführt, hat mit „Kraft“ zu tun.

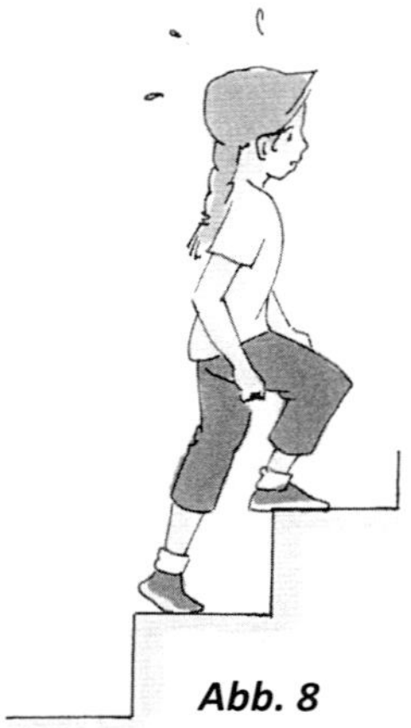

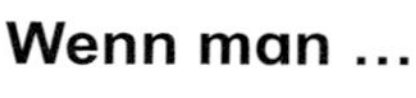

**Wenn man ...**

– einen Fuß auf die Sitzfläche eines Stuhls hebt, um sich leichter die Schuhe zuzubinden, wird dafür Kraft in den Beinen benötigt *(Abb. 7).*

– eine Treppe hinauf- und wieder herabsteigt, braucht man eine gut entwickelte Beinmuskulatur. *(Abb. 8).*

– Wenn ein Kind auf eine Mauer klettert, benötigt es dafür Kraft in den Armen und beim Hinabspringen wiederum Kraft in den Beinen *(Abb. 9).*

– eine Getränkekiste anhebt und anschließend transportiert, braucht man eine gut entwickelte Arm-, Bein- und Rumpfmuskulatur *(Abb. 10).*

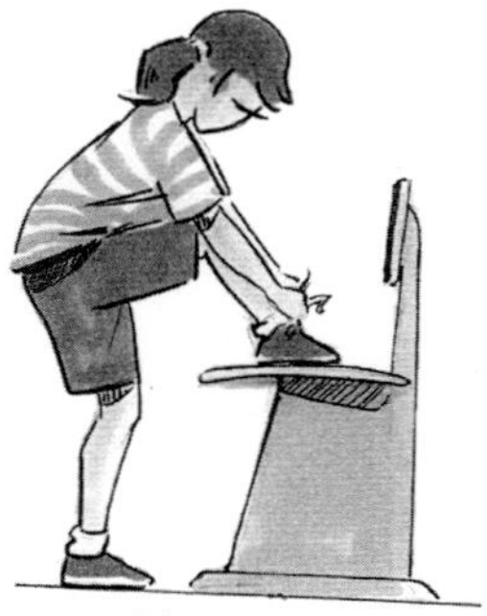

Abb. 7

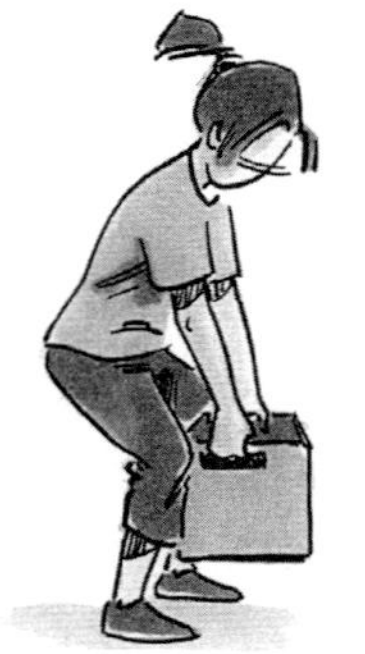

Abb. 8

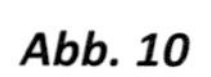

Abb. 10

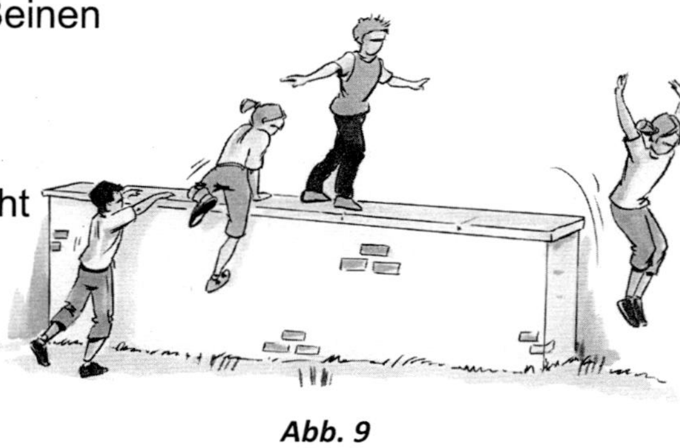

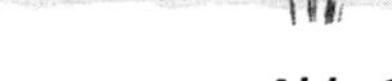

Abb. 9

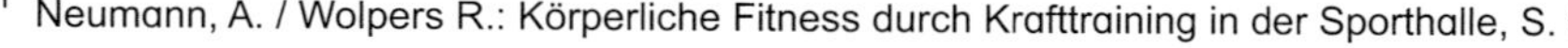

1 Neumann, A. / Wolpers R.: Körperliche Fitness durch Krafttraining in der Sporthalle, S. 6

2 Zimmermann, K.: Fitneß selbst programmiert, S. 9

3 Mießner, W.: richtig Krafttraining, S. 9



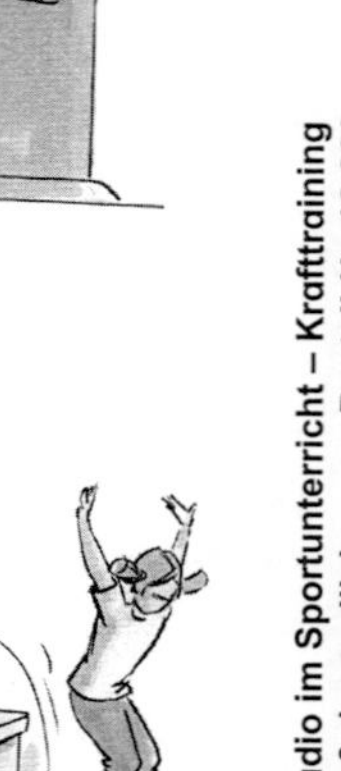

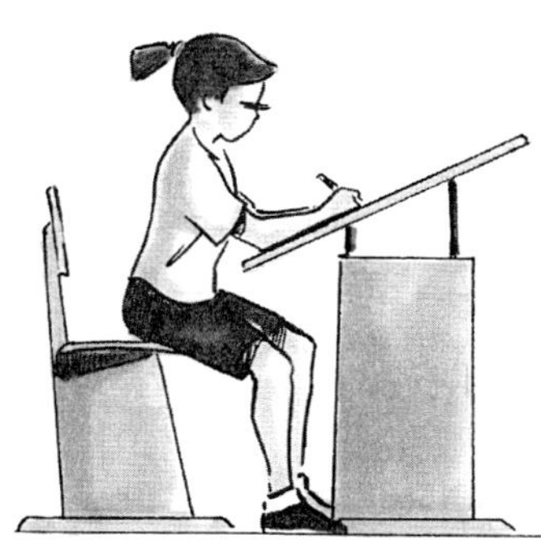
Abb. 11

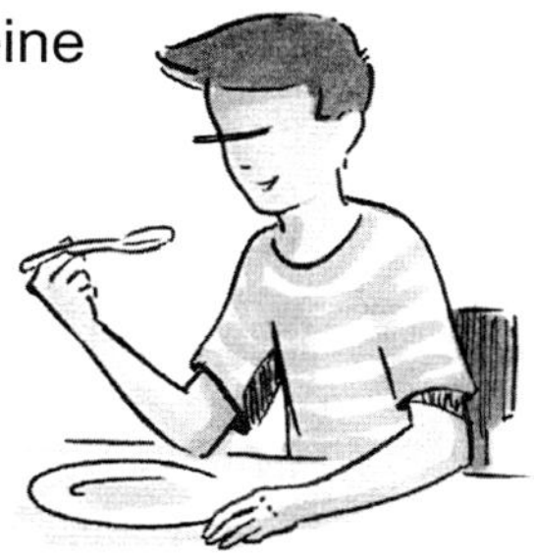

– aufrecht am Pult oder Tisch sitzt, braucht man eine gut entwickelte Rücken- und Bauchmuskulatur *(Abb. 11 und 12)*.

Abb. 12

Für das sportliche Üben und Trainieren ist die Kraft eine ganz wichtige Voraussetzung, wie die folgenden exemplarischen Beispiele veranschaulichen.

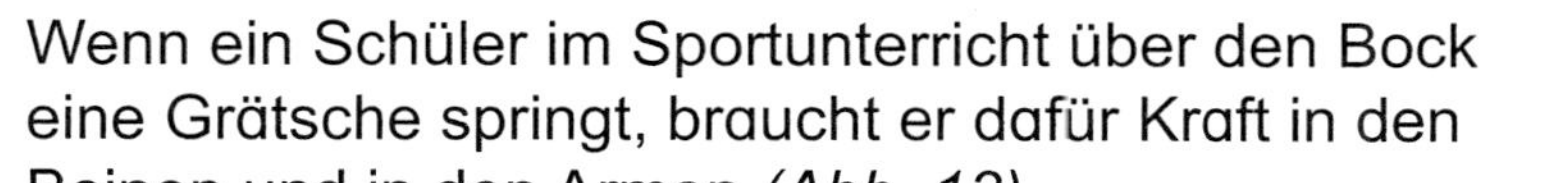

– Wenn ein Schüler im Sportunterricht über den Bock eine Grätsche springt, braucht er dafür Kraft in den Beinen und in den Armen *(Abb. 13)*.

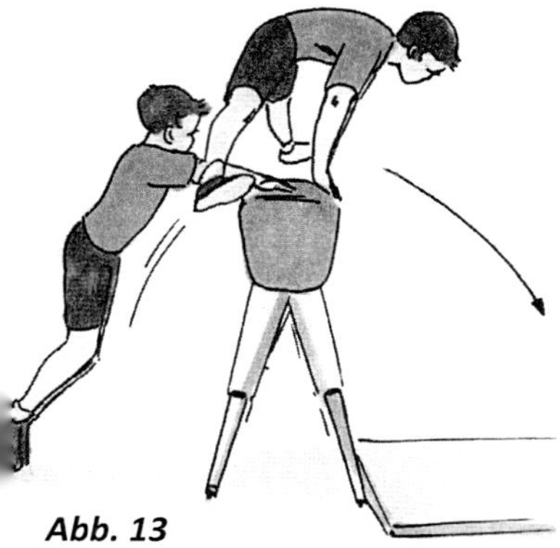

– Wenn ein Schüler an der Bank die Vorübung zum Handstand ausführt benötigt er dafür insbesondere Armkraft *(Abb. 14)*.

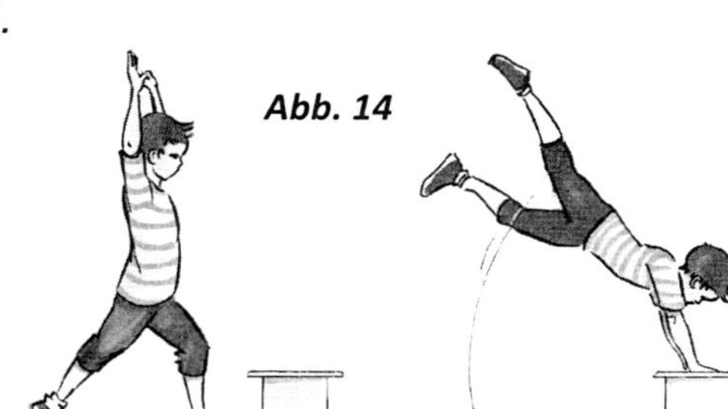
Abb. 14

**Ohne Kraft könnte man …**

**– kein Ausdauertraining betreiben – Beispiel: Linienlauf.**

Abb. 13

Alle Schüler stehen in der Sporthalle an der Grundlinie (ca. 1-2 m von der Wand entfernt), gemeinsam nebeneinander zur ersten Linie laufen und mit der rechten Hand kurz antippen. Anschließend zurück zur Grundlinie laufen und auch diese mit der linken Hand berühren, danach gemeinsam zur zweiten Linie laufen und wieder mit der rechten Hand antippen usw. So werden alle Linien nacheinander abgelaufen *(Abb. 15)*.

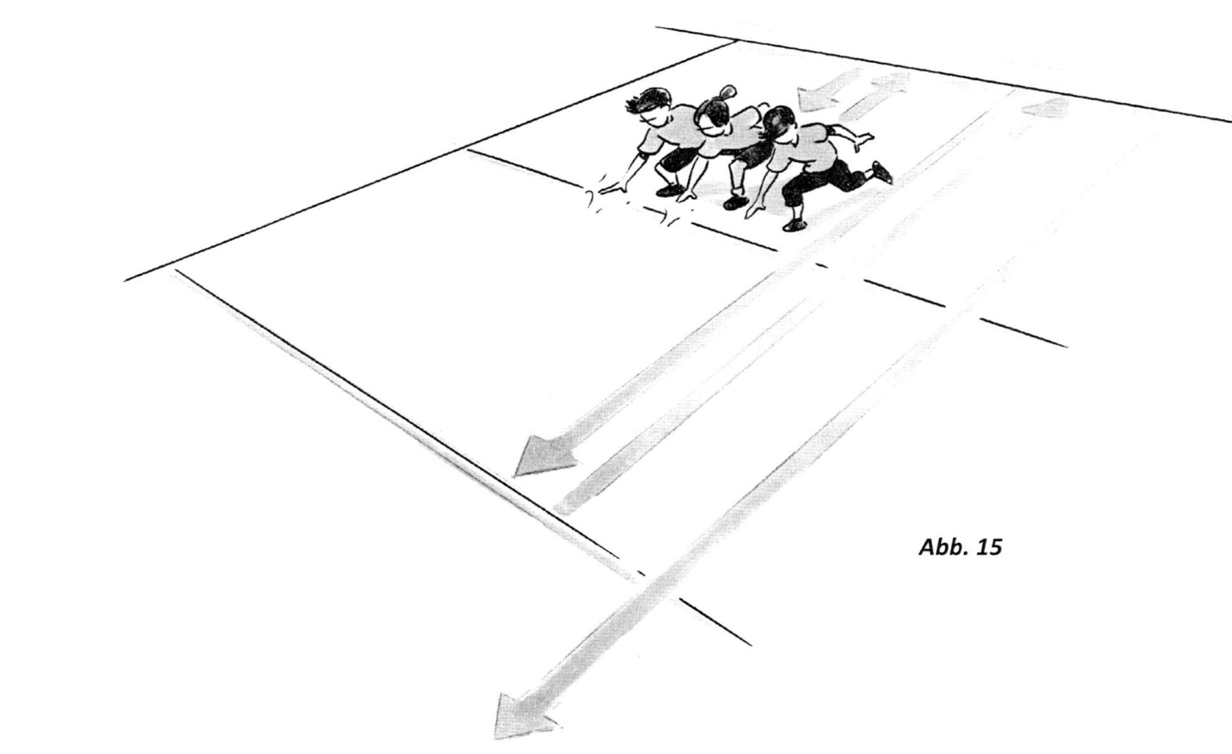
Abb. 15

– **kein Sprint- bzw. Schnelligkeitstraining durchführen, weil ein Sprint nur mit einer kräftigen Beinmuskulatur möglich ist – Beispiel: Sprintermehrkampf.**

Es werden drei Riegen gebildet. Der erste Schüler jeder Riege steht an der Startlinie. Gestartet wird auf Kommando aus dem Stand oder Kauerstellung. Jeder Teilnehmer gewinnt für seine Mannschaft je nach Einlauf:

1. Platz = 5 Punkte, 2. Platz = 3 Punkte, 3. Platz = 1 Punkt.

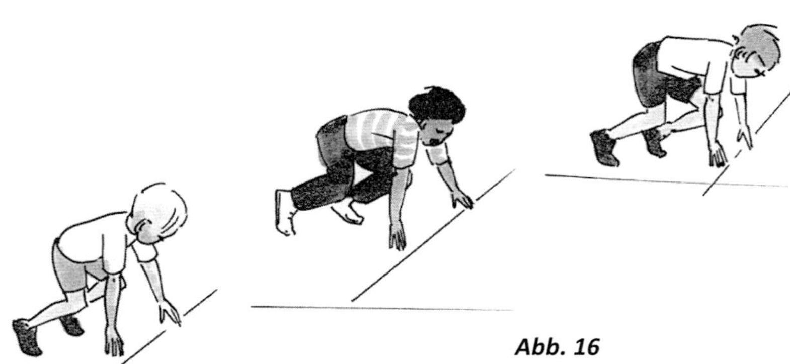

*Abb. 16*

Danach kommen die zweiten Schüler jeder Riege dran. So geht es immer weiter, bis alle einmal gelaufen sind. Um jedes Rennen offen zu gestalten, startet beim 2. Durchgang der Erste des vorherigen Laufes einen Meter hinter der Startlinie, der Zweite an der Startlinie und der Dritte einen Meter vor der Startlinie. So muss auch der leistungsstärkere Schüler wieder „voll“ laufen, der leistungsschwächere Schüler bekommt dadurch seine Chance *(Abb. 16).*

– **kein Beweglichkeitstraining durchführen, weil eine trainierte Muskulatur für das aktive Dehnen Voraussetzung ist – Beispiel: Dehnung der hinteren Oberschenkelmuskulatur.**

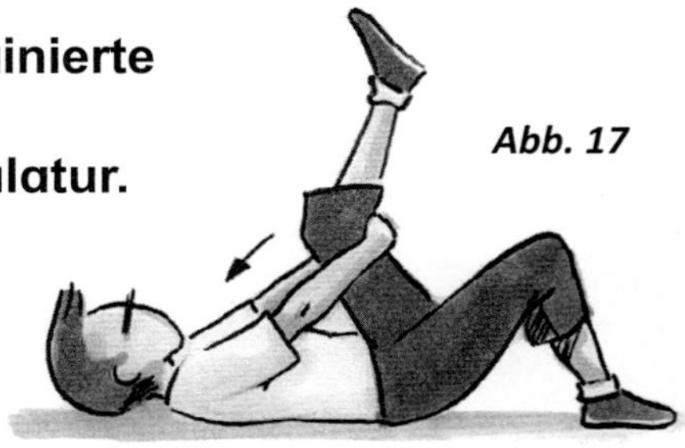

*Abb. 17*

Rückenlage, das rechte Bein mit gebeugtem Knie aufstellen und das linke Bein leicht gebeugt zur Decke strecken: Mit beiden Händen den Oberschenkel des linken Beines fassen und behutsam, aber stetig in Richtung Brust ziehen. Kopf und Schulter bleiben auf dem Boden liegen. Anschließend mit dem anderen Bein üben *(Abb. 17).*

– Ablauf wie zuvor, aber nachdem das Bein zur Brust gezogen worden ist, wird die Fußspitze zum Körper geführt „flex“, einen Moment gehalten und dann wieder „losgelassen“. Meistens kann das Bein danach noch etwas mehr zur Brust herangezogen werden.

– **keine Schulung der Koordination durchführen, weil die jeweiligen/beteiligten Muskelgruppen für harmonische/flüssige Bewegungsabläufe sorgen – Beispiel: Pylone und Ball**

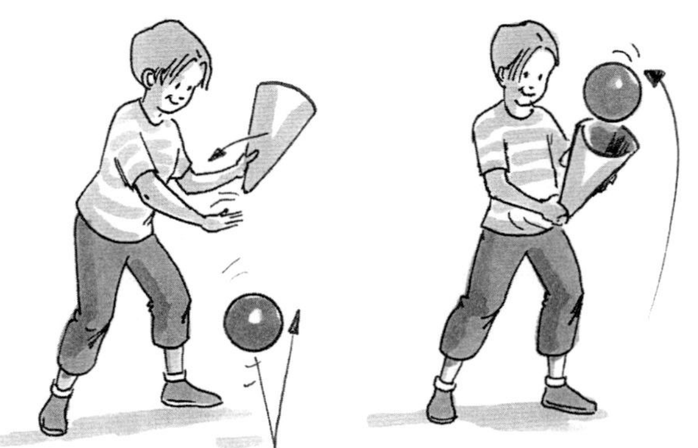

Den Ball mit der rechten Hand auf den Boden prellen und sofort danach die in der linken Hand gehaltene Pylone in die rechte Hand übergeben, damit das Auffangen des Balles auch mit der rechten Hand ausgeführt werden kann *(Abb. 18).*

*Abb. 18*

# 3 Muskeltraining – ohne „Kraft“ geht gar nichts

Mit einem Krafttraining kann jeder seine Körperkraft ganz erheblich verbessern, ganz gleich ob man 40 Jahre oder 80 Jahre jung/alt ist. Schon Kleinkinder benötigen Kraft, um den eigenen Kopf zu heben, später dann den ganzen Körper und das Laufen zu lernen.

Soll eine Körperform mit straffer Haut, geringem Körperfettanteil und einer gewissen Körperspannung dauerhaft erreicht werden, so ist dieses Ziel in absehbarer Zeit am effektivsten mit einem intensiven und regelmäßig betriebenen Krafttraining realisierbar.[4]

**Mit dieser Aussage kommt man den Wünschen und Vorstellungen vieler Jugendlichen sehr nahe. Es geht nun darum, dieses Krafttraining im regulären Sportunterricht zu verwirklichen.**

- **Kraft ist nicht selbstverständlich vorhanden! Sie muss erarbeitet werden – jeden Tag aufs Neue.**
- **Kraft ist trainierbar – für jeden mobilen Menschen, in jedem Alter, mit jeder Konstitution.**[5]

**Krafttraining ist immer möglich –**
**Kraft ist natürlich nicht alles –**
**aber ohne Kraft ist vieles nichts!**[6]

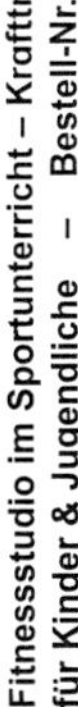


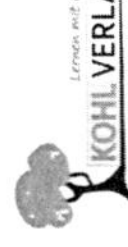


4 Gottlob, A.: Differenziertes Krafttraining, S. 20

5 Gottlob, A.: Differenziertes Krafttraining, S. 1

6 Gottlob, A.: Differenziertes Krafttraining, S. 2

# 4 Krafttraining für Kinder und Jugendliche

Häufig wird ein Krafttraining bei Kindern und Jugendlichen abgelehnt bzw. negativ gesehen, weil es angeblich zu Verletzungen oder zum vorzeitigen Verschluss der Wachstumsfugen am Knochen (Epiphysenfugen) kommen könnte:

Ein Krafttraining mit differenzierten Aufgabenstellungen zeigt aber auch bei Kindern und Jugendlichen viele positive Auswirkungen (siehe dazu Kapitel 4.1).

Allgemeines Muskel-/Krafttraining hat nichts mit Hanteln und Kraftmaschinen zu tun, sondern bedeutet vielmehr, sich mit geringen bis mittleren Widerständen auseinanderzusetzen und diese mit der eigenen Muskelkraft zu überwinden.

Haben Sie einmal beobachtet, welche Kraftleistung das Kleinkind vollbringen muss, wenn es anfängt Treppenstufen zu bewältigen? Nach kurzer Zeit führt es aufgrund der überproportionalen Stufen/Kind-Geometrie einbeinige Kniebeugen durch![1]

- Später lieben es die Kinder, auf eine kleine Mauer allein oder mit Hilfe zu klettern und anschließend mit Freude hinunterzuspringen *(Abb. 19)*.
- Auf Kinderspielplätzen wird das Körpergewicht ziehend, stützend oder auch hängend bewältigt, z.B. sich an einem Klettergerüst vorwärts zu hangeln und dabei hin und her zu schwingen *(Abb. 20)*.

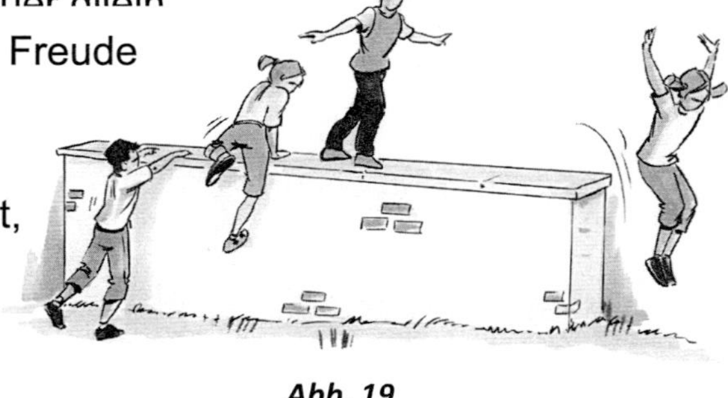

**Abb. 19**

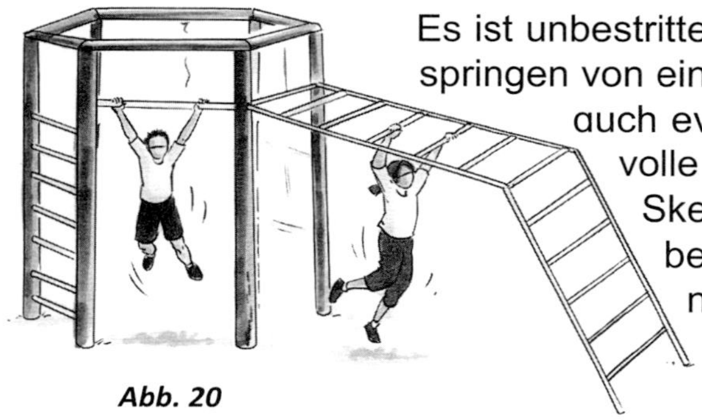

**Abb. 20**

Es ist unbestritten, dass beim freien (spielerischen) Hinunterspringen von einer kleinen Mauer auf einem unebenen oder auch evtl. hartem Untergrund oder das schwungvolle Heraussprinnen aus einer Schaukel, das Skelettsystem viel mehr belastet wird, als bei einem sorgfältig geplanten Krafttraining unter Aufsicht des Sportlehrers *(Abb. 21)*.

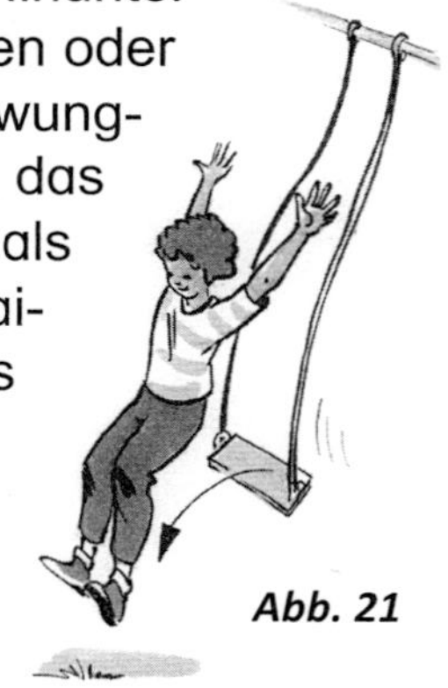

**Abb. 21**

Die o.g. Beispiele machen deutlich, dass das Kleinkind- und Kindergartenalter von einem reichhaltigen Koordinationstraining und genauso umfangreich von einem vielschichtigen Maximalkrafttraining geprägt ist *(nach Gottlob, A.: Differenziertes Krafttraining) (Abb. 22)*.

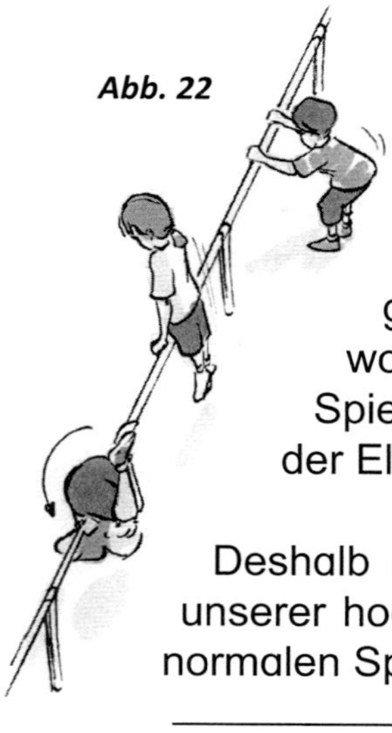

**Abb. 22**

Der Alltag der meisten Kinder/Jugendlichen ist heute durch stundenlange Inaktivität geprägt. Sitzen und immer wieder Sitzen wird zu einer gewohnten Lebenshaltung, die durch viele Stunden vor dem Fernseher, beim Spielen am Computer und natürlich nicht zu vergessen, durch das „Vorleben“ der Eltern entsteht.

Deshalb sind die eingangs genannten Überlegungen grundsätzlich falsch. In unserer hochtechnisierten Umwelt haben wir gar keine andere Wahl, als auch im normalen Sportunterricht ein gezieltes Krafttraining anzubieten und durchzuführen.

[1] Gottlob, A.: Differenziertes Krafttraining, S. 30

# 4 Krafttraining für Kinder und Jugendliche

Man weiß heute, dass Bewegungsmangel ein bedeutender Risikofaktor für das allgemeine Wohlbefinden (Gesundheit) und damit auch für die Entwicklung der körperlichen und geistigen Leistungsfähigkeit darstellt, z.B.

- weisen immer mehr Kinder heute Haltungsschwächen auf (haben eine schwach entwickelte Rumpf-, Bauch- und Rückenmuskulatur),
- sind Kinder häufig nicht mehr voll belastungsfähig (herz- und kreislaufschwach),
- sind viele Kinder koordinationsschwach usw.

*(Quelle: Bundesarbeitsgemeinschaft zur Förderung haltungs- und bewegungsauffälliger Kinder e.V. 1992).*

**Körperliche Kraft ist eine wesentliche Komponente der Fitness von Jungen und Mädchen und gerade kein „Beiwerk", bzw. „etwas, was mal später drankommt.**[2]

Nein, ein regelmäßiges Krafttraining mit differenzierten Aufgabenstellungen muss fester Bestandteil des Sportunterrichts in der Schule sein (werden), um eine solide/stabile Grundlage und damit die Voraussetzungen für ein gesundes/sportliches Leben zu schaffen.

**In Form eines Krafttrainings die Fitness zu verbessern**
**und „an der Figur zu arbeiten"**
**entspricht den Vorstellungen vieler Kinder und Jugendlichen**
**- so stellen sie sich einen modernen Sportunterricht vor.**

### Und noch etwas ...
### Kräftigung und Dehnung

Für den normalen Sportunterricht gilt nach wie vor die Regel, dass die Kräftigungsübungen den Vorrang vor den Dehnübungen haben, und zwar umso deutlicher, je jünger die Schüler sind und je niedriger ihr Trainingszustand ist. Muskeln, die kaum vorhanden sind, brauchen nicht gedehnt zu werden.[3]



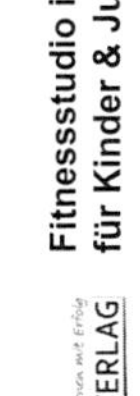


[1] Gottlob, A.: Differenziertes Krafttraining, S. 30

[2] Gottlob, A.: Differenziertes Krafttraining, S. 31

[3] Söll, W.: Sportunterricht-sport-Unterrichten, S. 127

## 4.1 Warum sollte ein Krafttraining durchgeführt werden?

Schon für Kinder im Grundschulalter ist das Entwickeln/Schulen der Kraft wichtig, weil es eine enge Wechselwirkung zwischen den körperlichen Fähigkeiten/Voraussetzungen und dem Lernen von sportlichen Fertigkeiten gibt.

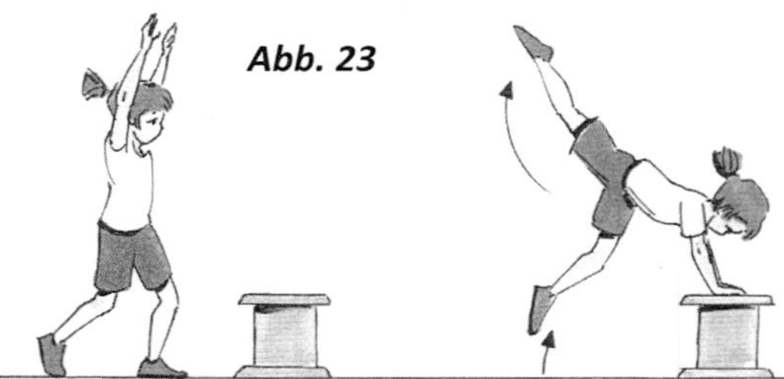
*Abb. 23*

**Beispiel:** Für das Lernen und Üben des Handstandes benötigt das Kind eine entsprechende Stützkraft (Arm- und Schultermuskulatur), d.h. es muss in der Lage sein, sein Körpergewicht mit der Arm- und Schultermuskulatur abzustützen bzw. zu tragen *(Abb. 23).*

Natürlich muss ein Krafttraining für Kinder im Grundschulalter mehr spielerisch gestaltet und anders verpackt sein, als ein Übungsprogramm für Schüler im Sekundarbereich I. Hier sollten auch Handgeräte und Alltagsgeräte zum Einsatz kommen *(siehe Übungsprogramm Teppichfliesen).*

**Viele Kinder und Jugendliche sind heute nicht mehr „fit".**

So weisen bereits über 50 % aller 8- bis 18-Jährigen Haltungsfehler und Haltungsschwächen auf *(Hollmann 1990, Dordel 1975);* entsprechend ist die Körperkraft bei vielen nur schwach entwickelt! So können z.B nach einer US-Studie ein Drittel aller männlichen und zwei Drittel aller weiblichen Jugendlichen keinen einzigen Klimmzug durchführen *(Roberts 1994).*[1]

Diese Aussagen kann ich nur bestätigen. In über 30 Jahren praktischer Unterrichtserfahrung im Fach Sport mit Kindern im Primarbereich und mit Jugendlichen im Sekundarbereich I, habe ich immer wieder festgestellt, dass bei vielen Schülern das „Last-Kraft-Verhältnis" nicht stimmt, das heißt, dass ihre Kraft nicht ausreicht, um ihr eigenes Körpergewicht zu halten, zu stützen oder auch abzufangen. Außerdem sind gerade im Rumpfbereich (Rücken- und Bauchmuskulatur) häufig muskuläre Schwächen festzustellen, die zu einer „schlechten Haltung" führen.

Die oben genannten Punkte machen deutlich, wie wichtig es ist, auch im ganz normalen Sportunterricht die Kraftfähigkeiten zu entwickeln und zu verbessern.

Muskeltraining führt zur Kräftigung der Muskulatur, die den aktiven Halteapparat darstellt und eine entscheidende Voraussetzung für eine aufrechte Körperhaltung ist. Besondere Beachtung verlangt dabei die Bauch-, Rücken-, Gesäß-, Schulter- und Brustmuskulatur.[2]

Gottlob nennt u.a. folgende Vorteile eines differenzeirten Krafttrainings für Kinder/Jugendliche[3]:

- **Deutlich erhöhte Gesamtkörperkraft bereits im vorpubertären Alter**

**Beispiel:** Schüler A und B halten den Stab mit beiden Händen etwas über Hüfthöhe, Schüler C steht in der Stabgasse, springt vorsichtig in den Stütz und wird so zur anderen Seite getragen *(Abb. 24).*

*Abb. 24*

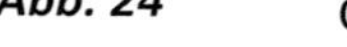

[1] Gottlob A.; Differenziertes Krafttraining, S. 30

[2] Zimmermann, K.: Fitness selbst programmiert, S. 11

[3] Gottlob, A.: Differenziertes Krafttraining, S. 31/32

## 4.1 Warum sollte ein Krafttraining durchgeführt werden?

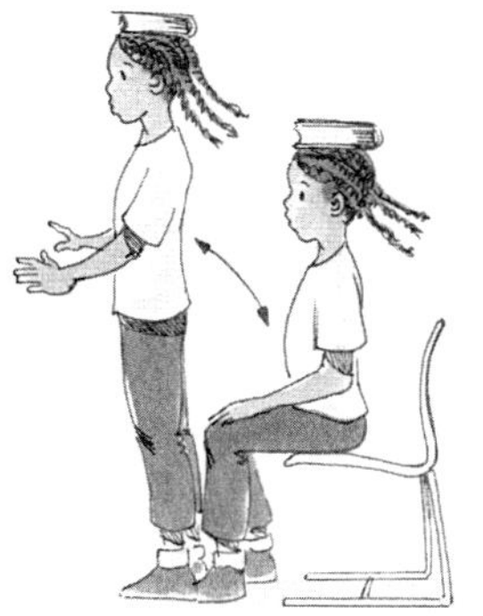

– **Günstige Auswirkungen auf die Körperhaltung**

**Beispiel:** Sitz auf dem vorderen Drittel des Stuhls. Jedes Kind legt sich ein Buch auf den Kopf und versucht damit vorsichtig aufzustehen und sich anschließend wieder hinzusetzen, ohne dabei das Buch zu verlieren *(Abb. 25)*.

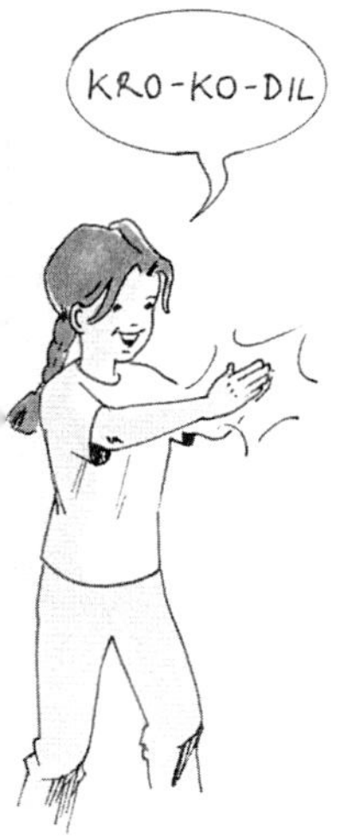

Abb. 25

– **Entgegenwirken der alltäglich erhöhten Immobilität und belastungsseitigen Unterforderung (Schule, Computer, TV) – Sitzen und Bewegung –**

**Beispiel:** den Unterricht durch Bewegungspausen unterbrechen *(Abb. 26)* oder bewegtes Lernen ermöglichen *(Abb. 27)*.

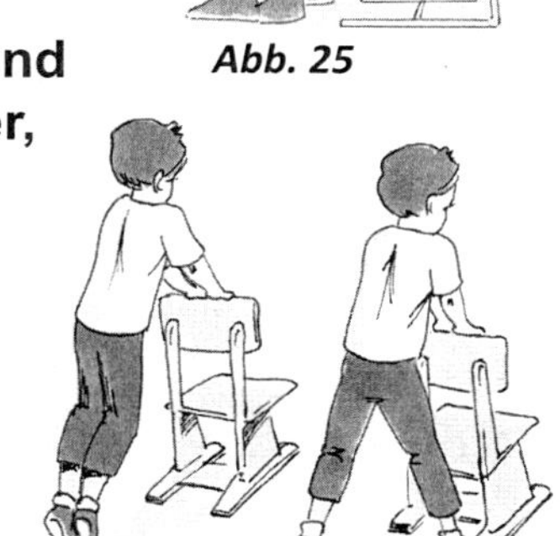

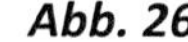
Abb. 26

KRO-KO-DIL

Abb. 27

– **Verbesserte Gelenkstabilisierung**

**Beispiel:** Hockwenden über die an hochkant stehenden kleinen Kästen eingehängte Turnbank *(Abb. 28)*.

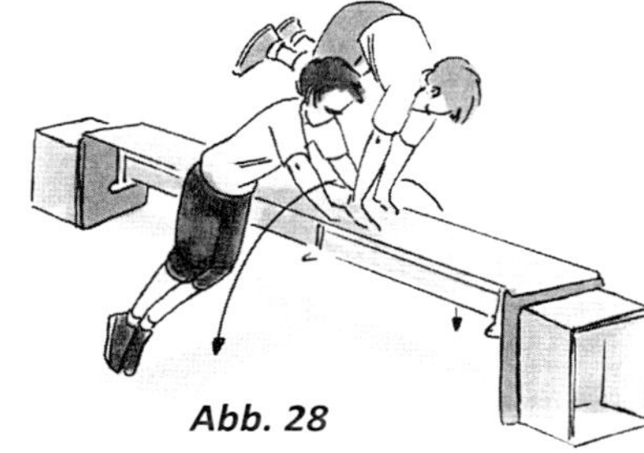
Abb. 28

– **Schnellerer, sicherer Umgang mit dem eigenen Körpergewicht**

**Beispiel:** Sprung in den Stütz am Barren und sich kleinschrittig stützelnd mit den Händen rechts und links im Wechsel vorwärts bewegen. Die Körperspannung beibehalten und die Beine möglichst zusammenlassen *(Abb. 29)*.

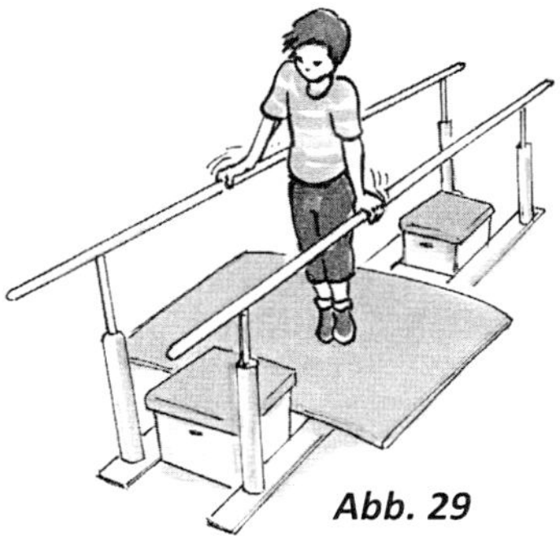

Abb. 29

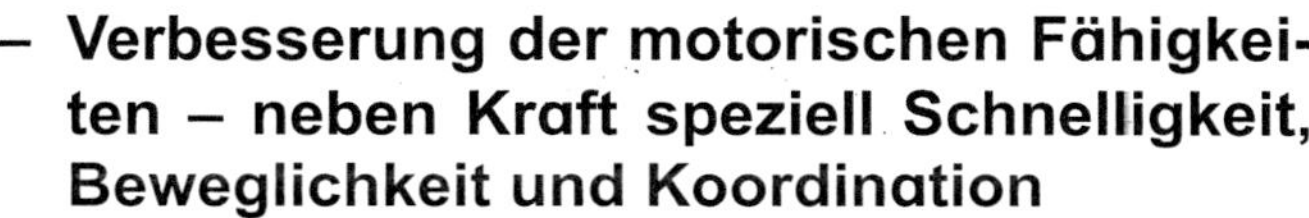

– **Verbesserung der motorischen Fähigkeiten – neben Kraft speziell Schnelligkeit, Beweglichkeit und Koordination**

**Beispiel:** Grätschsitz zur Wand – Abstand ca. 2 m: Druckwurf mit dem Basketball (leichter Medizinball) gegen die Wand und Auffangen des zurückspringenden Balles. Anschließend absenken des Oberkörpers in die Rückenlage, den Ball dabei mit den Händen halten und Drehen in die Bauchlage. Danach Zurollen des Balles zum Partner, dieser rollt den Ball schnell zum Übenden zurück. Drehen in die Rückenlage und Aufrichten in den Grätschsitz usw. *(Abb. 30)*.

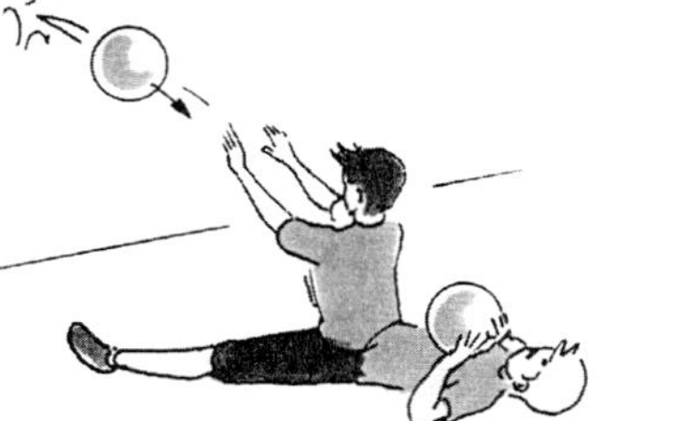

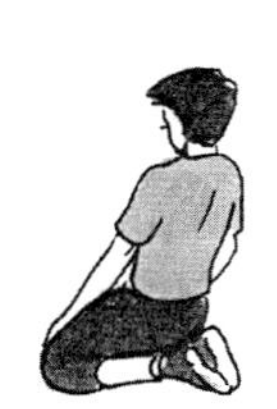

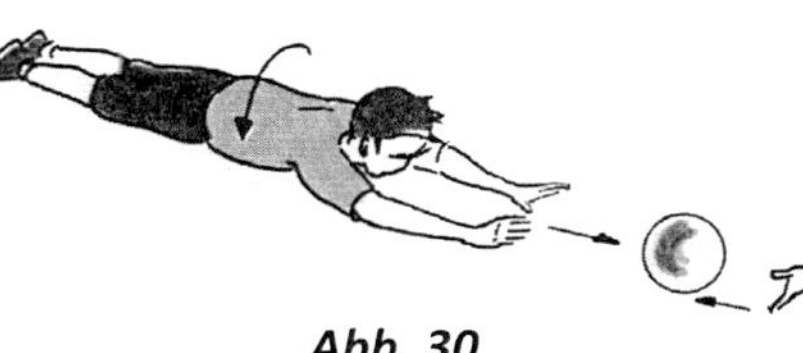

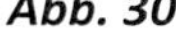
Abb. 30

– **Verbessertes Körpergefühl, Selbstvertrauen und Selbstwertgefühl**

– **Konditionierung in jungen Jahren für ein gesundes, sportliches Leben.**

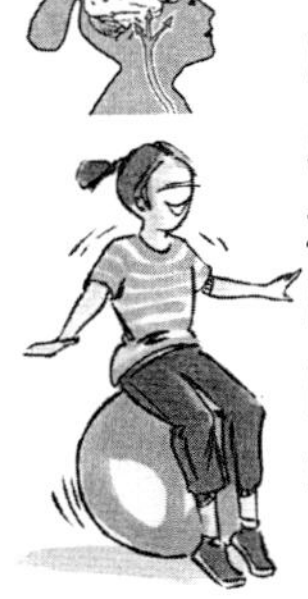

**Und nicht zu vergessen ... Gehirn und körperliche Aktivität** *(Abb. 31)*

Schon bei einer Belastungsstufe von 25 Watt, analog einem ganz langsamen Spaziergangtempo, zeigte sich in allen untersuchten Gehirnabschnitten eine deutliche Durchblutungssteigerung über den Ruhewert hinaus, im Mittel um 20 %.[4]

Durch eine dynamische Muskelarbeit kommt es zu einem erheblichen Anstieg der regionalen Gehirndurchblutung, die sich bis auf 50 % steigern kann *(Hollmann 1993)*.

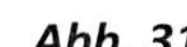
Abb. 31

4 Hollmann, W. / Strüder H.K.: Gehirn, Psyche und körperliche Aktivität – in Der Orthopäde 11-2000

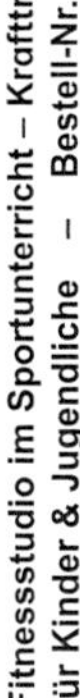


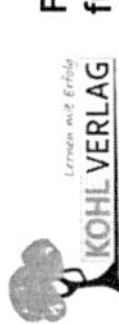

# 5 Auswahl der Übungen

**Im Sportunterricht hat die Kraftschulung allgemeinen Charakter.**

Sie ist in fast allen Klassenstufen auf eine vielseitige Ausbildung der Muskulatur gerichtet. Dabei ist zu beachten, dass Muskulatur und Bindegewebe im Kindes- und Jugendalter noch wachsen. Das noch nicht voll gefestigte Knochen-Gelenksystem erfordert den Wechsel von Kraft-, Lockerungs- und Dehnübungen. Im Unterricht sind daher statische Anwendungen zu vermeiden und dynamische Kraftübungen anzuwenden.[1]

**Die ausgewählten Übungen sollten einfach und eindeutig in der Ausführung sein.**

Es ist darauf zu achten, dass sie möglichst wenig Anlass zu unvollkommener und nachlässiger Ausführung geben. Außerdem sollten die an den einzelnen Stationen erreichbaren Wiederholungszahlen nicht allzu sehr voneinander abweichen. Ansonsten verleitet man die Schüler dazu, sich an den „langsamen" Stationen zu schonen, um an den „schnellen" umso mehr Punkte zu sammeln.[2]

**In der Sportstunde werden Kräftigungsübungen für alle Hauptmuskelgruppen eingeplant,** wobei vorwiegend jene Muskeln trainiert werden, die eine natürliche Körperhaltung und -funktion unterstützen, also auch für die Bewältigung des Alltags wichtig sind. In der Durchführung werden dann im Wechsel die unterschiedlichen Muskelgruppen angesprochen und gekräftigt.

**Bei der Planung des jeweiligen Kräftigungsprogramms muss der Sportlehrer natürlich immer die jeweiligen örtlichen Gegebenheiten berücksichtigen.**

Wenn er z.B. ein Übungsprogramm an und mit großen Kästen plant, muss bedacht werden, dass in der Regel drei, manchmal vier große Kästen in der Sporthalle vorhanden sein müssen. Wenn ein Übungsprogramm an Barren geplant ist, müssen sicher andere Geräte mit einbezogen werden, weil meistens nur zwei Barren vorhanden sind.

[1] Drenkow E. / Marschner P.: Körperliche Grundausbildung in der sozialistischen Schule, S. 38

[2] Kern, U. / Söll, W.: Praxis und Methodik der Schulsportarten, S. 44

## 5.1 Funktionelle Übungen

Für die Durchführung eines gesundheitsorientierten Krafttrainings sind funktionelle Übungen eine wichtige Voraussetzung. Funktionelles Üben heißt, dass tatsächlich die Muskelgruppen gekräftigt werden, die gekräftigt werden sollen und dabei anatomisch und physiologische Kenntnisse beachtet werden.[1]

So werden in Schule und Verein leider immer noch Übungen ausgeführt, die man heute als dysfunktional bezeichnet, weil sie eine erheblich Belastung für die Gelenke und Bandscheiben darstellen.

### Beispiele

**So nicht!** *(Abb. 32)*

– Übungen, bei denen ein Hohlkreuz entsteht, z.B. im Sitz auf einem kleinen Kasten mit Fixierung der Füße unter der Sprossenwand. Medizinball im Nacken halten und „Rumpfbeugen vor und zurück".

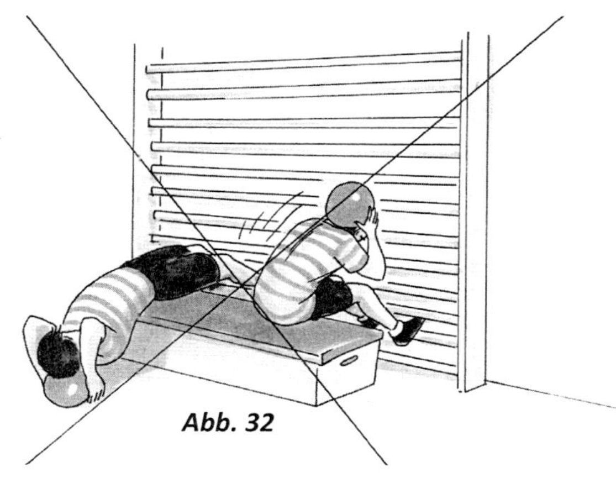

**Abb. 32**

**Abb. 33**

**Besser so!** *(Abb. 33)*

– Strecksitz, die Füße werden auf das seitgestellte Kastenteil geführt und greifen dort den vom Partner angereichten Ball mit den Füßen. Leichtes Anheben der Beine und sofortiges Anhocken mit anschließendem Strecken in die Kastenteilöffnung, um dort den Ball wieder abzugeben. Dieser nimmt den Ball und reicht ihn wieder über dem Kastenteil den nach oben geführten Füßen des Übenden usw.

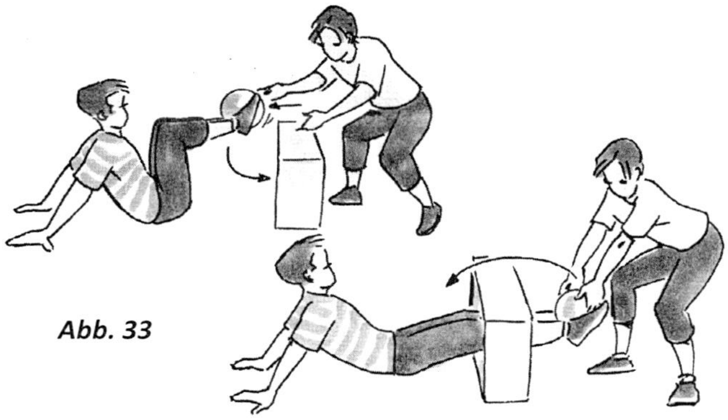

**So nicht!** *(Abb. 34)*

– „Bauchwippe" – Bauchlage mit gleichzeitigem anheben der Arme und Beine vom Boden.

**Abb. 34**

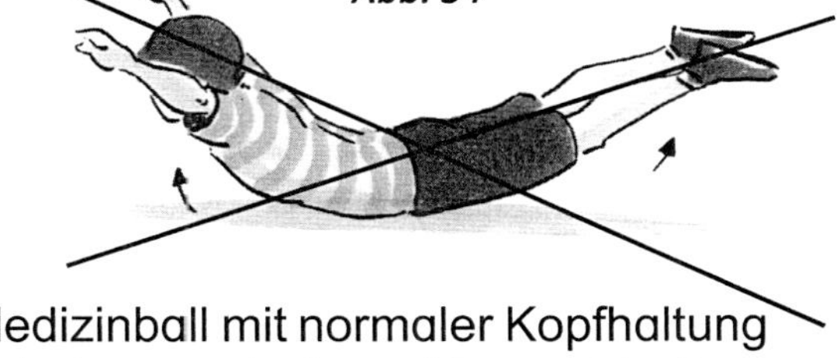

**Besser so!** *(Abb. 35)*

– Bauchlage mit fast gestreckten Armen: einen Medizinball mit normaler Kopfhaltung (Blick zum Boden – kein Hohlkreuz) leicht anheben und einen Moment halten, dann wieder ablegen.

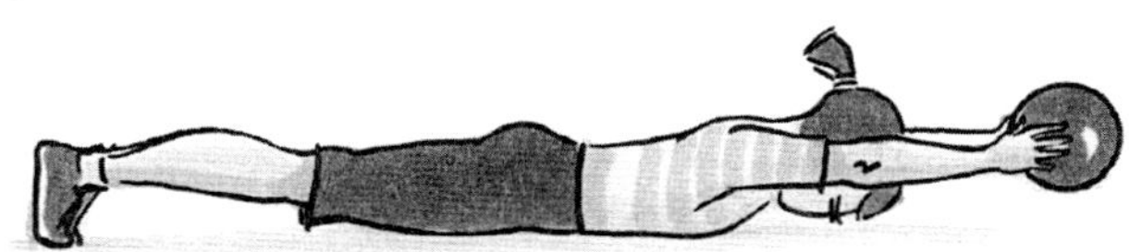

**Abb. 35**

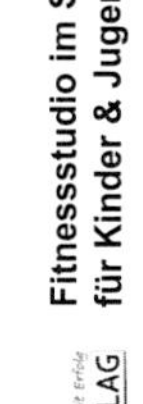



[1] Lütgeharm, R.: Fit und kreativ durch Bewegung, S. 16

## 5.1 Funktionelle Übungen

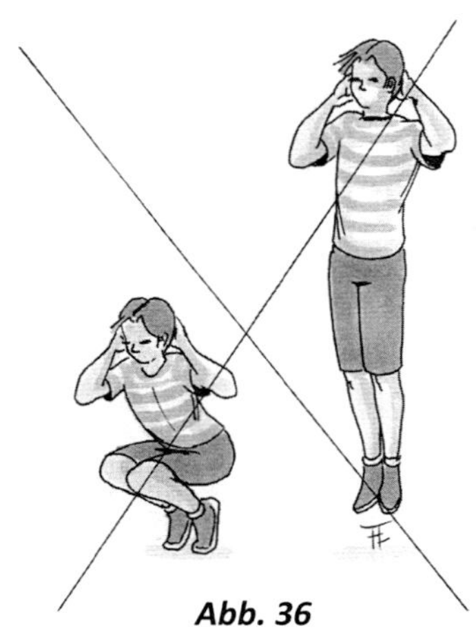

*Abb. 36*

**So nicht!**

– „Strecksprünge aus der Hockstellung“ *(Abb. 36).*

– „Entengang“ – in der tiefen Kniebeuge vorwärts gehen etc. *(Abb. 37).*

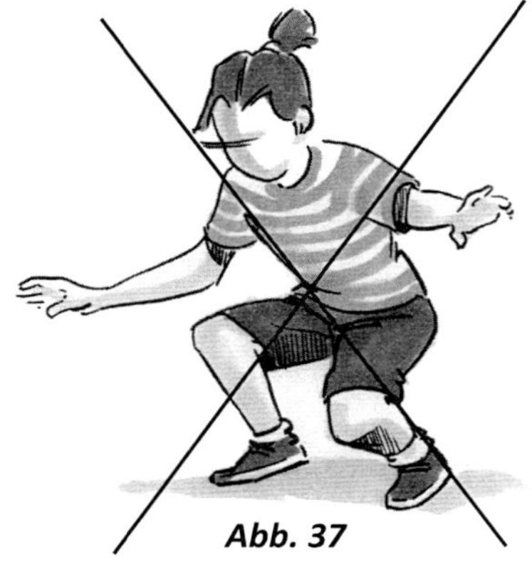

*Abb. 37*

**Besser so!**

– Aus dem Grätschstand über der Turnbank: mit kräftigem Armeinsatz Schlusssprung auf die Sitzfläche. Danach wieder in den Grätschstand springen (evtl. mit Zwischenhüpfer) *(Abb. 38).*

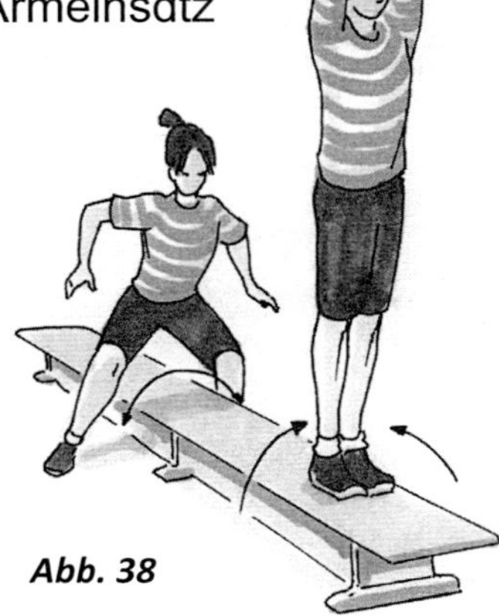

*Abb. 38*

– Stand mit dem Rücken zum kleinen Kasten: langsames Beugen der Knie, bis das Gesäß so eben die Kastenkante berührt. Anschließend langsames Strecken der Beine in die Ausgangsposition *(Abb. 39).*

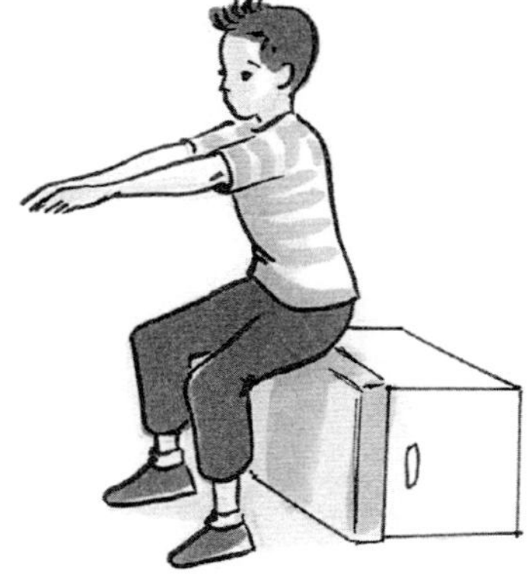

*Abb. 39*

Die hier exemplarisch genannten Beispiele machen deutlich, dass der Sportlehrer bei der Planung des Krafttrainings neue sportmedizinische Erkenntnisse berücksichtigen muss. Anschließend wählt er geeignete (funktionelle und dynamische) Übungen aus und stellt ein Übungsprogramm für seine Klasse/Gruppe zusammen.

## 5.2 Dynamische Übungen

Im Krafttraining für Kinder und Jugendliche werden nur dynamische Übungen ausgeführt. Bei einer dynamischen Muskelarbeit werden Widerstände (das eigene Körpergewicht oder das Gewicht von Geräten) überwunden.

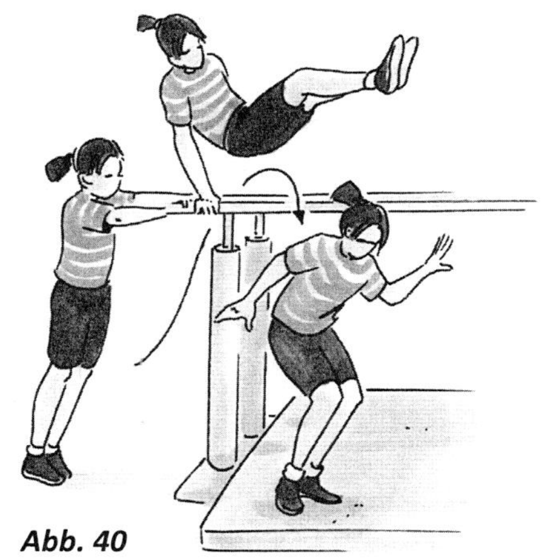
*Abb. 40*

### Beispiel Körpergewicht

– Aus dem Querstand am Stützbarren vorschwingen und Kehre rechts oder links über den Holm ausführen *(Abb. 40).*

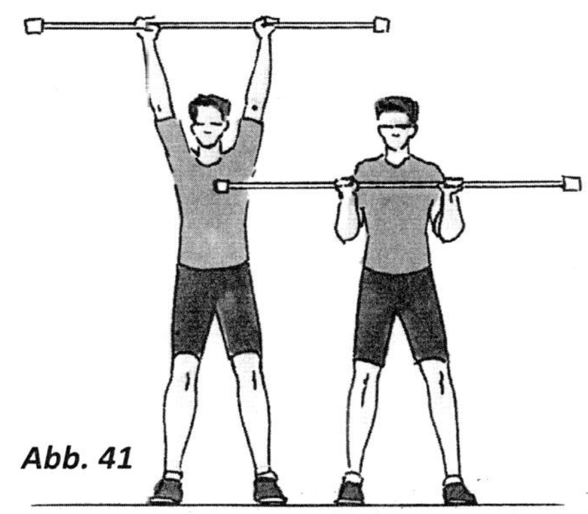
*Abb. 41*

### Beispiel Gerät

Im Grätschstand mit leicht gebeugten Knien die Reckstange vor der Brust halten. Die Reckstange mit Schwung nach oben in die Hochhalte über Kopf stemmen. Danach wieder langsam in die Ausgangsstellung zurückführen *(Abb. 41).*

Die beanspruchte Muskulatur wird fließend im Wechsel angespannt und entspannt. Dabei wird immer weiter geatmet (keine Pressatmung).

Unter der Zielstellung eines gesundheitsorientierten Krafttrainings in der Schule wird die Belastung nur so hoch gewählt, dass eine gleichmäßige fließende Atmung möglich ist.

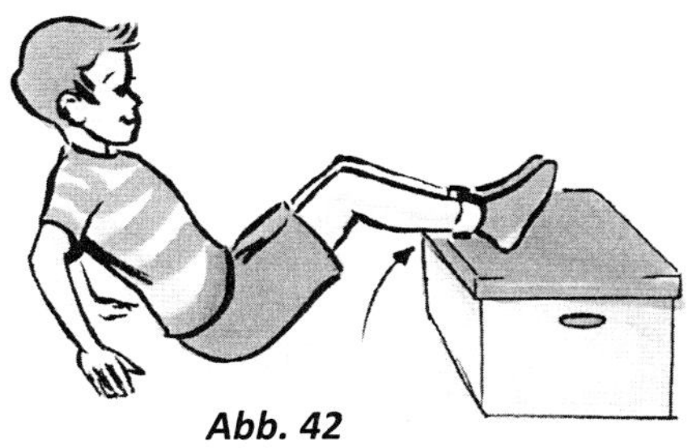
*Abb. 42*

### Beispiel

Sitz mit leicht gebeugten Knien zum kleinen Kasten, die Hände stützen seitlich ab: anheben der Beine und kurzes Aufsetzen der Füße auf die Kastenkante (Anspannung). Anschließend die Füße wieder zum Boden führen (Entspannung) *(Abb. 42).*

Fitnessstudio im Sportunterricht – Krafttraining für Kinder & Jugendliche – Bestell-Nr. 12 200

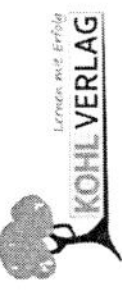

## 5.2 Dynamische Übungen

**Es wird mit geringen bis mittleren Widerständen geübt,** sodass die ausgewählte Übung häufig wiederholt und die Kraftausdauer geschult wird. Ein Krafttraining, das dynamisch und kraftausdauerorientiert gestaltet wird, stellt im Gegensatz zu Maximalkraftübungen kaum Risiken für die Gesundheit dar und ist deshalb für den Sportunterricht mit Schülern besonders gut geeignet.

### Beispiel

Liegestütz rücklings an der Bank, die Knie sind leicht gebeugt, die Füße haben vollen Bodenkontakt: beugen der Arme, bis das Gesäß fast den Boden berührt, danach die Arme wieder strecken und in die Ausgangsposition zurückkommen *(Abb. 43).*

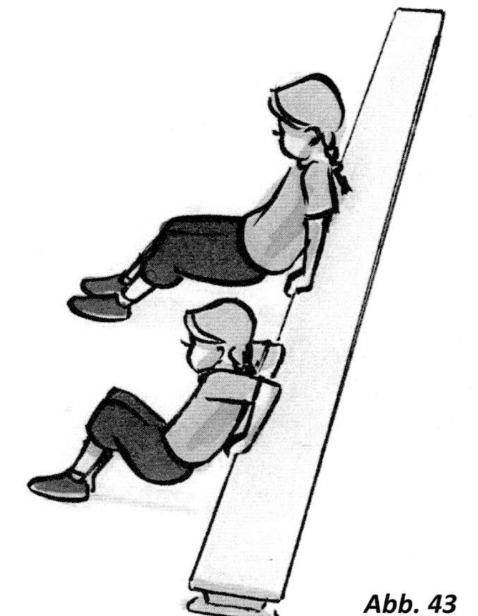

***Abb. 43***

**Wenn Schüler die ausgewählten Übungen dynamisch und kraftausdauerorientiert ausführen, kommt es auch immer zur Schulung koordinativer Fähigkeiten.**

### Beispiel

Bauchlage auf einer Matte, die Schultern schließen mit der Mattenkante ab: den Ball mit beiden Händen kräftig gegen die Sitzfläche der Bank stoßen, sodass er zu den Händen zurückkommt *(Abb. 44).*

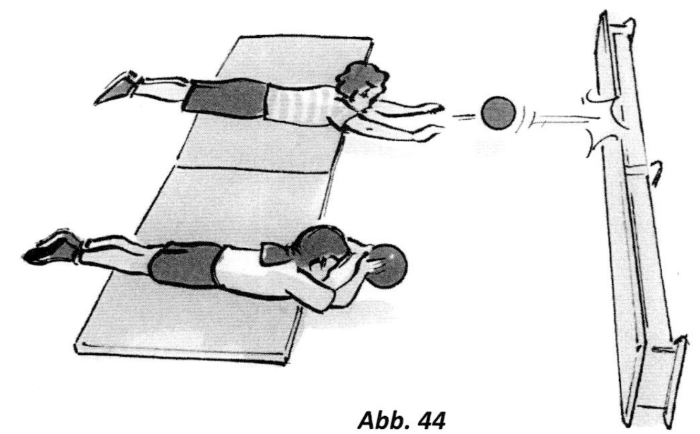

***Abb. 44***

# 6 Wie wird geübt und trainiert?

Damit die angedachten Ziele des Krafttrainings im Sportunterricht auch umgesetzt und erreicht werden, müssen die folgenden Punkte vom Sportlehrer bei der Planung unbedingt beachtet werden.

- Ist die Aufeinanderfolge der Übungen stimmig bzw. sind die Stationen entsprechend angeordnet? Vielseitiges Üben und Trainieren ist ganz wichtig, damit alle Hauptmuskelgruppen im Wechsel beansprucht werden.
- Wie oft sollen (können) die jeweiligen Übungen wiederholt werden bzw. wie lange ist die Belastungszeit pro Übung?
- Welche Pausenzeiten sind zwischen den einzelnen Übungen eingeplant?
- Wie kann das Krafttraining individuell gestaltet werden, d.h. welche Möglichkeiten der Differenzierung ergeben sich bei der ausgewählten Übung?
- Als Organisationsform für das Krafttraining in der Halle eignet sich besonders das Training an Stationen.

Die o.g. Punkte werden im folgenden näher erläutert und natürlich in den praktischen Übungsprogrammen berücksichtigt.

## 6.1 Aufeinanderfolge der Übungen bzw. Anordnung der Stationen

Die Reihenfolge der Übungen bzw. die Anordnung der Stationen wird so organisiert, dass die verschiedenen Muskelgruppen im Wechsel nacheinander angesprochen und trainiert werden, z.B. folgt nach einer Rücken- eine Armübung, danach folgt eine Bauchübung und daran schließt sich eine Übung für die Beine an *(Skizze 1)*.

Die Übungen sind so zu planen bzw. die Stationen sind so anzuordnen, dass die verschiedenen Muskelgruppen im Wechsel beansprucht werden. Das Grundprinzip stellt sich wie folgt dar:[1]

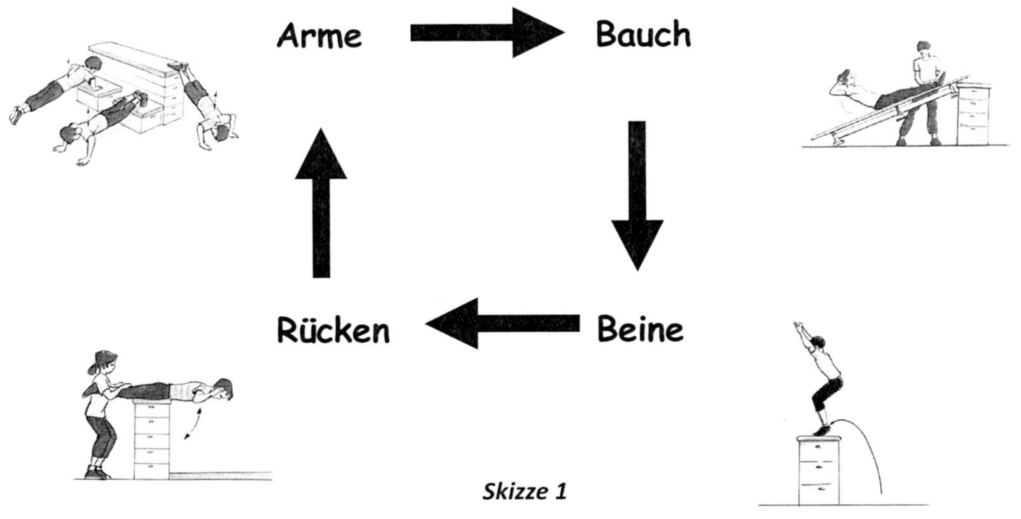


***Skizze 1***

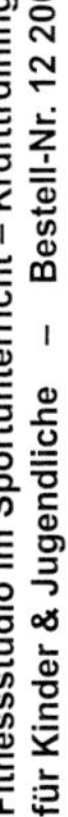




[1] Kern, U. / Söll, W.: Praxis und Methodik der Schulsportarten, S. 44

## 6.1 Aufeinanderfolge der Übungen bzw. Anordnung der Stationen

Integriert man in diesen Ablauf eine zweite Übungsfolge, erhält man folgenden Ablauf der Übungen, die der Sportlehrer in seiner Planung berücksichtigen muss *(Skizze 2).*

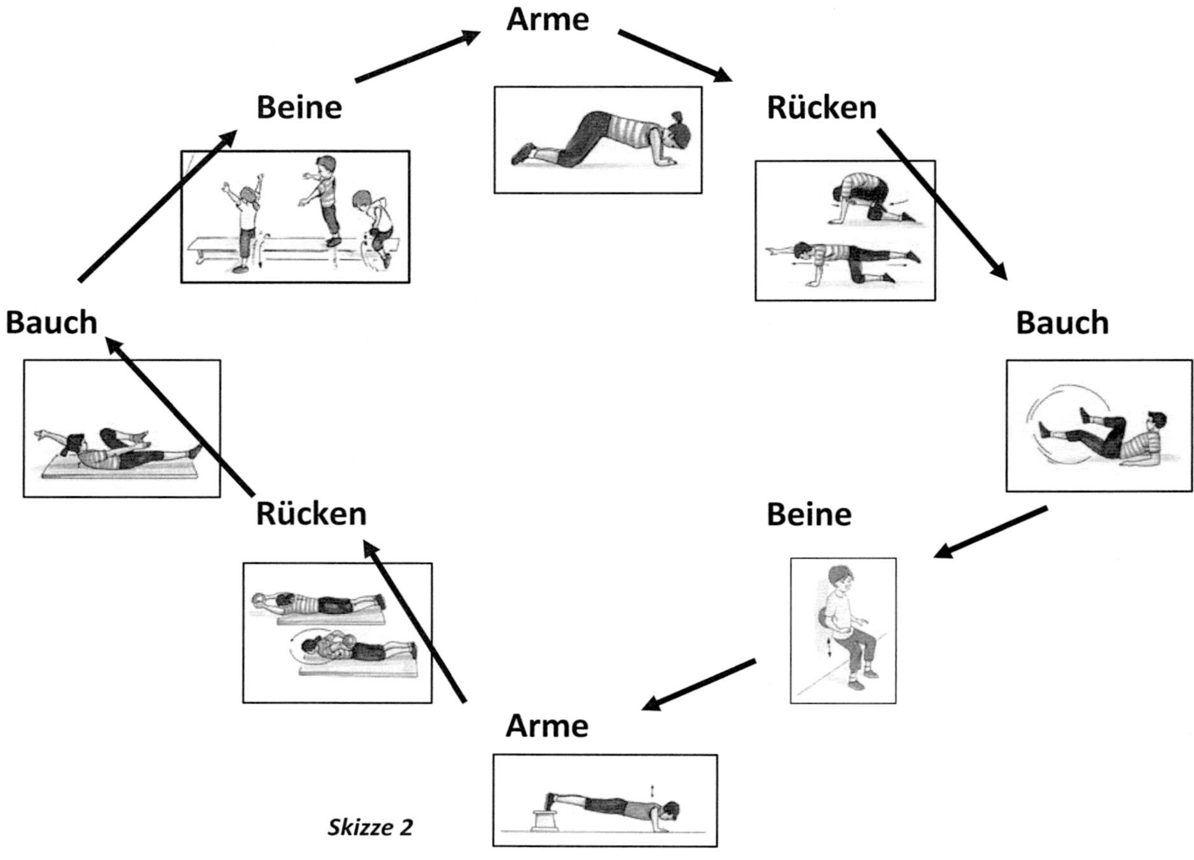


*Skizze 2*

## 6.2 Anzahl der Wiederholungen, Übungszeit und Pausen

### Anzahl der Wiederholungen

Grundsätzlich wird eine Wiederholungszahl von 15 bis 25 pro Übung angestrebt, wobei natürlich immer auch die motorischen Voraussetzungen und das Leistungsvermögen der Schüler berücksichtigt werden muss.

Wenn eine Klasse (oder ein Schüler) zunächst ein Muskelaufbautraining (Anfängertraining) durchführt, wird die Belastung so gestaltet, dass die meisten Schüler ca. 10-15 korrekte Wiederholungen schaffen.

### Übungszeit

Bei noch nicht so geübten Schülern wird eine Übungszeit von 15 bis 20 sec. pro Übung/Station angesetzt.

Bei geübten Schülern mit guten Voraussetzungen wird eine Übungszeit von 30 bis 45 sec. eingeplant.

## 6.2 Anzahl der Wiederholungen, Übungszeit und Pausen

**Pausen-/Wechselzeiten**

Auch bei der Pausengestaltung muss zwischen geübten/trainierten Kindern/Jugendlichen und Anfängern unterschieden werden, d.h. bei untrainierten Schülern sollte die Pause in etwa doppelt so lang sein wie die Übungszeit, bei Trainierten dagegen ist die Pause genauso lang wie die Belastungszeit.

**Tipp:** Auch hier muss der Sportlehrer aufgrund seiner Erfahrung flexibel handeln. Manchmal nimmt allein das Wechseln von Station zu Station mehr Zeit in Anspruch als geplant. Mit der nächsten Übung kann erst begonnen werden, wenn alle Schüler ihre nächste Station erreicht haben.

**Hinweise:** Da man innerhalb eines Ablaufes eines Übungsprogramms die Pausenzeiten nicht unterschiedlich handhaben kann, empfiehlt es sich, schon bei der Planung darauf zu achten, dass in einem Durchgang leistungsschwächere Schüler und im nächsten Durchgang leistungsstärkere Schüler üben, sodass die Pausenzeit entsprechend gestaltet werden kann.

## 6.3 Individuelles Krafttraining durch Differenzierung

Auch beim Krafttraining muss die Frage beantwortet werden, wie Schüler mit unterschiedlichen Voraussetzungen und Vorerfahrungen gemeinsam Sport treiben können.

Wichtig ist hierbei, dass die ausgewählten Übungen dem jeweiligen Könnensstand der Schüler angepasst werden, d.h. für die selbe Muskelgruppe unterschiedliche Übungen zu finden, damit auch jeder Schüler „zu seinem Recht" kommt.

Jeder Sportlehrer kennt die Situation. Beim Liegestütz vorlings schaffen es einige Schüler nicht, mit annähernd gestrecktem Körper die Arme zu beugen und anschließend wieder zu strecken. Stattdessen werden die Arme nur ansatzweise gebeugt und gestreckt, wobei der Bauch abgesenkt wird und der Kopf ins Genick genommen wird.

Dieses Beispiel macht deutlich, dass so natürlich nicht die angestrebte Kräftigung der Arm- und Schultermuskulatur erreicht wird. Außerdem spüren und erkennen die betroffenen Schüler schnell, dass sie diese Übung nicht richtig ausführen (ich schaffe das nicht, ich kann das nicht).

Auch beim Krafttraining müssen die unterschiedlichen Voraussetzungen/Vorerfahrungen der Schüler durch ein differenziertes Übungsangebot berücksichtigt werden.

Am Beispiel des Liegestützes vorlings mit Beugen und Strecken der Arme werden die oben genannten Punkte veranschaulicht.

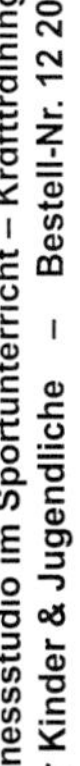


Fitnessstudio im Sportunterricht – Krafttraining für Kinder & Jugendliche – Bestell-Nr. 12 200

## 6.3 Individuelles Krafttraining durch Differenzierung

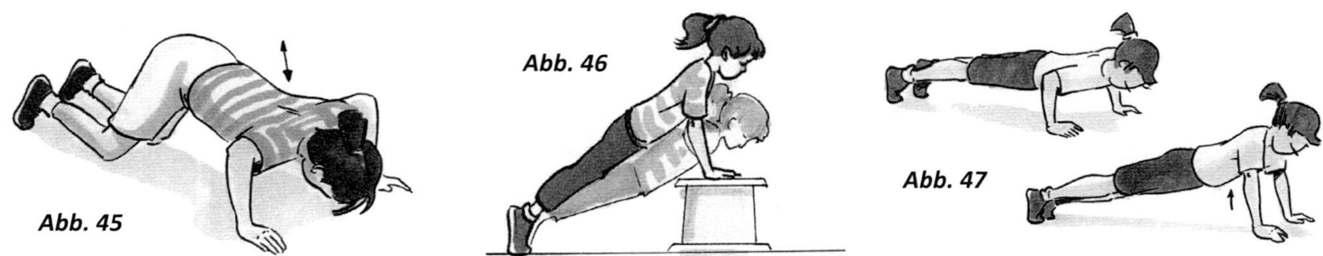
Abb. 45 Abb. 46 Abb. 47

**Kräftigung der Arm- und Schultermuskulatur**

- Liegestütz in der Bankstellung *(Abb. 45).*
- Liegestütz in der Bankstellung mit Stütz der Hände auf der Turnbank *(Abb. 46).*
- Liegestütz vorlings am Boden *(Abb. 47).*
- Liegestütz vorlings mit den Füßen auf der Bank *(Abb. 48).*
- Liegestütz vorlings mit Anheben eines Beines *(Abb. 49).*

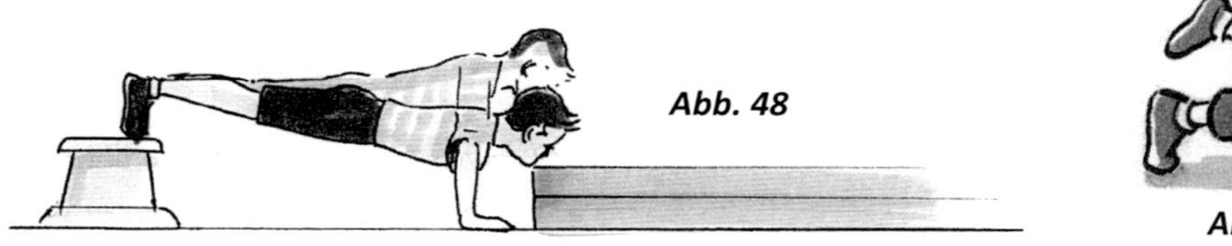
Abb. 48

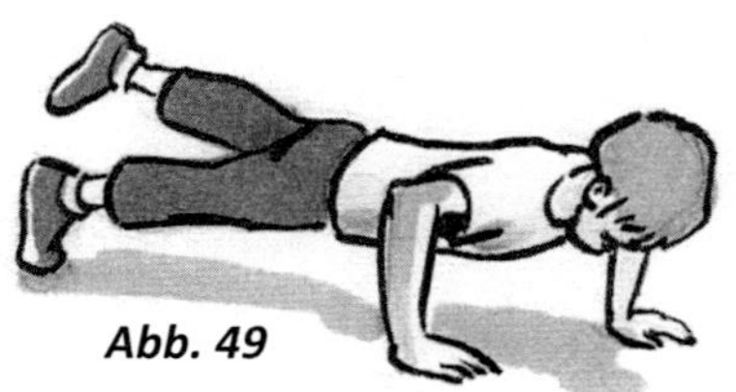
Abb. 49

Nur eine korrekte Ausführung der ausgewählten Übung garantiert das Erreichen der geplanten Zielsetzung. Korrekt ausführen kann der Schüler die Übung aber nur dann, wenn er sie aufgrund seiner Voraussetzungen und Erfahrungen mehrmals richtig ausführen kann.

Muskel- bzw. Krafttraining mit differenzierten Aufgabenstellungen sorgt bei richtiger Durchführung in jeder Altersstufe für eine Verbesserung der Kraftfähigkeiten.

**Wenn man das Krafttraining praktisch plant und organisiert, bieten sich grundsätzlich folgende Möglichkeiten der Differenzierung an.**

- **Die Übung bleibt unverändert, aber die Anzahl der Wiederholungen ist unterschiedlich, d.h.**
  - manche Schüler wiederholen die Übung 10-15 x,
  - andere Schüler wiederholen die Übung 20-25 x.

**Hinweise:** Es zeigt sich oft, dass manche Schüler bei der „Beinkräftigung“ viele Wiederholungen, aber bei der folgen „Bauchmuskelübung“ wesentlich weniger korrekte Wiederholungen schaffen.

- **Die Übung bleibt unverändert, aber die Übungszeit ist unterschiedlich, d.h.**
  - manche Schüler üben 15-20 sec.,
  - andere Schüler üben 30-45 sec.

**Hinweise:** Diese Form der Differenzierung ist nur dann möglich, wenn alle Schüler der Übungsgruppe annähernd gleiche/ähnliche Voraussetzungen haben.

## 6.3 Individuelles Krafttraining durch Differenzierung

- **Die ausgewählte Übung wird verändert, d.h.**
  - manche Schüler führen die Grundform der Hockwende an der Bank aus *(Abb. 50).*
  - andere Schüler führen die Hockwende an der eingehängten Turnbank aus *(Abb. 51).*

**Hinweise:** Diese Form der Differenzierung erfordert viel Fachwissen vom Sportlehrer und bedeutet auch immer mehr Aufwand und Organisation.

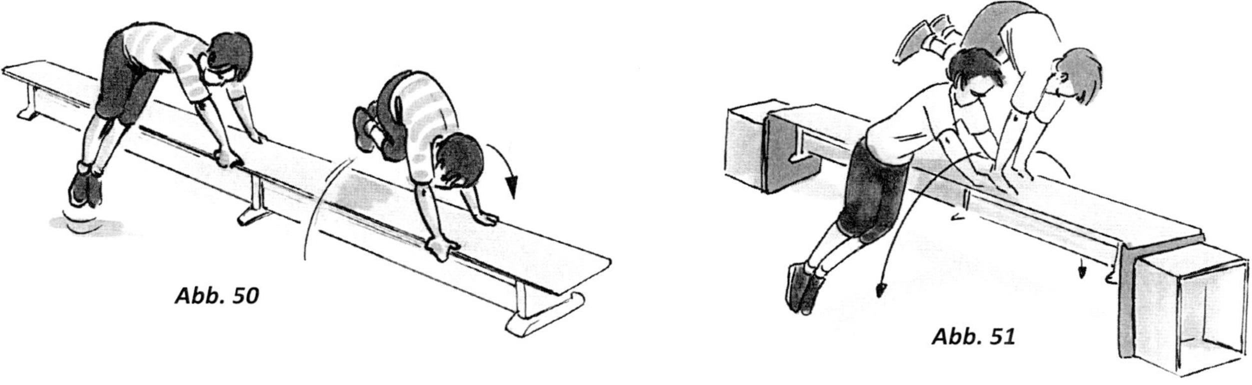

**Abb. 50**

**Abb. 51**

- **Die Übung bleibt unverändert, aber die Höhe des Gerätes ist unterschiedlich, d.h.**
  - manche Schüler führen Schlusssprünge auf den kleinen Kasten aus *(Abb. 52).*
  - manche Schüler führen Schlusssprünge auf den dreiteiligen großen Kasten aus *(Abb. 53).*

**Hinweise:** Diese Form der Differenzierung ist durch die unterschiedliche Geräthöhe leicht erkenn- und umsetzbar.

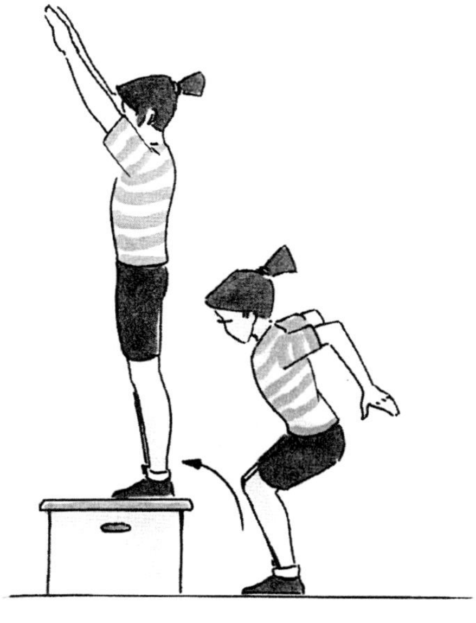

**Abb. 52**

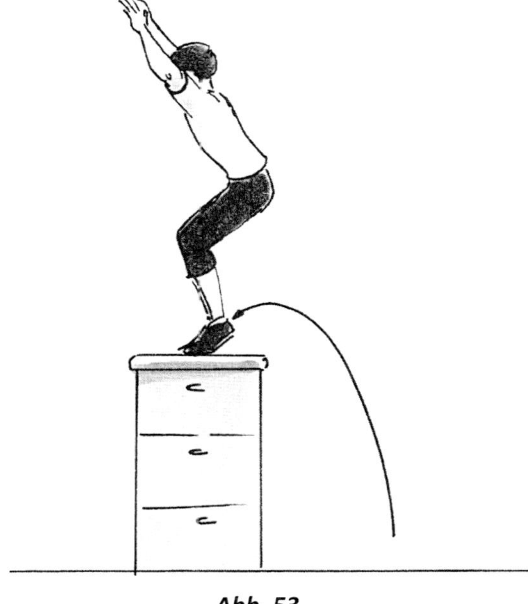

**Abb. 53**

- **Die Übung bleibt unverändert, aber das zu bewältigende Gewicht des Gerätes ist unterschiedlich, d.h.**
  - In der Bauchlage mit aufgesetzten Fußspitzen: manche Schüler führen mit fast gestreckten Armen einen Gymnastikball in die Vorhalte, dabei den Oberkörper leicht anheben, einen Moment so bleiben, dann den Ball ablegen.
  - In der Bauchlage mit aufgesetzten Fußspitzen: manche Schüler führen mit fast gestreckten Armen einen Medizinbball in die Vorhalte, dabei den Oberkörper leicht anheben, einen Moment so bleiben, dann den Ball ablegen *(Abb. 54).*

**Hinweise:** Wenn möglich, eine leicht umsetz- und organisierbare Form der Differenzierung.

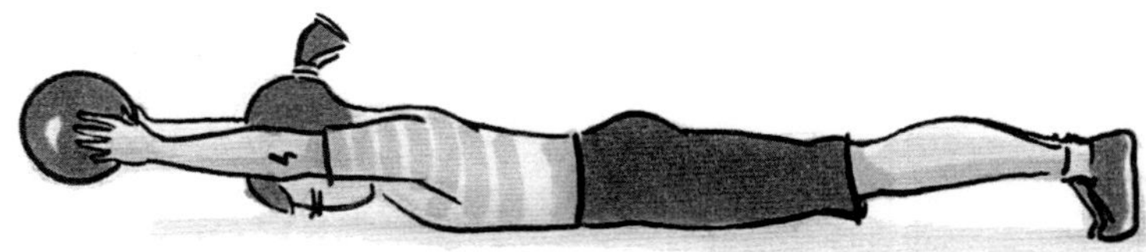

***Abb. 54***

**Die ausführlich beschriebenen Überlegungen zur Organisation des Krafttrainings:**

- **Aufeinanderfolge der Übungen bzw. Anordnung der Stationen**
- **Anzahl der Wiederholungen / Belastungszeit und Pausen**
- **Möglichkeiten der Differenzierung**

**werden bei den jeweiligen Übungsprogrammen berücksichtigt und unterstützen den Sportlehrer bei seiner Planung.**

# 7 TOP-Übungen zur Kräftigung in der Übersicht

In der folgenden Übersicht werden jeweils 3-4 TOP-Übungen zur Kräftigung der Arm-, Bauch-, Bein- und Rückenmuskulatur genannt. Jede Übung wird genau beschrieben und durch eine Abbildung veranschaulicht.

Die Auswahl und Zusammenstellung der Übungen erfolgte unter Berücksichtigung des schulischen Alltags und der in jeder Sporthalle vorhandenen Geräte, um eine schnelle Umsetzung in der Praxis zu ermöglichen.

Damit auch alle Schüler gleichermaßen aktiv üben und trainieren können, werden zu jeder Übung Möglichkeiten der Differenzierung angeboten. Dadurch kann der Sportlehrer dem schwächeren als auch dem leistungsstärkeren Schüler entsprechende Übungen zur Kräftigung anbieten.

Die übersichtliche Zusammenstellung dieser TOP-Übungen soll es dem Sportlehrer ermöglichen, sich schnell selbst sein eigenes Fitnessprogramm für seine Klasse/Gruppe zusammenzustellen.

| | Übung – Arme / Schultern | |
|---|---|---|
| 1 | • **Liegestütz vorlings am Boden:**<br>**Beugen und Strecken der Arme.** | |
| 1a | **Leichter:**<br>• Liegestütz in der Bankstellung:<br>Beugen und Strecken der Arme. | |
| 1b | **Schwerer:**<br>• Liegestütz vorlings mit den Füßen auf der Bank:<br>Beugen und Strecken der Arme.<br>• Liegestütz vorlings mit Anheben eines Beines:<br>Beugen und Strecken der Arme. | |

# 7 TOP-Übungen zur Kräftigung in der Übersicht

| | Übung – Arme / Schultern | |
|---|---|---|
| **2** | • **Sprung in den Stütz und kleinschrittig langsam vorwärts durch die Holmengasse stützeln.** | 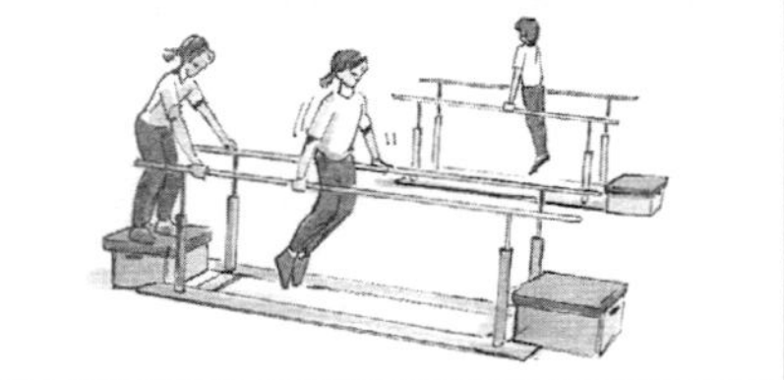 |
| **2a** | **Leichter:**<br>• Beide Hände stützen auf einem Holm ab, beide Füße sind auf dem anderen Holm. Nun sich kleinschrittig langsam mit den Armen stützelnd zur anderen Seite bewegen, die Füße werden immer begleitend mitgezogen. | 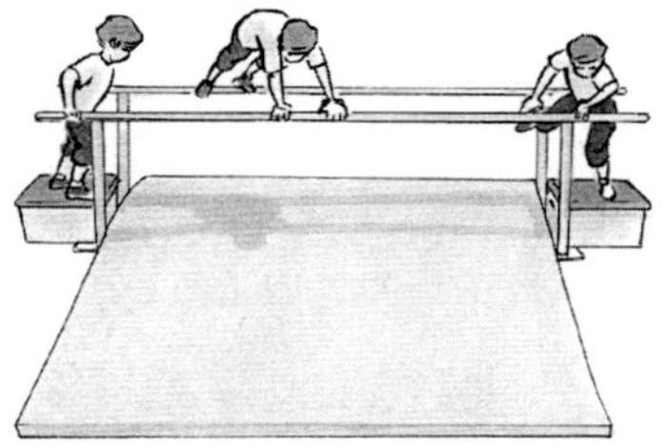 |
| **2b** | **Schwerer:**<br>• Die Holme werden unterschiedlich eingestellt (ca. 30 cm Unterschied), d.h. der linke Holm ist tief eingestellt und verläuft schräg nach oben, der rechte Holm ist etwas höher eingestellt und verläuft schräg nach unten. Sich langsam kleinschrittig stützelnd mit den Händen rechts und links im Wechsel vorwärts bewegen. | 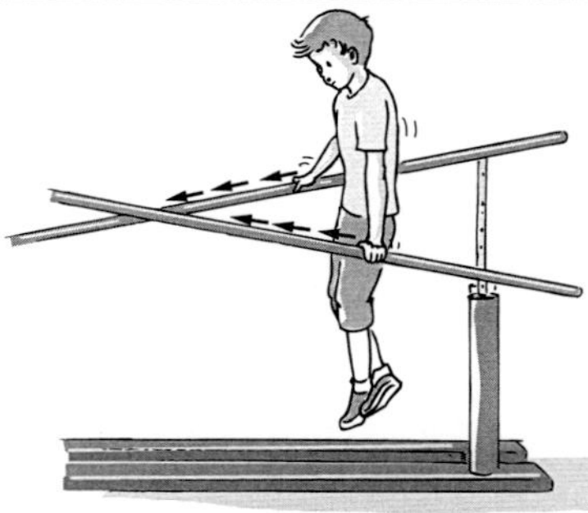 |

| | Übung – Arme / Schultern | |
|---|---|---|
| **3** | • **Vom kleinen Kasten in den Hang springen und einen Klimmzug ausführen, bis das Kinn sich über der Reckstange befindet. Anschließend wieder die Arme strecken und in die Ausgangsposition zurückkommen (wieder auf den kleinen Kasten springen).** | 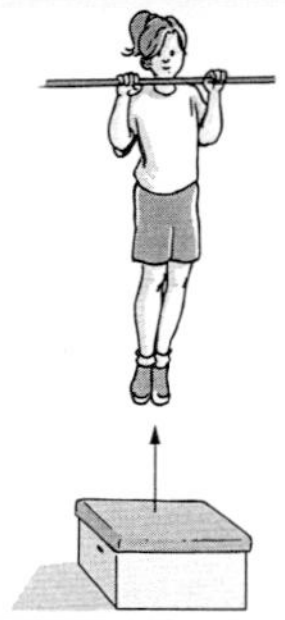 |
| **3a** | **Leichter:**<br>• Aus dem Stand unter dem sprunghohen Reck in den Beugehang springen und versuchen, über die Stange zu schauen. | 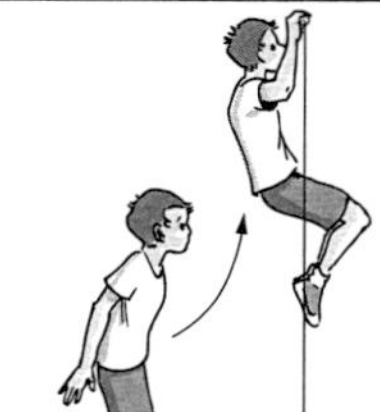 |
| **3b** | **Schwerer:**<br>• Vom kleinen Kasten in den Hang mit schulterbreit gefassten Händen springen. Mit gestrecktem Körper und geschlossenen Beinen bis zum anderen Reckpfosten hangeln. | 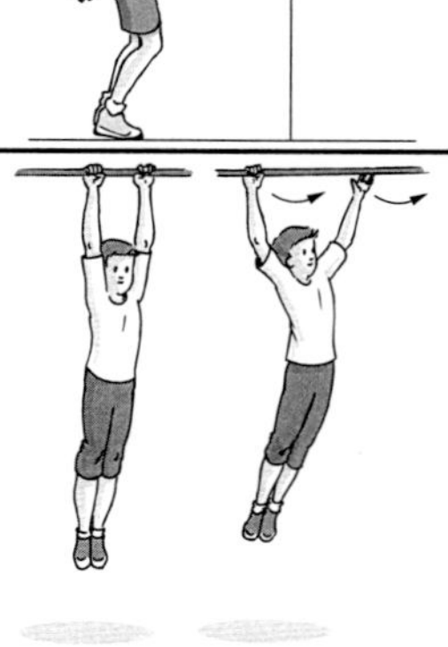 |

# 7 TOP-Übungen zur Kräftigung in der Übersicht

| | Übung – Bauch | |
|---|---|---|
| 1 | • **Strecksitz an einer Längsseite, die Hände stützen seitlich ab: Die Füße in das Kastenteil hinein strecken, danach leicht anhocken und über das Kastenteil heben. Danach wieder anhocken und die Füße erneut in das Kastenteil hinein strecken usw.** | |
| 1a | **Leichter:**<br>• Sitz mit leicht gebeugten Knien, die Hände stützen seitlich ab: anheben der Beine und kurzes Aufsetzen der Füße auf die Kastenkante. Anschließend die Füße wieder auf den Boden tippen.<br><br>• Strecksitz, die Hände stützen seitlich neben dem Körper ab: die fast gestreckten Beine über den Kastendeckel (Bank, Kastenteil) führen und auf der anderen Seite ablegen, dann wieder zurück in die Ausgangsstellung. | |
| 1b | **Schwerer:**<br>• Strecksitz, die Füße über das Kastenteil führen und dort den angereichten Ball (Medizinball) mit beiden Füßen annehmen. Danach sofortiges Anhocken mit anschließendem Strecken in die Kastenteilöffnung, um dort den Ball wieder abzugeben. Danach die Füße wieder über das Kastenteil führen usw.<br><br>• Im Hocksitz mit leicht geöffneten Knien gegenüber. Die Füße werden gegenseitig unter die Oberschenkel des Partners geschoben: den Medizinball mit den Händen über Kopf halten, gemeinsam langsames Absenken des Rumpfes in die Rückenlage mit Bodenkontakt und anschließend wieder Aufrichten in die Ausgangslage. | |



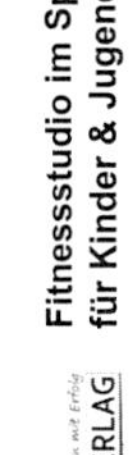

# 7 TOP-Übungen zur Kräftigung in der Übersicht

| | Übung – Bauch | |
|---|---|---|
| **2** | • **Großer Kasten (vierteilig) mit eingehängter Turnbank: Rückenlage auf der Turnbank, die Hände an die Ohren legen, der Partner hält die Füße fest: aufrichten, bis der Oberkörper ca. 45 Grad erreicht hat, einen Moment halten, dann langsam wieder in die Rückenlage absenken.** | 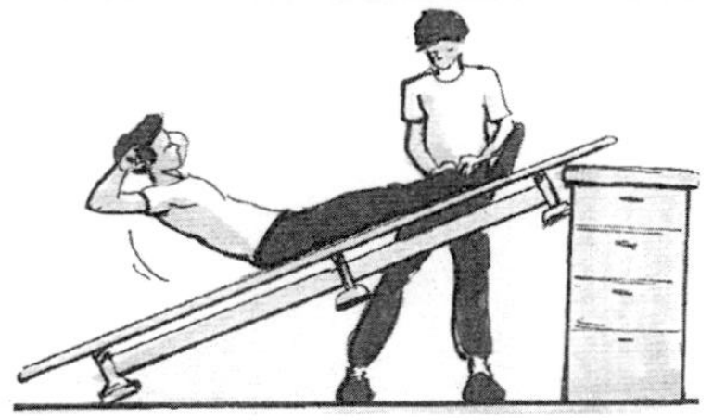 |
| **2a** | **Leichter:**<br>• Rückenlage auf einer Matte, der Partner fasst die Füße des Übenden und legt sie auf seinen Oberschenkeln ab. Nun hebt der Übende seinen Kopf und die Schulterpartie vom Boden und schiebt dabei die Hände in Richtung Knie – einen Moment so bleiben, dann langsam wieder in die Rückenlage absenken. | 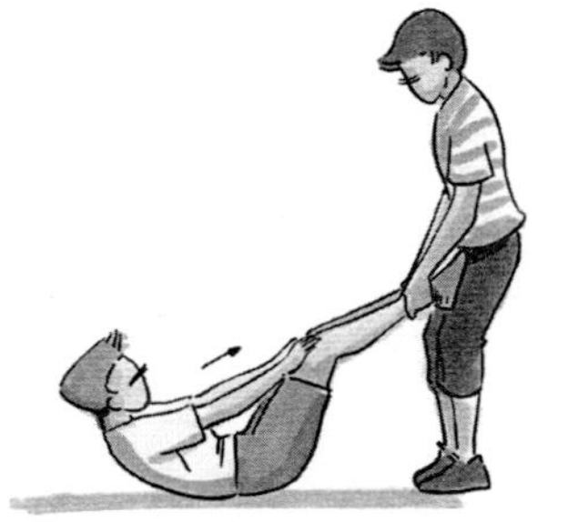 |
| **2b** | **Schwerer:**<br>• Großer Kasten (vierteilig) mit eingehängter Turnbank: Rückenlage auf der Turnbank, der Partner hält die Füße fest: einen Medizinball (1-1,5 kg) mit den Händen im Nacken halten: aufrichten, bis der Oberkörper ca. 45 Grad erreicht hat, einen Moment halten, dann langsam wieder in die Rückenlage absenken. | 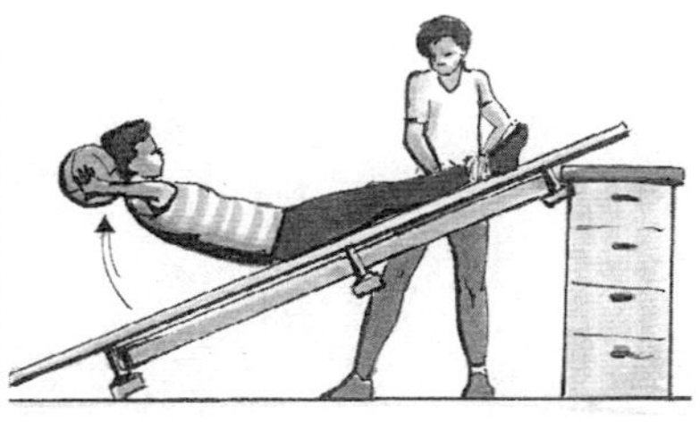 |

| | Übung – Bauch | |
|---|---|---|
| **3** | • **Leichter Grätschsitz mit den Füßen zum kleinen Kasten gegenüber, die Füße berühren hierbei die Kästen. Schüler A hat einen Ball (Basket-/ Medizinball) in den Händen und geht damit zunächst in die Rückenlage und übergibt den Ball anschließend beim Vorbeugen auf der Oberfläche des Kastens an Schüler B. Der nimmt den Ball, geht damit in die Rückenlage usw.** | 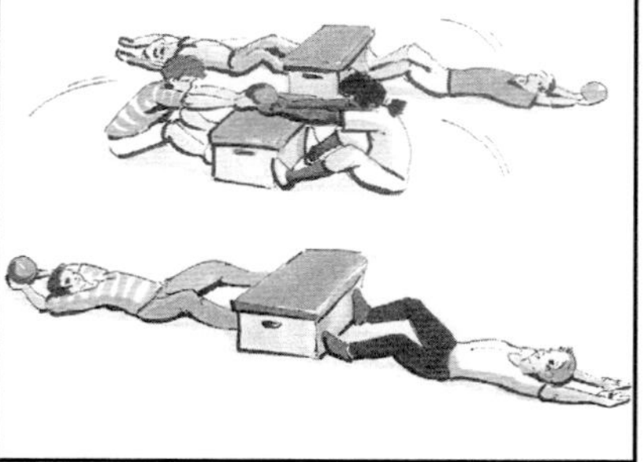 |
| **3a** | **Leichter:**<br>• Sitz auf der Turnbank mit hüftbreit aufgesetzten Füßen. Hände an die Ohren legen oder im Nacken verschränken. Der Partner kniet davor und hält die Füße fest. Nun verlagert der Übende seinen Oberkörper gestreckt etwas nach hinten (Kopf normal – kein Hohlkreuz), einen Moment in dieser Position bleiben, dann wieder aufrichten und in die Ausgangsstellung zurückkommen. | 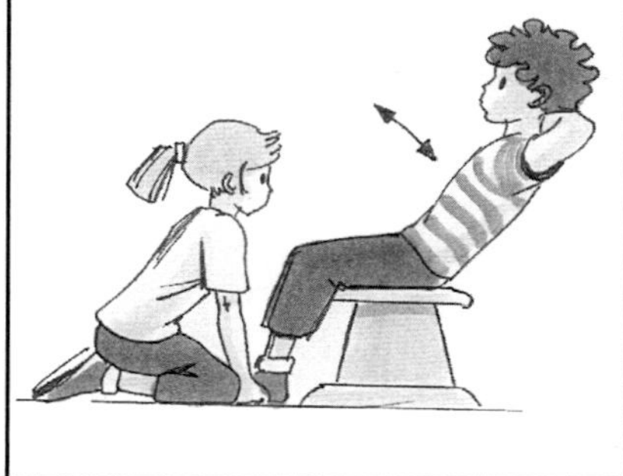 |

| | Übung – Bauch | |
|---|---|---|
| 3b | **Schwerer:**<br>• Schüler A legt sich mit dem Rücken auf den großen Kasten, die Hüften schließen mit der Kastenkante ab. Der Partner hält den Übenden an den Unterschenkeln und Füßen fest, wobei die Füße des Übenden sich unter den Achseln des Helfers befinden.<br>Langsam nach hinten bis zur Waagerechten absenken und anschließend wieder in die Ausgangsstellung aufrichten. Die Hände werden an die Ohren gelegt oder leicht im Nacken verschränkt.<br>Variation: evtl. mit Medizinball im Nacken. | |

| | Übung – Beine | |
|---|---|---|
| 1 | • **Schlusssprung in den offenen Kasten und danach wieder heraus** *(Abb. links).*<br>• **Aus dem Grätschstand über der Bank Schlusssprung auf die Sitzfläche der Bank. Danach wieder in den Grätschstand springen** *(Abb. rechts).* | |
| 1a | **Leichter:**<br>• Schlusssprünge seitwärts über die Bank *(Abb. links).*<br>• Schlusssprünge auf den kleinen Kasten *(Abb. rechts).* | |
| 1b | **Schwerer:**<br>• Schlusssprung auf den drei- oder vierteiligen großen Kasten | |

Fitnessstudio im Sportunterricht – Krafttraining für Kinder & Jugendliche – Bestell-Nr. 12 200
KOHL VERLAG

# 7 TOP-Übungen zur Kräftigung in der Übersicht

| | Übung – Beine | |
|---|---|---|
| **2** | • **Die Turnbank wird ca. schulterhoch an der Sprossenwand eingehängt. Der Partner sitzt am Anfang der eingehängten Bank und hält sich an der Sprossenwand fest. Die Bank mit beiden Händen vor der Brust halten, dabei sind die Beine leicht gegrätscht und die Füße ganzflächig aufgesetzt. Nun langsam in die halbe Kniebeuge gehen (Fußstellung dabei nicht verändern), anschließend erfolgt das Strecken der Beine bis in den Stand.** | 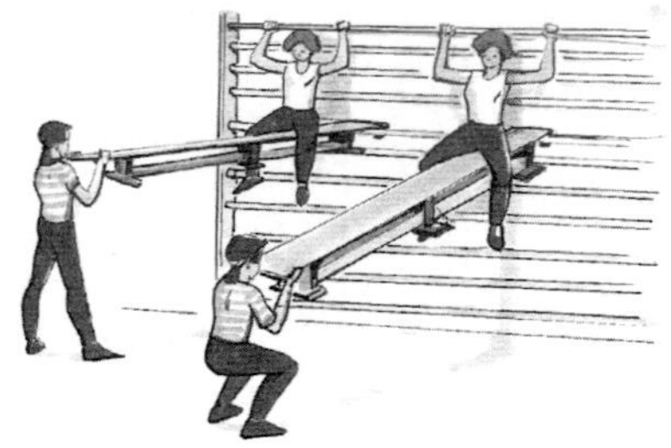 |
| **2a** | **Leichter:**<br>• Beide Partner sind im leichten Grätschstand: anheben der Bank und in Kinnhöhe halten. Beide Jugendliche gehen mit geradem Rücken in die halbe Kniebeuge bis die Oberschenkel die Waagerechte erreicht haben. Danach wieder gemeinsames Strecken in den Stand, dabei werden die Knie nicht ganz durchgestreckt.<br>**Hinweis:** die Bank bleibt in unveränderter Stellung | 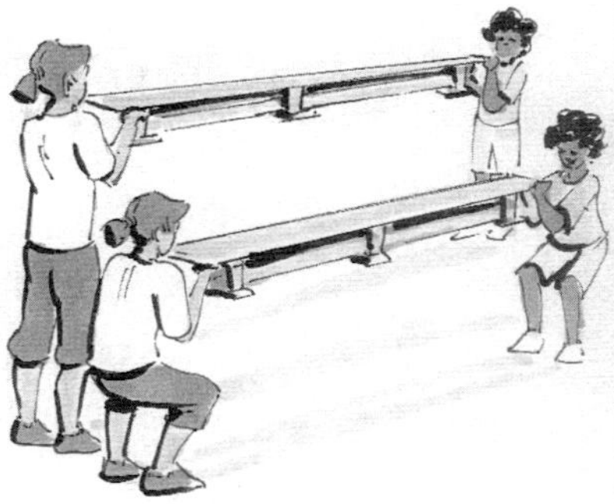 |
| **2b** | **Schwerer:**<br>• Der Partner rutscht mehr in die Mitte der Bank, dadurch wird die Belastung erhöht. | 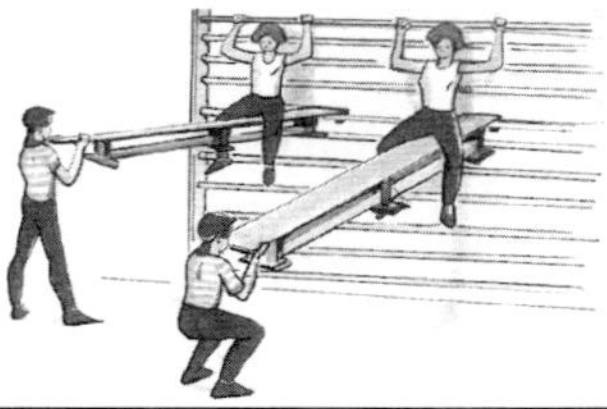 |

| | Übung – Beine | |
|---|---|---|
| **3** | • **Die sitzenden/hockenden Schüler A und B führen in regelmäßigem Rhythmus die Stäbe auseinander und wieder zusammen. Schüler C führt Schluss- und Grätschsprünge im Wechsel aus.**<br>**Hinweis:** Die Stäbe werden ca. 15-30 cm über dem Boden gehalten. Jeder Schüler muss einmal in der Stabgasse gewesen und mehrmals rhythmisch gesprungen sein. | 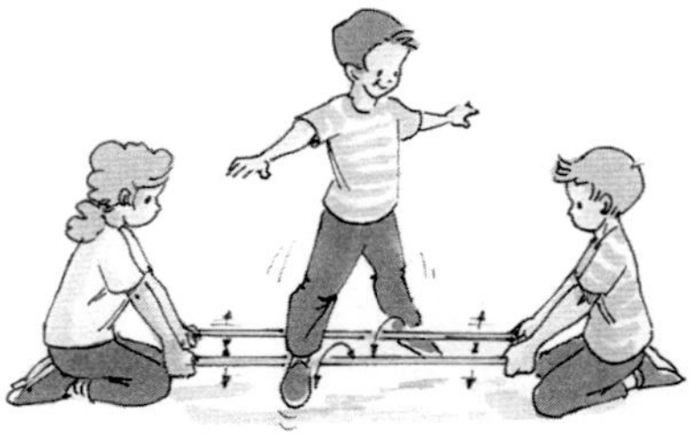 |
| **3a** | **Leichter:**<br>• Mit Armeinsatz und auftaktartigem Hüpfen in den Grätschstand außerhalb des Kastenteils springen, anschließend wieder hineinspringen. | 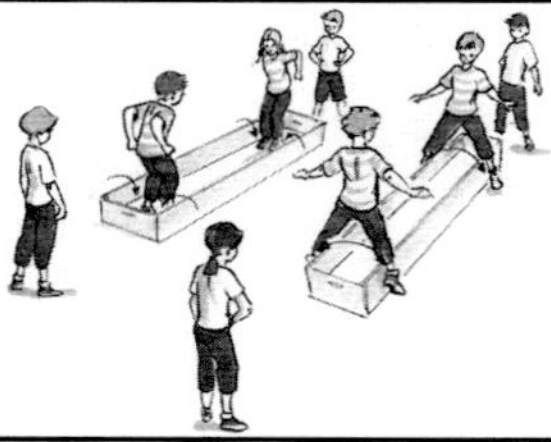 |
| **3b** | **Schwerer:**<br>• Schlusssprünge über die Kastentreppe – umdrehen und wieder zurück. | 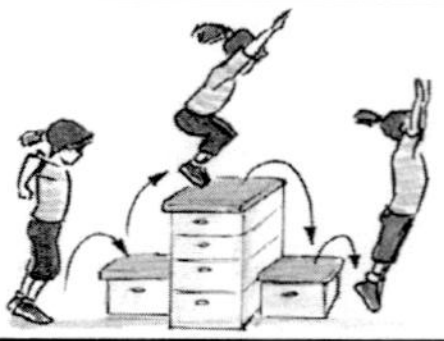 |

Fitnessstudio im Sportunterricht – Krafttraining
KOHL VERLAG

| | Übung – Rücken |
|---|---|
| 1 | • **Bauchlage auf dem großen Kasten, die Hüften schließen mit der Kante ab. Die Hände werden an die Ohren gelegt oder leicht im Nacken verschränkt. Der Partner hält die leicht gegrätschten Beine fest, um ein Abrutschen zu verhindern (hierbei befinden sich die Füße des Übenden unter den Achseln des Helfers). Aufrichten bis in die Waagerechte, dann wieder absenken.**<br>**Hinweis:** Nicht über die Waagerechte hinaus aufrichten – Hohlkreuzbildung vermeiden! 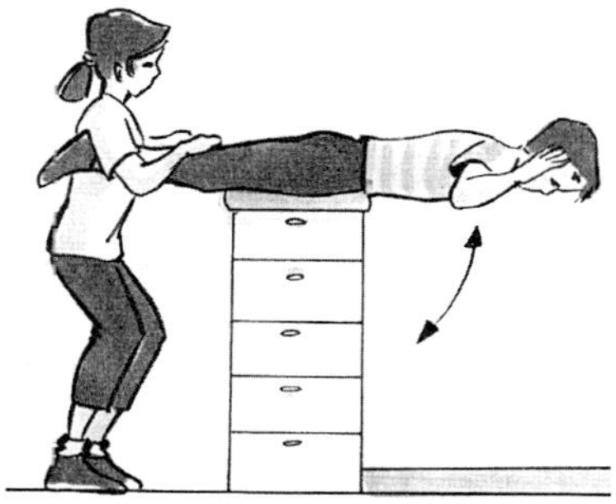 |
| 1a | Leichter:<br>• Bauchlage auf der Matte, die Schultern schließen mit der Mattenkante ab: Den Ball mit beiden Händen kräftig gegen die Sitzfläche der seitlich umgekippten Bank (Wand) stoßen, sodass er zu den Händen zurückkommt. 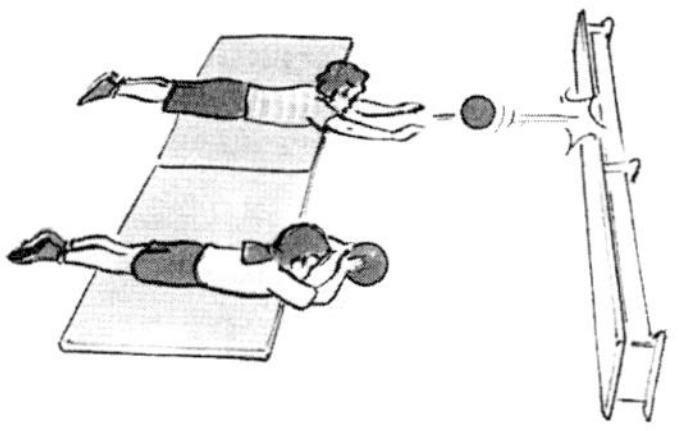 |
| 1b | Schwerer:<br>• Bauchlage auf dem großen Kasten, die Hüften schließen mit der Kante ab. Beide Hände halten einen Medizinball (1-1,5 kg) im Nacken. Der Partner hält die leicht gegrätschten Beine fest, um ein Abrutschen zu verhindern (hierbei befinden sich die Füße des Übenden unter den Achseln des Helfers). Aufrichten, bis in die Waagerechte auf, dann wieder absenken. 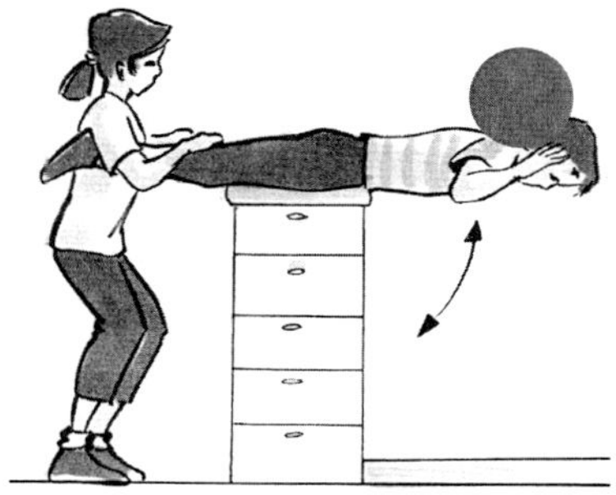 |

| | Übung – Rücken |
|---|---|
| 2 | • **In Bauchlage gegenüber: Schüler A und B halten einen Stab mit beiden Händen gefasst (Arme leicht gebeugt) zwischen sich. Beide heben gleichzeitig den Oberkörper an, zunächst schiebt Schüler A den Stab in Richtung B, der leicht nachgibt, dann schiebt Schüler B den Stab zu A usw.** 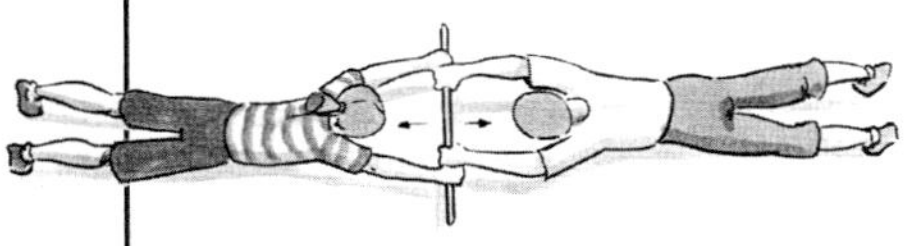 |
| 2a | Leichter:<br>• Zu zweit in Bauchlage gegenüber: A stößt den Ball zu Partner B. Dieser nimmt den Ball an und stößt ihn zurück. 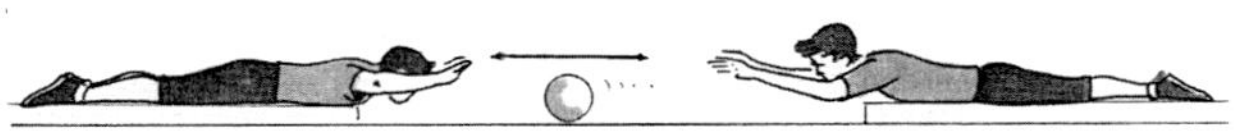 |

Fitnessstudio im Sportunterricht – Krafttraining für Kinder & Jugendliche – Bestell-Nr. 12 200
KOHL VERLAG

| | Übung – Rücken | |
|---|---|---|
| 2b | **Schwerer:**<br>• In Bauchlage mit aufgesetzten Fußspitzen gegenüber: Oberkörper leicht anheben, der Blick geht zum Boden, die Arme gestreckt nach vorn nehmen und die Handflächen aneinanderlegen. Einen Moment so bleiben, dann den Oberkörper absenken und die Arme ablegen.<br>Variation: Ablauf wie zuvor, aber ein Bein dabei leicht anheben. | 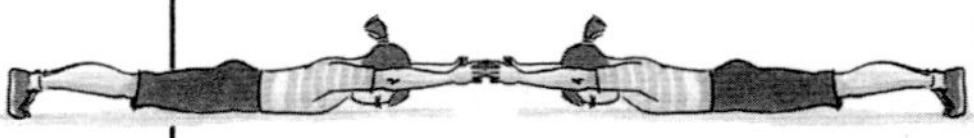 |

| | Übung – Rücken | |
|---|---|---|
| **3** | • **Bauchlage mit aufgesetzten Füßen: den Ball (Basket-/Medizinball) mit fast gestreckten Armen leicht vom Boden heben und einen Moment halten, dann wieder ablegen. Blick zum Boden – keine Hohlkreuzhaltung.**<br>• **Bauchlage: Oberkörper und Arme vom Boden anheben und einen Basket- oder Medizinball mit fast gestreckten Armen weit nach rechts und danach weit nach links rollen.** | 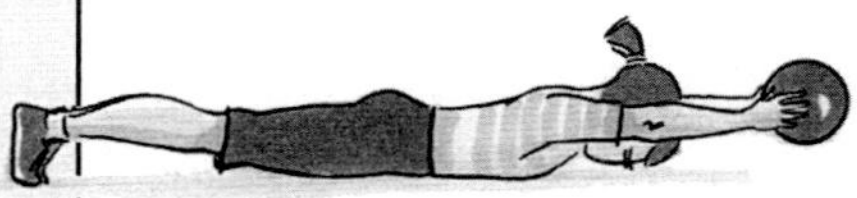 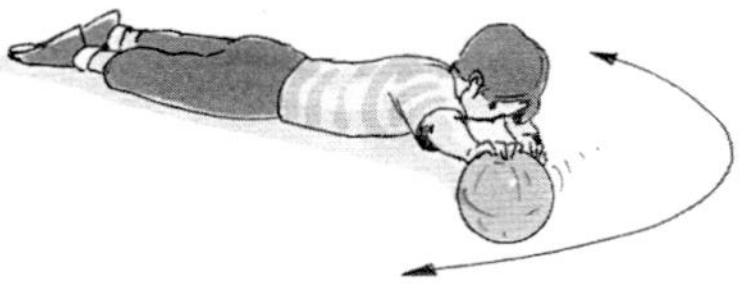 |
| 3a | **Leichter:**<br>• Liegestütz mit geschlossenen Füßen: einen Gymnastikball mit einer Hand hochwerfen und mit der anderen Hand fangen. Anschließend mit der Fanghand hochwerfen und mit der anderen Hand fangen usw. | 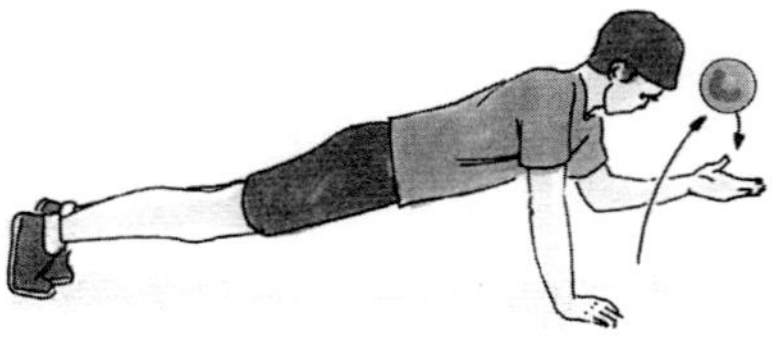 |
| 3b | **Schwerer:**<br>• Bauchlage, die rechte Hand hält einen Ball: Oberkörper und Arme anheben und den Ball vor dem Kopf und hinter dem Rücken übergeben.<br>**Hinweis:** Während des Übens dürfen die Arme/Hände und der Oberkörper den Boden nicht mehr berühren. | 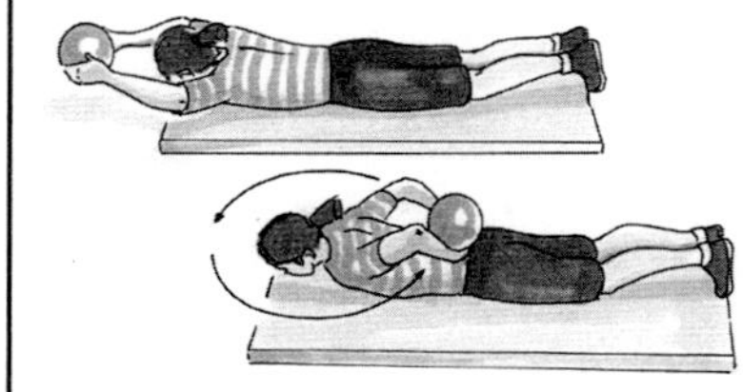 |

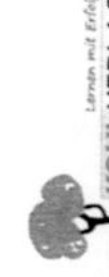

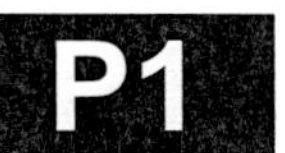

# Aufwärmübungen

Die Ankündigung des Sportlehrers in der Sporthalle ähnlich wie im Fitnessstudio zu trainieren, wird bei den Schülern „gut ankommen“ und eine große Motivation auslösen.

Trotz der Vorfreude auf die Übungen an und mit Geräten sollte vorher immer der Körper auf „Betriebstemperatur“ gebracht werden, damit die Kräftigungsübungen auch zielgerichtet und mit der nötigen Intensität ausgeführt werden können.

Aus der großen Anzahl von möglichen Übungen werden hier einige genannt, die ohne großen Aufwand und Vorbereitung mit allen Schülern durchgeführt werden können.

Wichtig ist, dass alle Schüler gleich mitmachen und die Übungen ohne Probleme ausführen können.

Der Sportlehrer kann sich aufgrund der hier vorgeschlagenen Übungsauswahl schnell ein Übungsprogramm für seine Klasse/Gruppe zusammenstellen, damit ohne großen Zeitverlust das eigentliche Fitnesstraining beginnen kann.

**Jede Übung sollte 5-10x wiederholt oder ca. 15-20 Sekunden lang ausgeführt werden.**

## Einzelübungen

- Hüpfen mit geschlossenen Füßen vor und zurück, Beine im Wechsel grätschen und überkreuzen; im Quadrat hüpfen, d.h. Hüpfer nach vorn, Hüpfer nach links, Hüpfer nach hinten, Hüpfer nach rechts usw. *(Abb. 55).*

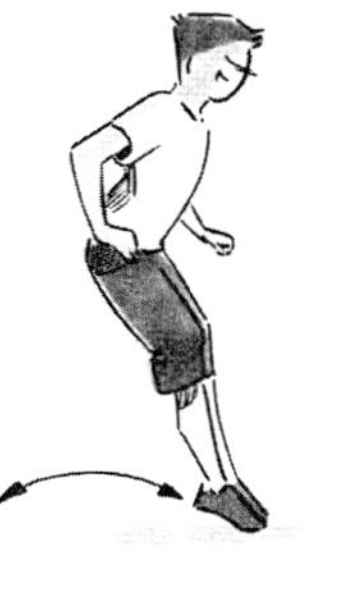

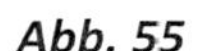

Abb. 55

- Im Stand mit beiden Händen zunächst nach rechts oben schwingen und zweimal in die Hände klatschen, danach auf die leicht gebeugten Knie zweimal klatschen, anschließend nach links oben schwingen und zweimal in die Hände klatschen usw. *(Abb. 56).*

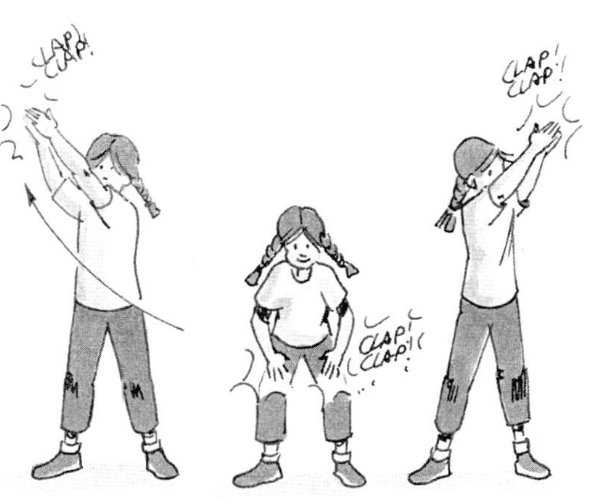


Abb. 56

- Liegestütz vorlings: Angrätschen mit fast gestreckten Beinen. Wer schafft es bis zur Linie der Hände? *(Abb. 57).*

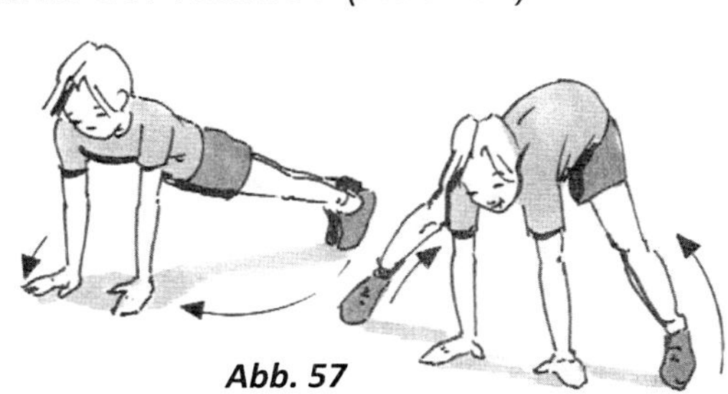

Abb. 57

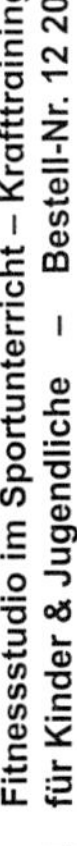

# P1 Aufwärmübungen

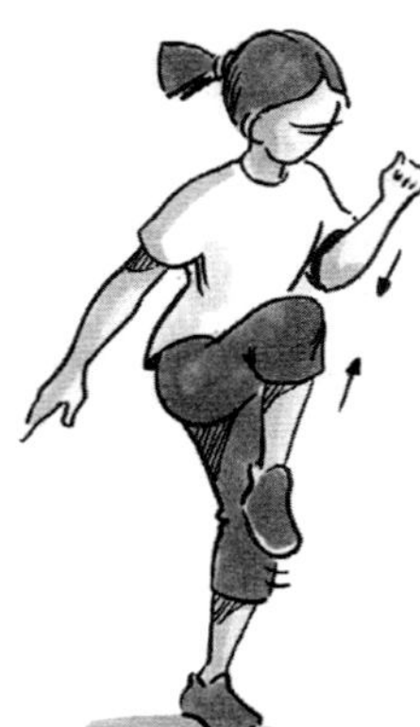
Abb. 58

– Im Stand das rechte Knie und den linken Ellenbogen zusammenführen. Anschließend gegengleich mit dem linken Knie und dem rechten Ellenbogen ausführen usw. *(Abb. 58).*

– Rad fahren: Sitz mit leichter Rücklage (evtl. mit Mattenunterlage), die Unterarme stützen seitlich ab. Mit beiden Beinen/Füßen „Fahrrad fahren“ vor- und rückwärts. Auch mit beiden Beinen zugleich versuchen *(Abb. 59).*

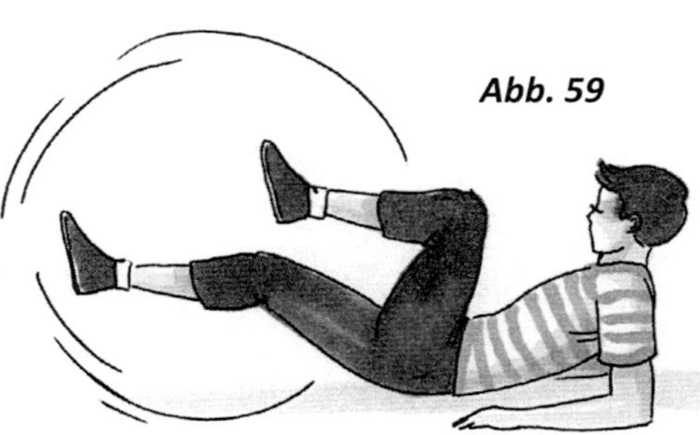
Abb. 59

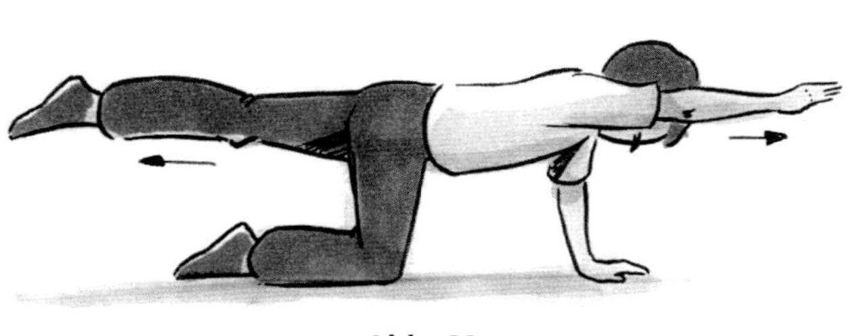
Abb. 60

– Bankstellung (evtl. mit Mattenunterlage), Knie, Füße und Hände sind aufgesetzt, Kopf nicht anheben, der Rücken bleibt gerade: Den rechten Arm und das linke Bein anheben und bis zur Waagerechten führen, kurz in dieser Position bleiben, dann in die Ausgangsstellung zurück und nun gegengleich mit linkem Arm und rechtem Bein ausführen *(Abb. 60).*

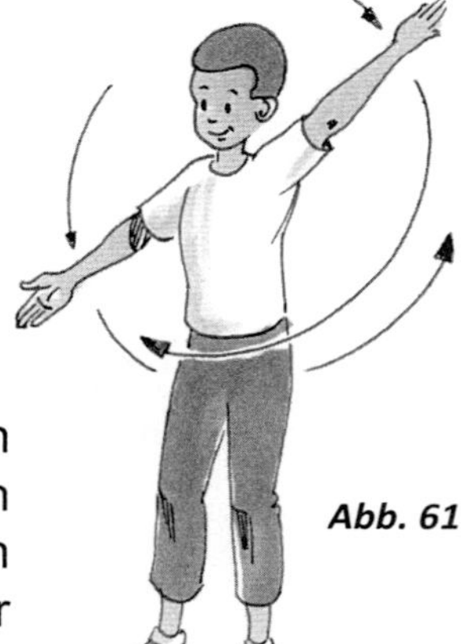
Abb. 61

– Beide Arme gestreckt über Kopf nehmen. Nun gleichzeitig den rechten Arm nach vorn unten und den linken Arm nach hinten unten führen. Wichtig hierbei ist, dass wirklich beide Arme sich in der angegebenen Richtung bewegen und über Kopf wieder zusammengeführt werden *(Abb. 61).*

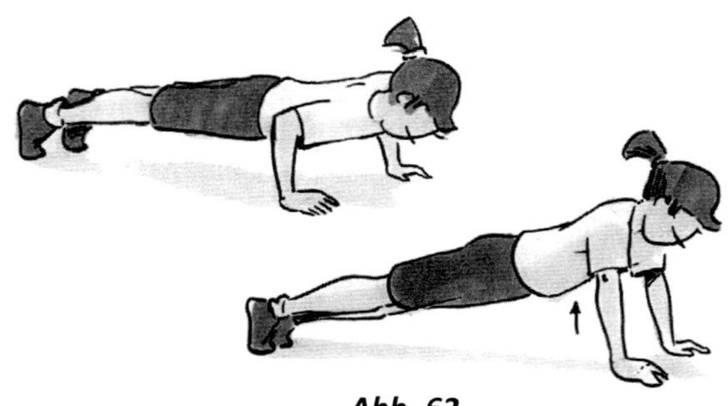
Abb. 62

– Liegestütz vorlings: Hände schulterbreit, gerader Rücken, Kopfhaltung normal: Beugen der Arme, der Blick geht zum Boden. Anschließend die Arme wieder strecken *(Abb. 62).*

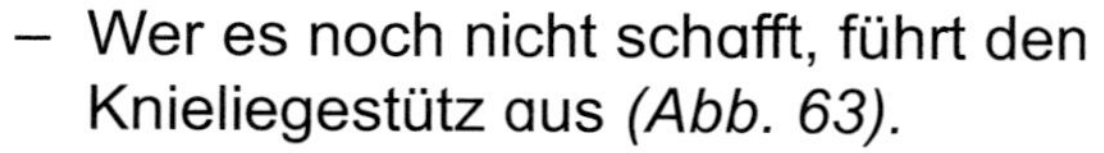

– Wer es noch nicht schafft, führt den Knieliegestütz aus *(Abb. 63).*

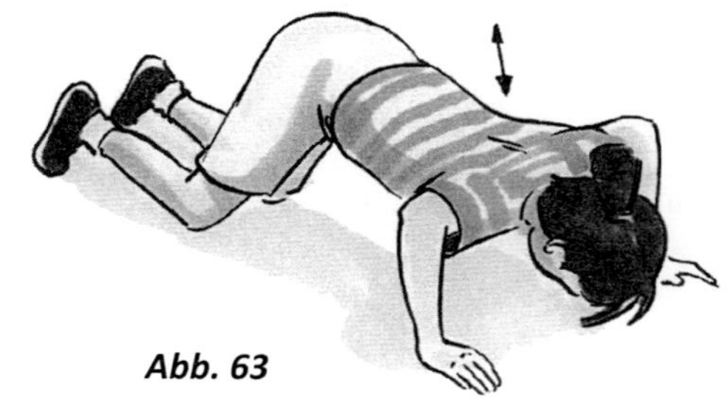
Abb. 63

# P1 Aufwärmübungen

– Beidbeiniges Hüpfen am Ort und im Wechsel das rechte und linke Bein anheben, dabei jeweils einen Handklatsch unter dem angehobenen Oberschenkel ausführen *(Abb. 64).*

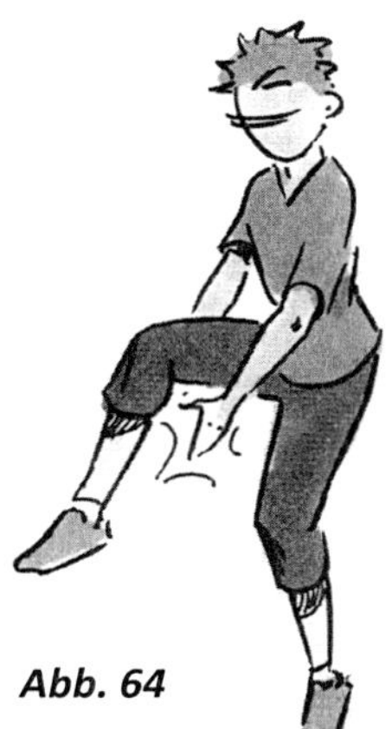

Abb. 64

– Grätschstand mit Stütz der Hände auf dem Boden: vorrutschen/vorfassen der Hände und anschließendes Nachgrätschen der fast gestreckten Beine *(Abb. 65).*

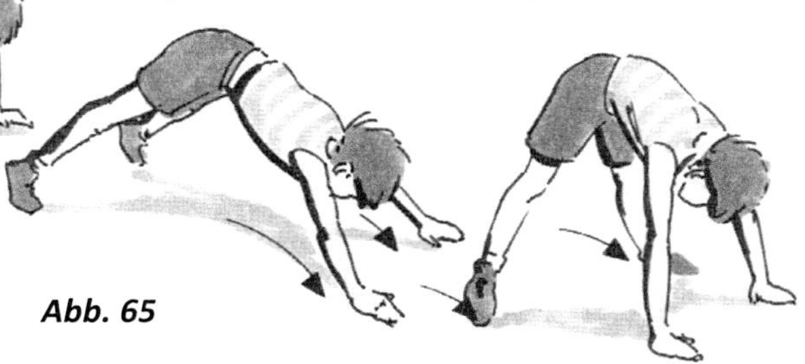

Abb. 65

## Partnerübungen

– Beide Schüler führen kleine Schlusssprünge auf der Stelle aus. Beim ersten Hüpfer klatschen sie in die eigenen Hände, beim zweiten Hüpfer klatschen sie überkreuz „rechts an rechts" in die Hände. Beim dritten Hüpfer klatschen sie wieder in die eigenen Hände, beim vierten Hüpfer klatschen sie „links an links" in die Hände. Beim nächsten Hüpfer klatschen sie wieder in die eigenen Hände usw. *(Abb. 66).*

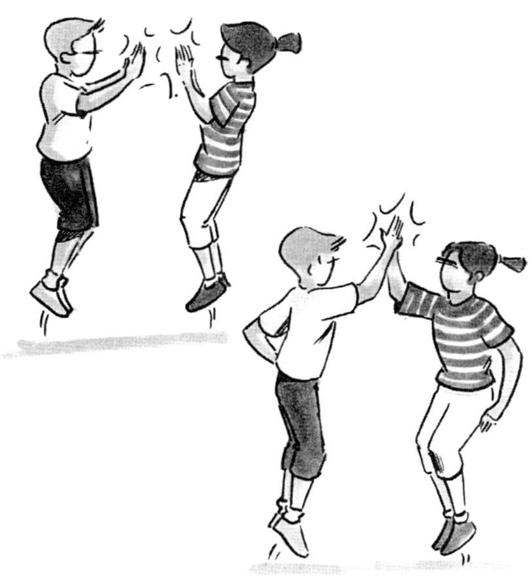

Abb. 66

– Beide Schüler stehen sich mit Handfassung gegenüber. Nun gemeinsam in die halbe Kniebeuge gehen (Ober- und Unterschenkel bilden fast einen rechten Winkel). Einen Moment in dieser Position bleiben, dann wieder gemeinsam in den Stand aufrichten *(Abb. 67).*

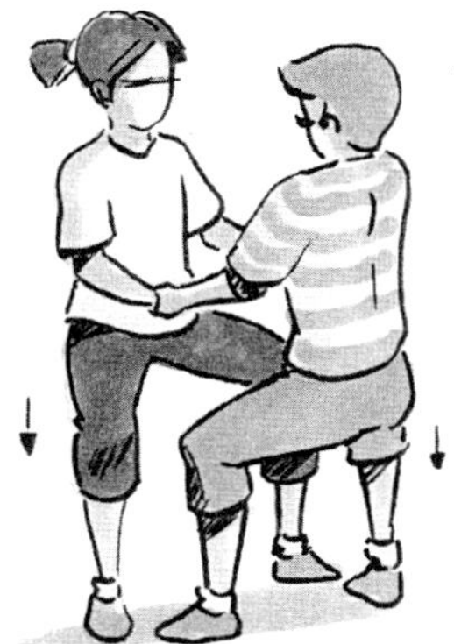

Abb. 67

– Beide Schüler sind im Liegestütz gegenüber: Jeder versucht, dem anderen einen Arm wegzuziehen (nicht wegschlagen), sodass dieser Schüler aus dem Gleichgewicht gerät und in die Bauchlage kommt *(Abb. 68).*

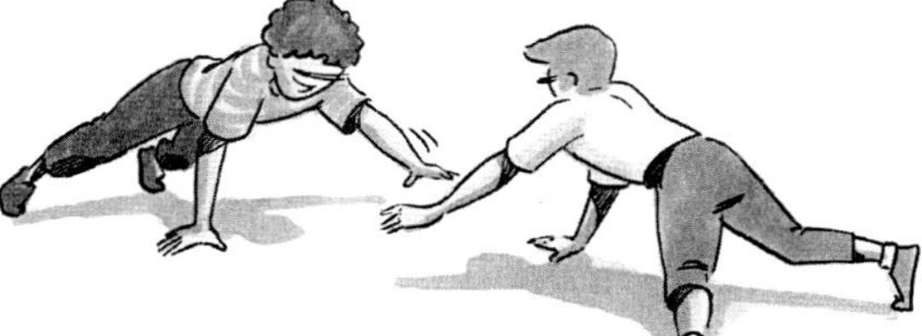

Abb. 68

– Beide Schüler stehen sich mit Handfassung gegenüber, die Fußspitzen berühren sich dabei. Nun langsam mit angespanntem Körper das Gewicht nach hinten verlagern – sich ganz steif machen – einen Moment so bleiben, dann wieder langsam in die Ausgangsstellung zurückkommen *(Abb. 69).*

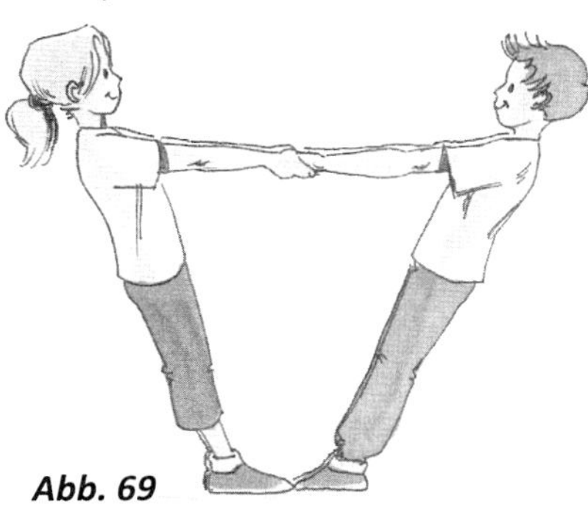

Abb. 69



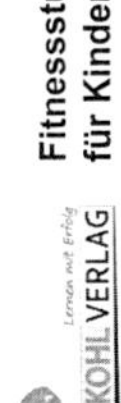

# P2 Kräftigung an bekannten Großgeräten

## Übungsprogramm an großen Kästen

| | |
|---|---|
| **Ziele:** | Kräftigung der Hauptmuskelgruppen – Arme – Bauch – Rücken – Beine |
| **Benötigte Geräte:** | 3 oder 4 große Kästen (drei- oder vierteilig), 6-8 kleine Kästen, 3-4 Turnmatten, 3-4 Phylone |
| **Anzahl der Schüler:** | Insgesamt 12-16 Schüler, an jedem Kasten 4 Schüler |
| **Übungszeit pro Station:** | 30-45 sec. pro Übung |
| **Differenzierung:** | Jede Übung bietet zwei Übungsmöglichkeiten, sodass jeder Schüler gleichermaßen mitmachen kann. |

### Programm

*Das Programm besteht aus 3 Teilen, und zwar:*

- Der Demonstration der Übungen mit ergänzenden Hinweisen durch den Sportlehrer.
- Einem Probedurchgang für alle Schüler.
- Einem Übungsdurchgang nach Zeitvorgaben. Hier versucht jeder Schüler, ohne Hektik und übertriebenem Ehrgeiz eine möglichst große Zahl von Wiederholungen zu erzielen. Jeder zählt für sich mit. Die erzielte Gesamtpunktzahl wird evtl. am Ende abgefragt und in eine Liste eingetragen.

### Organisation/Übungsablauf

**Aufbau:** Alle großen Kästen, mit den davor stehenden kleinen Kästen und der dahinter liegenden Turnmatte werden vor Beginn des Übens gemeinsam an den vom Sportlehrer markierten/genannten Stellplätzen aufgebaut *(siehe Skizze 1 / S. 40).*

**Übungszeit:** Der Sportlehrer gibt durch ein Signal (Pfiff oder Ansage) den Übungsbeginn und das Übungsende bekannt. Vor Beginn der nächsten Übung sagt der Sportlehrer noch einmal kurz die Übung an, z.B. Aufrichten aus der Bauchlage usw.

**Üben an der Station:** Die Übungsgruppen bleiben immer an ihrem Kasten und führen dort die Übungen 1-4 aus, es erfolgt also kein Wechsel an den Stationen. Es üben immer zwei Schüler nebeneinander, sodass in der Regel alle vier Schüler aktiv sind.

**Partnerübungen:** Bei den Partnerübungen sprechen sich die beiden Schüler ab, wer als erster übt und wer danach übt.

**Zusatzaufgabe:** Evtl. nach Beendigung der jeweiligen Übung einmal über die großen Kästen laufen, danach die Pylone umlaufen und danach geht es zum Ausgangspunkt zurück und danach folgt die zweite Übung.

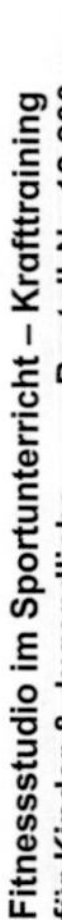
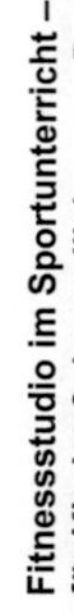

# Kräftigung an bekannten Großgeräten

Übungsprogramm an großen Kästen

## Beschreibung der Übungen

### 1 Arm-, Schulter- und Bustmuskulatur

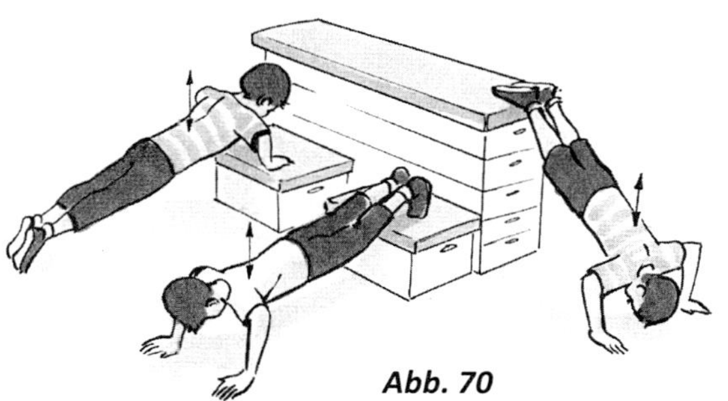
Abb. 70

– Die vier Schüler verteilen sich an den Seiten des großen Kastens. Liegestütz vorlings mit Auflage der Füße am großen Kasten: beugen und strecken der Arme *(Abb. 70)*.

**Differenzierung:** Leistungsschwächere Schüler setzen ihre Füße auf den kleinen Kasten oder führen den Liegestütz vorlings mit Stütz der Hände auf dem kleinen Kasten aus.

**Wertung:** Jedes Beugen mit anschließendem Strecken der Arme = 1 Punkt

### 2 Bauchmuskulatur

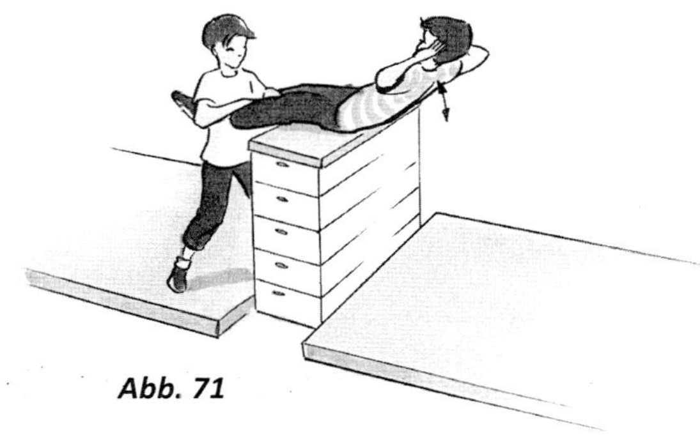
Abb. 71

– Schüler A legt sich mit dem Rücken auf den großen Kasten, die Hüften schließen mit der Kastenkante ab. Langsam nach hinten absenken und anschließend wieder bis in die Waagerechte aufrichten. Die Hände werden an die Ohren gelegt oder leicht im Nacken verschränkt. Der Partner hält den Übenden an den Unterschenkeln und Füßen fest, wobei die Füße des Übenden sich unter den Achseln des Helfers befinden *(Abb. 71)*.

**Differenzierung:** Wer es so noch nicht schafft, darf die Arme und Hände zur Unterstützung des Aufrichtens als Hilfe mit nach vorn nehmen.

**Wertung:** Jedes Aufrichten bis in die Waagerechte = 1 Punkt

### 3 Bein- und Sprungmuskulatur

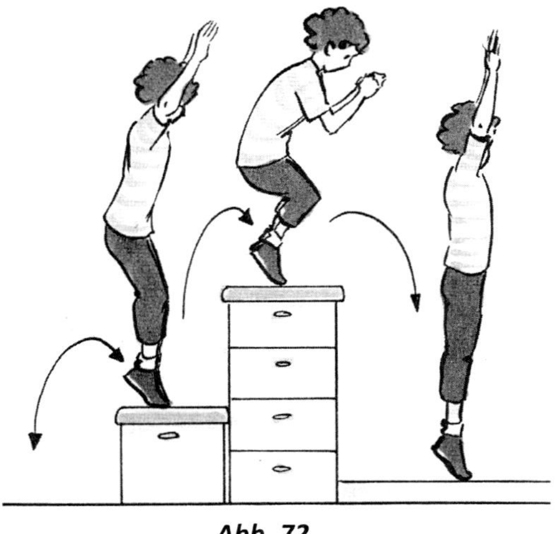
Abb. 72

– Schlusssprung auf den kleinen Kasten und sofort danach Schlusssprung auf den großen Kasten mit anschließendem Niedersprung auf die Matte. Danach um den Kasten zum Ausgangspunkt zurücklaufen *(Abb. 72)*.

**Tipp:** Wichtig sind die flüssigen und rhythmischen Übergänge vom kleinen Kasten auf den großen Kasten. Ein Zwischenhüpfer zwischen den Schlusssprüngen ist häufig bewegungsunterstützend.

**Differenzierung:** Schlusssprung auf den kleinen Kasten und beliebiges Überwinden des großen Kastens mit anschließendem Niedersprung auf die Matte.

**Wertung:** Jeder Niedersprung auf die Matte = 1 Punkt

Fitnessstudio im Sportunterricht – Krafttraining für Kinder & Jugendliche – Bestell-Nr. 12 200

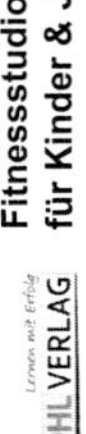

### 4 Rückenmuskulatur

– Schüler A legt sich bäuchlings auf den großen Kasten, sodass die Hüften mit der Kante abschließen. Die Hände werden an die Ohren gelegt oder leicht im Nacken verschränkt. B hält die leicht gegrätschten Beine fest, um ein Abrutschen zu verhindern (hierbei befinden sich die Füße des Übenden unter den Achseln des Helfers). Schüler A beugt sich etwas nach unten und richtet sich danach bis in die Waagerechte auf *(Abb. 73)*.

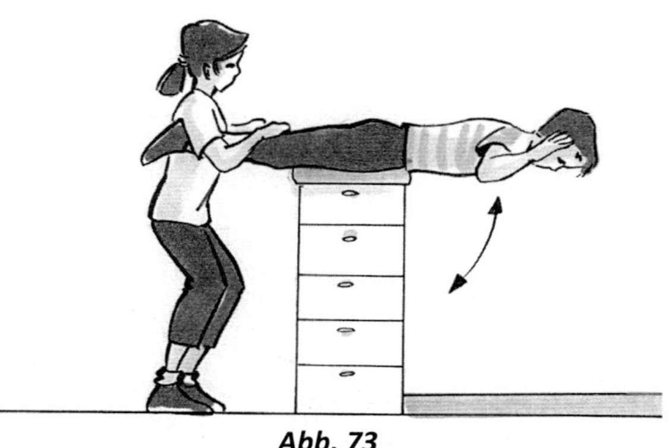

*Abb. 73*

**Tipp:** Nicht über die Waagerechte hinaus aufrichten – Hohlkreuzbildung vermeiden!

**Differenzierung:** Wer es so noch nicht schafft, darf die Arme und Hände vom Kopf nehmen und beim Aufrichten beliebig zur Unterstützung einsetzen.

**Wertung:** Jeder Niedersprung auf die Matte = 1 Punkt

### Ausblick und mögliche Variation:

Statt einer Übungszeitangabe kann der Sportlehrer grundsätzlich auch eine Wiederholungszahl festlegen, z.B. muss jede Übung 10 x wiederholt werden, dann kommt der Partner dran. Evtl kann bei dieser Form auch mit differenzierten Belastungen geübt werden, d.h. Schüler A wiederholt die Übung 10 x, Schüler B aber 15 x.

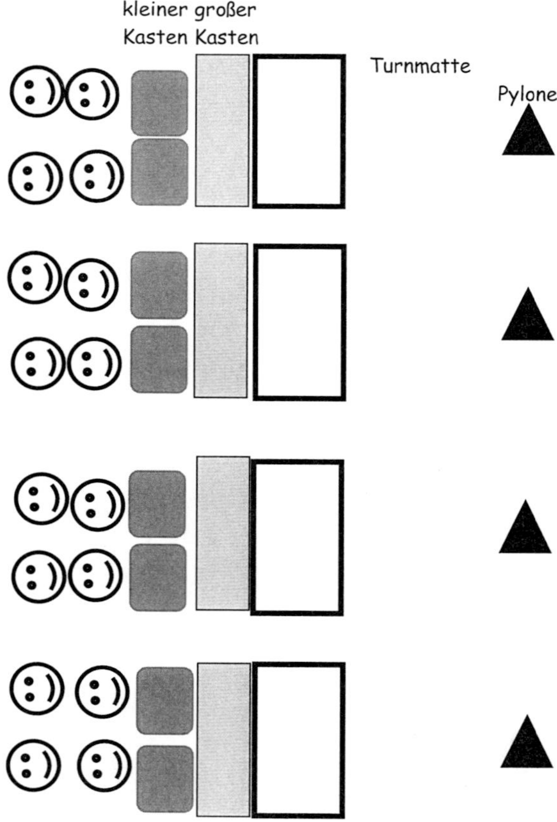


*Skizze 1*

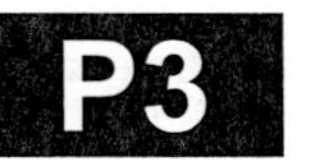

# 8 Stationen vielseitig und abwechslungsreich

## Übungsprogramm an Kastenteilen und kleinen Kästen

| | |
|---|---|
| **Ziele:** | Kräftigung der Hauptmuskelgruppen – Arme – Bauch – Rücken – Beine |
| **Benötigte Geräte:** | 6 Kastenteile, 1 Kastendeckel, 8 Turnmatten und 8 kleine Kästen, 4 Basket- oder Medizinbälle |
| **Anzahl der Schüler:** | Insgesamt 16-24 Schüler, an jedem Gerät 2 Schüler |
| **Übungszeit pro Station:** | Anfänger 20-30 sec. pro Station<br>Fortgeschrittene 30-45 sec. pro Station |
| **Differenzierung:** | Jede Übung bietet zwei Übungsmöglichkeiten, sodass jeder Schüler gleichermaßen mitmachen kann. |

### Programm

*Das Programm besteht aus 3 Teilen, und zwar:*

- der Demonstration der Übungen mit ergänzenden Hinweisen durch den Sportlehrer,
- einem Probedurchgang für alle Schüler,
- einem Übungsdurchgang nach Zeitvorgaben. Hier versucht jeder Schüler, ohne Hektik und übertriebenem Ehrgeiz eine möglichst große Zahl von Wiederholungen zu erzielen. Jeder zählt für sich mit. Die erzielte Gesamtpunktzahl wird evtl. am Ende abgefragt und in eine Liste eingetragen.

**Wichtiger Hinweis:** Bei der Ausführung der Übungen immer weiter atmen – nicht anhalten!

### Organisation/Übungsablauf

**Aufbau:** Alle Stationen werden in Längsrichtung der Sporthalle aufgebaut. Die Kastenteile, der Kastendeckel, die Turnmatten und die kleinen Kästen werden vor Beginn der Sportstunde an den vom Sportlehrer markierten Stellplätzen aufgebaut. Ein großer Kasten ist in der Regel fünfteilig. Für dieses Programm werden insgesamt 6 Kastenteile benötigt. Der Kastenfuß mit den Rollen kann nicht verwendet werden *(siehe Skizze 1).*

**Übungszeit:** Der Sportlehrer gibt durch ein Signal (Pfiff oder Ansage) den Übungsbeginn und das Übungsende bekannt. Als Hilfe wird an jeder Station eine Bewegungsskizze mit der jeweiligen Übung ausgelegt.

**Üben an der Station:** Die Schüler wechseln von Station zu Station. An jedem Gerät üben immer zwei bzw. vier Schüler gleichzeitig. Wer an Station 1 beginnt, geht danach zu Station 2, wer an Station 8 begonnen hat, geht danach zu Station 1 usw. Durch die Anordnung der Geräte ist der Ablauf klar vorgegeben.

**Partnerübungen:** Wenn evtl. in Partnerform geübt wird, absolviert erst Schüler A alle Stationen nacheinander und danach erfolgt der Wechsel und Schüler B kommt dran.

Fitnessstudio im Sportunterricht – Krafttraining für Kinder & Jugendliche – Bestell-Nr. 12 200

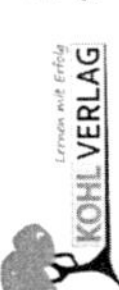

# 8 Stationen vielseitig und abwechslungsreich

Übungsprogramm an Kastenteilen und kleinen Kästen

## Beschreibung der Übungen

### 1 Arme – Kastenteil

- Liegestütz vorlings vor dem Kastenteil. Erst mit der rechten Hand in das Kastenteil hinein, danach auch mit der linken Hand folgen. Danach erst wieder mit der rechten Hand heraus und gleich anschließend mit der linken Hand folgen.

**Wertung:** Beide Hände im Kastenteil = 1 Punkt

**Differenzierung:** Leistungsschwächere Schüler üben am ausgelegten Kastendeckel, d.h. Liegestütz vorlings und auf- und abstützeln.

**Wertung:** Beide Hände auf dem Kastendeckel = 1 Punkt

### 2 Rücken – Kastenteil

- Alle vier Schüler sind in Bauchlage mit Blick zum Kastenteil. Mit fast gestreckten Armen das Kastenteil leicht vom Boden abheben, einen kleinen Moment so halten und dann anschließend wieder vorsichtig auf die Eckpfosten absetzen *(Abb. 74)*.

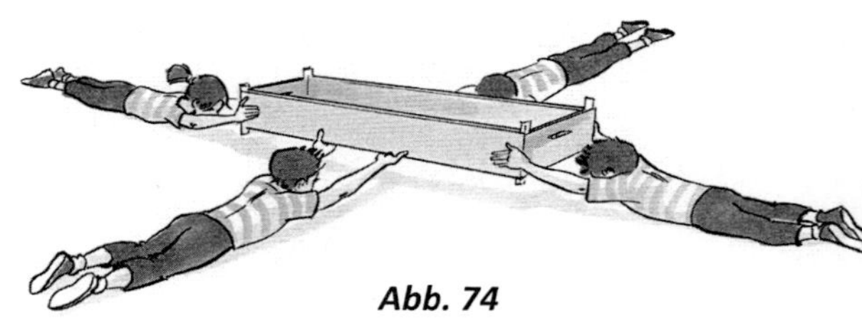

*Abb. 74*

**Wertung:** Jedes gemeinsame Anheben = 1 Punkt

**Differenzierung:**

- Leistungsschwächere Schüler dürfen zwischendurch ihre Ellenbogen leicht auf den Boden ablegen.
- Leistungsstärkere Schüler dürfen mit ihren Ellenbogen/Armen während des Anhebens den Boden nicht berühren.

### 3 Bauch – Kastenteil

- Strecksitz zu zweit nebeneinander oder auch gegenüber an den Längsseiten des Kastenteils, die Hände stützen seitlich ab: Die Füße in das Kastenteil hinein strecken, danach leicht anhocken und über das Kastenteil heben. Danach wieder anhocken und die Füße erneut in das Kastenteil hinein strecken usw. *(Abb. 75)*.

**Wertung:** Jede erfolgreiche Streckung in das Kastenteil = 1 Punkt

**Differenzierung:** Leistungsschwächere Schüler dürfen die Füße beim Strecken in das Kastenteil kurz ablegen.

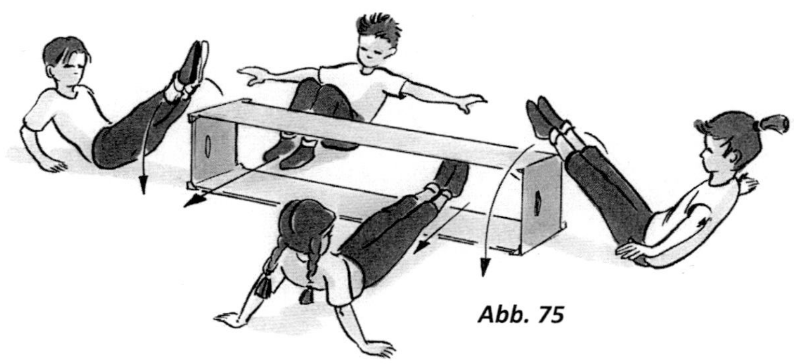

*Abb. 75*

### 4 Beine – Kastenteil

– Schlussstand im Kastenteil. Mit Armeinsatz und auftaktartigem Hüpfen in den Grätschstand außerhalb des Kastenteils springen, anschließend ebenso wieder hinein *(Abb. 76).*

**Wertung:** Jeder Schlusssprung in den Grätschstand = 1 Punkt

**Differenzierung:** Schlusssprünge in das Kastenteil hinein und wieder heraus.

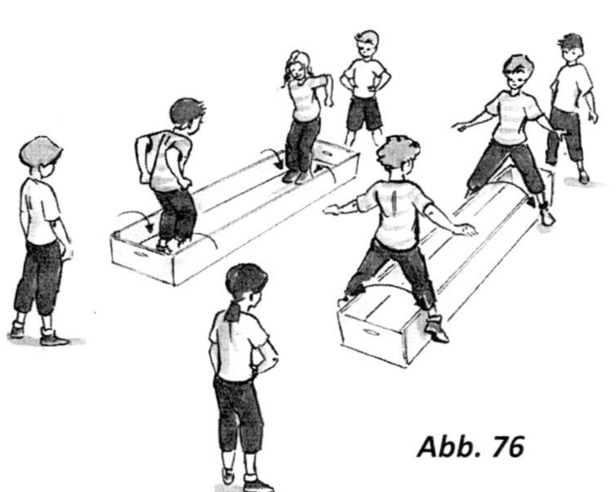

*Abb. 76*

### 5 Arme – kleiner Kasten

– An den Seiten des kleinen Kastens sind beide Schüler gegenüber im Liegestütz vorlings. Mit den Händen auf- und abstützeln. Erst die rechte Hand auf den Kasten, dann sofort danach die linke. Anschließend wieder die rechte Hand auf den Boden führen und dann die linke Hand *(Abb. 77).*

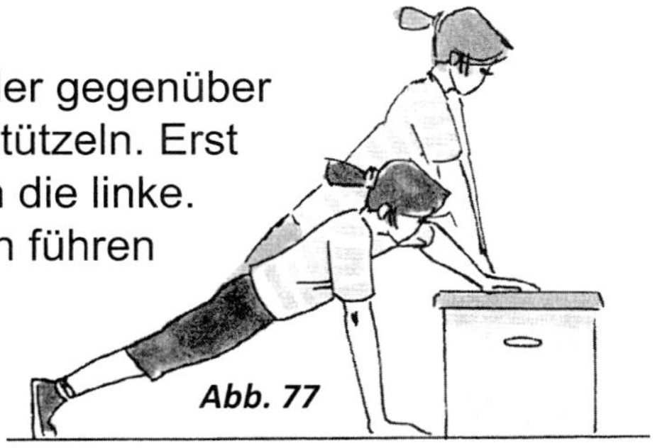

**Wertung:** Wenn beide Hände nacheinander auf dem kleinen Kasten sind = 1 Punkt

*Abb. 77*

**Differenzierung:** Leistungsschwächere Schüler dürfen dabei die Knie leicht auf den Boden aufsetzen.

### 6 Rücken – kleiner Kasten

– Bauchlage auf einem Mattenhügel (2 Matten aufeinander): einen Medizinball mit beiden Händen über den kleinen Kasten gegen die Wand werfen/stoßen.
Die Arme/Ellenbogen dürfen den Boden berühren. Abstand zur Wand ca. 1,00-1,50 m. Die Schultern schließen mit der Mattenkante ab. Auf richtigen Abstand achten, damit der zurückspringende Ball nicht an den Kopf prallt – Hände entgegenstrecken *(Abb. 78).*

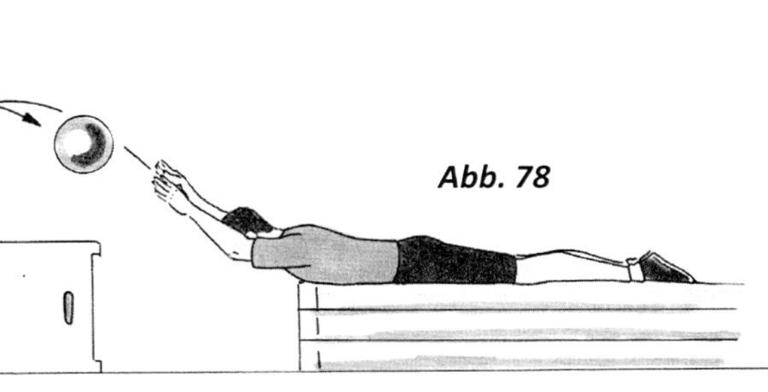

*Abb. 78*

**Tipp:** Der kleine Kasten kann evtl. auch seitwärts gekippt werden, sodass die Lederfläche zum Schüler zeigt.

**Differenzierung:** Leistungsschwächere Schüler werfen einen Basketball gegen die Wand oder stoßen den Medizinball/Basketball gegen die Lederfläche des kleinen Kastens.

### 7 Bauch – kleiner Kasten

- Sitz mit leicht gebeugten Knien zum Kasten, die Hände/Arme sind vor der Brust verschränkt oder werden seitlich gehalten: anheben der Beine und kurzes Aufsetzen der Füße auf den Kasten, anschließend die Füße wieder auf den Boden tippen *(Abb. 79).*

**Hinweise:** darauf achten, dass die Knie wirklich nur leicht gebeugt sind!

**Wertung:** jedes Aufsetzen auf den Kasten = 1 Punkt

**Differenzierung:** leistungsschwächere Schüler dürfen sich mit den Händen seitlich abstützen.

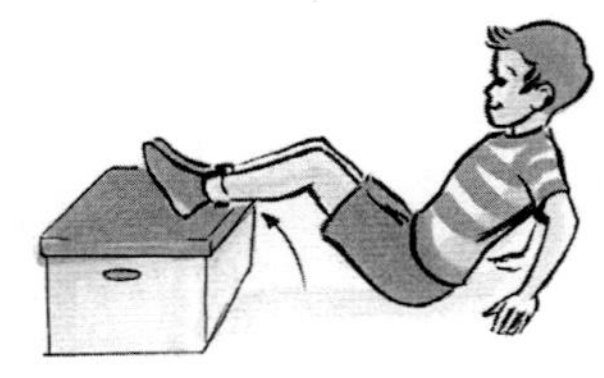

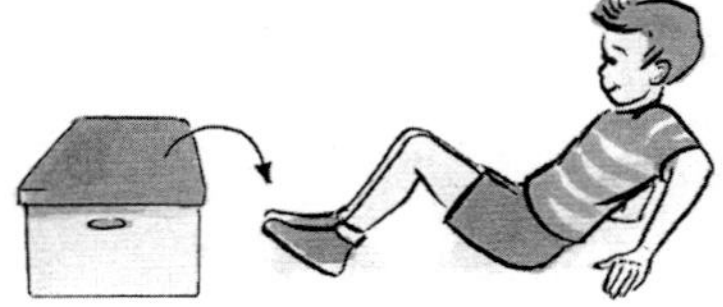

*Abb. 79*

### 8 Beine – umgedrehter kleiner Kasten

- Schlusssprung in den umgedrehten kleinen Kasten hinein und wieder heraus *(Abb. 80).*

**Wertung:** jeder Schlusssprung in den kleinen Kasten (wenn beide Füße im kleinen Kasten sind) = 1 Punkt

**Differenzierung:** leistungsschwächere Schüler steigen in den umgedrehten kleinen Kasten hinein und wieder heraus.

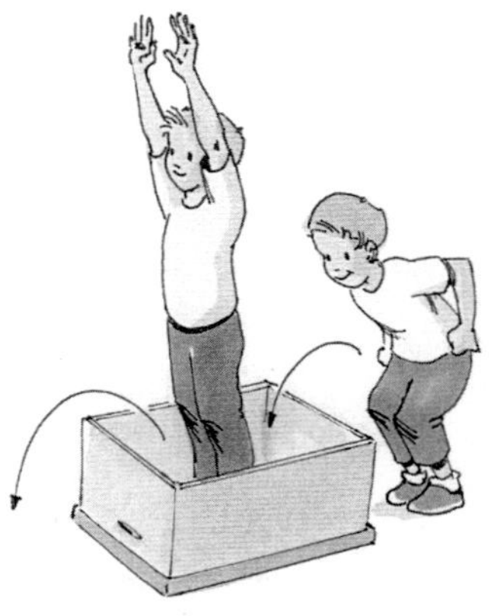

*Abb. 80*

# 8 Stationen vielseitig und abwechslungsreich

Übungsprogramm an Kastenteilen und kleinen Kästen

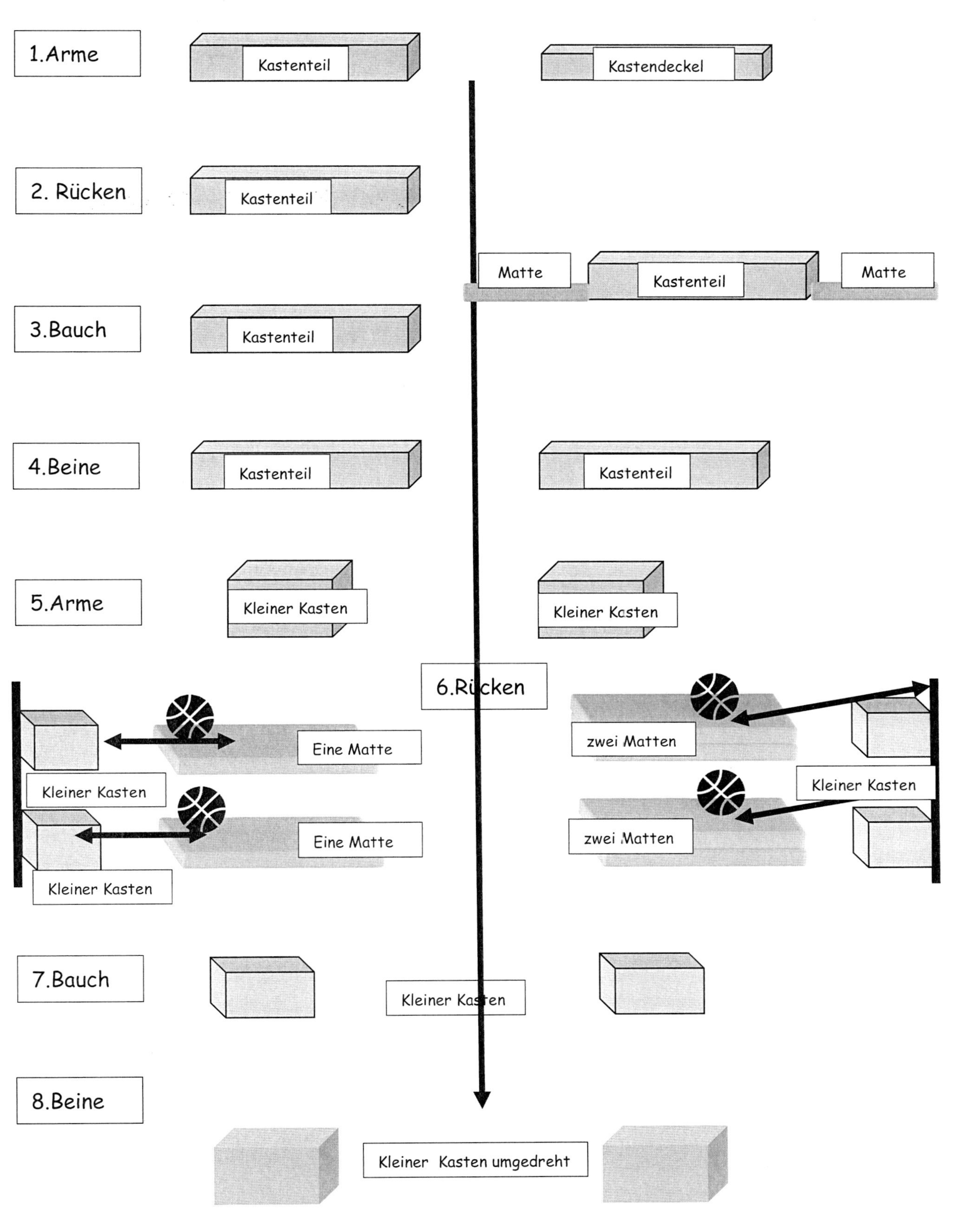


*Skizze 1*

Fitnessstudio im Sportunterricht – Krafttraining für Kinder & Jugendliche – Bestell-Nr. 12 200
KOHL VERLAG

# P4 Fitnessübungen mit einem Alltagsgerät

## Übungsprogramm mit Teppichfliesen

| | | |
|---|---|---|
| **Ziele:** | Kräftigung der Hauptmuskelgruppen<br>– Beine – Arme – Bauch – Rücken – Beine | |
| **Benötigte Geräte:** | Für jeden Schüler eine Teppichfliese, evtl. auch zwei | |
| **Anzahl der Schüler:** | 20-24 Schüler | |
| **Übungsstrecke:** | Mit Teppichfliesen in der Fortbewegung | |
| | Anfänger | ca. 10-12 m bis zur Phylone (Wendemarke) |
| | Geübte | 20-24 m um die Phylone (Wendemarke) und zurück |

### Programm

Das Übungsprogramm besteht aus Einzel- und Partnerübungen. Die Hauptmuskelgruppen werden in spielerischer Form angesprochen und trainiert.

Der Sportlehrer sagt die jeweilige Übung zunächst an und lässt die Übung demonstrieren. Danach folgt sofort die Ausführung der Übung durch die Schüler.

### Organisation/Übungsablauf

Jeder Schüler erhält eine Teppichfliese. Alle Schüler legen ihre Teppichfliese mit Abstand nebeneinander aus. Die Phylone stehen mit Abstand nebeneinander auf der gegenüberliegenden Seite und dienen als Ziel- bzw. Wendemarke *(siehe Skizze 1 / S. 49)*.

### Beschreibung der Übungen

### Einzelübungen in der Fortbewegung

**1 Beine**

- Die Schüler stehen mit einem Fuß auf ihrer umgedrehten Teppichfliese und stoßen sich dem anderen Fuß kräftig ab: „Roller fahren“ *(Abb. 81)*.

**Hinweise:** Bis zur anderen Seite, dort wo die Phylone stehen.

**Differenzierung:** *Anfänger* nehmen dort die Fliese auf, umrunden die Phylone und gehen/laufen mit der Fliese in den Händen zur Ausgangslinie zurück.
*Geübte Schüler* umrunden die Phylone und „rollern“ bis zur Ausgangslinie zurück.

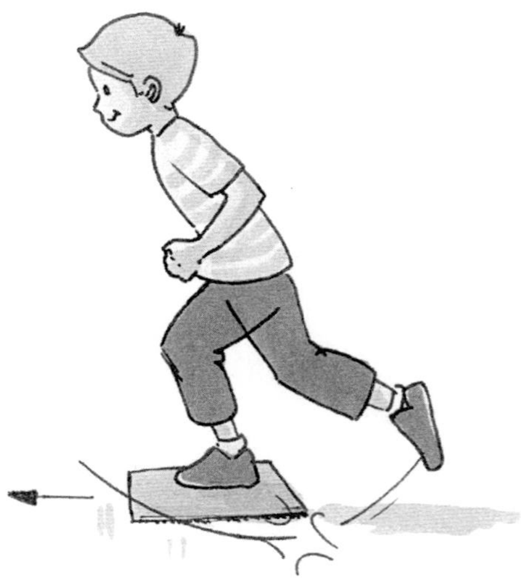

*Abb. 81*

### ❷ Arme

- Die Schüler setzen beide Hände nebeneinander auf ihre Teppichfliese: mit kräftigem Beinanschub die Fliese mit beiden Händen vorwärts schieben *(Abb. 82)*.

**Hinweise:** Gleichmäßig schieben, beide Hände müssen auf der Teppichfliese bleiben.

**Differenzierung:** siehe 1. Übung.

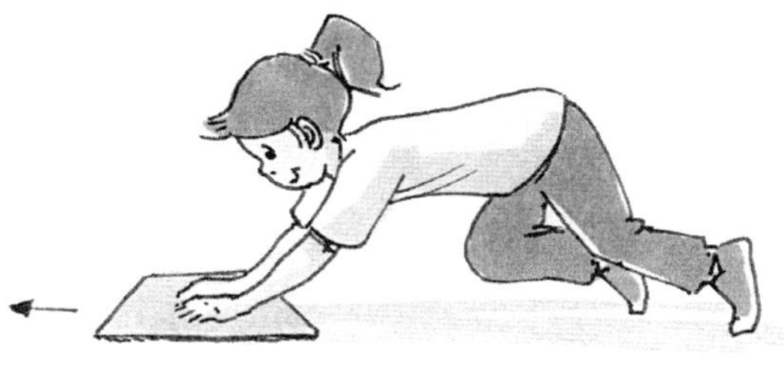

*Abb. 82*

## Übungen am Ort mit der Teppichfliese

Evtl. muss jetzt jeder zweite Schüler mit seiner Teppichfliese etwas nach vorn rücken, damit man sich drehen kann.

### ❸ Bauch

- Im Sitz, die Hände stützen seitlich ab: die fast gestreckten Beine über die davor liegende Teppichfliese heben, von einer Seite zur anderen, ohne dabei die Fliese zu berühren.

**Differenzierung: Anfänger** führen die Beine von einer Seite zur anderen und dürfen die Füße dann kurzzeitig auf der anderen Seite ablegen, bevor es zurückgeht. 3-5 x ausführen.

**Geübte Schüler** führen die Beine von einer Seite zur anderen und wieder zurück, die Beine dürfen erst an der Ausgangsseite kurz abgelegt werden. 7-10 x ausführen.

### ❹ Rücken

- Bauchlage auf der Teppichfliese, Beine und Arme etwas anheben. Unter Einsatz beider Hände/Arme sich im Kreis drehen.

**Hinweise:** Die Beine dürfen während der Drehung nicht mehr abgelegt werden.

**Differenzierung: Anfänger** führen nur eine ganze Drehung aus, evtl. auch nur eine halbe Drehung und dann zurück.

**Geübte Schüler** führen eine ganze Drehung aus und drehen sich danach wieder in die Ausgangsstellung zurück. Anschließend evtl noch einmal hin- und zurückdrehen.

## Partnerübungen

### ❺ Beine

- Schüler A sitzt im Schneidersitz auf der Teppichfliese, Schüler B schiebt ihn am Rücken vorwärts *(Abb. 83)*.

**Hinweise:** Mit kräftigem Beineinsatz und leichter Vorlage schieben.

**Differenzierung: Anfänger** üben bis zur Wendemarke, dort erfolgt Rollentausch.

**Geübte Schüler** schieben den Partner um die Wendemarke und wieder bis zur Ausgangslinie zurück, dort erfolgt Rollentausch.

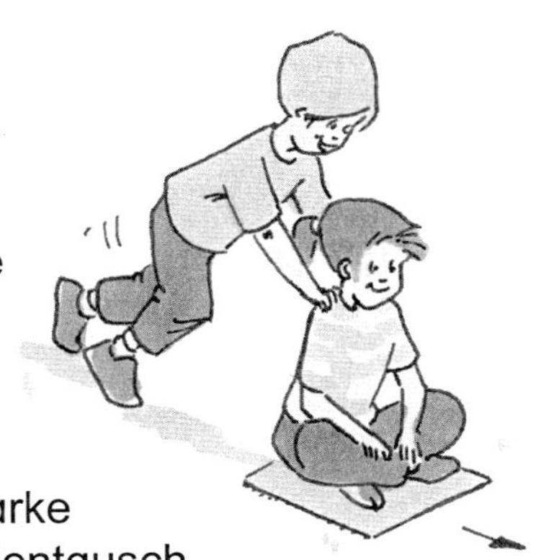

*Abb. 83*

## 6 Arme

– Schüler A geht in den Liegestütz vorlings mit leicht gegrätschten Beinen und stützt sich mit seinen Händen auf einer Teppichfliese ab. Schüler B fasst ihn möglichst weit oben an den Oberschenkeln und schiebt ihn so langsam vorwärts *(Abb. 84).*

**Hinweise:** Schüler A muss den Rücken immer gerade lassen – nicht durchhängen!

**Differenzierung: Anfänger:** bis zur Wendemarke, dort erfolgt Rollentausch.

**Geübte Schüler** umrunden die Wendemarke und kehren zur Ausgangslinie zurück, dort erfolgt Rollentausch.

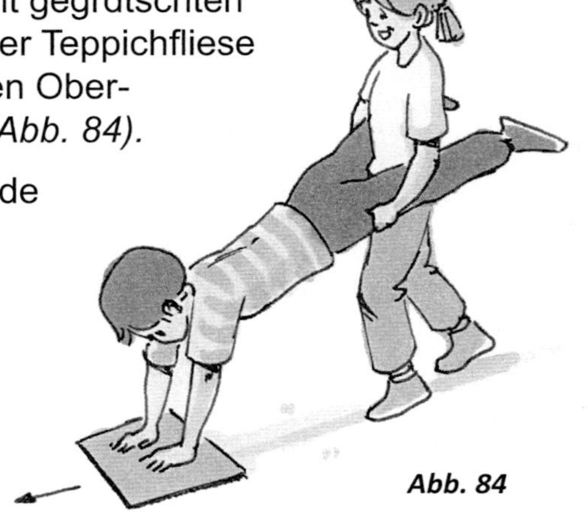

***Abb. 84***

## 7 Bauch

– Schüler A sitzt im Schwebesitz auf der Teppichfliese, die Hände stützen zunächst leicht seitlich ab. Schüler B fasst ihn an den Unterschenkeln und schiebt ihn so vorwärts.

**Hinweise:** Schüler A muss die Hände vom Boden lösen und die Beine während des Schiebens immer in der Luft halten.

**Differenzierung: Anfänger:** bis zur Wendemarke, dort erfolgt Rollentausch.

**Geübte Schüler** umrunden die Wendemarke und kehren zur Ausgangslinie zurück, dort erfolgt Rollentausch.

**Nun erhält jedes Schülerpaar zwei weitere Teppichfliesen, sodass jedes Paar insgesamt drei Teppichfliesen hat.**

## 8 Bauch

– Beide Schüler gehen in den Liegestütz: Schüler A stützt sich mit seinen Händen auf der ersten Teppichfliese ab, seine Füße und die Hände des Schüler B sind auf der mittleren Teppichfliese, die Füße von Spieler B sind auf der dritten Teppichfliese.

A und B schieben vorsichtig und möglichst gleichzeitig ihre mit den Händen besetzte Fliese etwas nach vorn, dadurch kommen auch die Füße von Spieler A nach vorn. Ist das geschehen, kann Spieler B seine mit den Füßen besetzte Fliese nachziehen und danach beginnt der Ablauf von vorn *(Skizze 2).*

**Differenzierung: Anfänger:** bis zur Wendemarke, dort erfolgt Rollentausch.

**Geübte Schüler** umrunden die Wendemarke und kehren bis zur Ausgangslinie zurück, dort erfolgt Rollentausch.

**Variation:** Bis zur Wendemarke und dort die Positionen tauschen.

***Skizze 2***

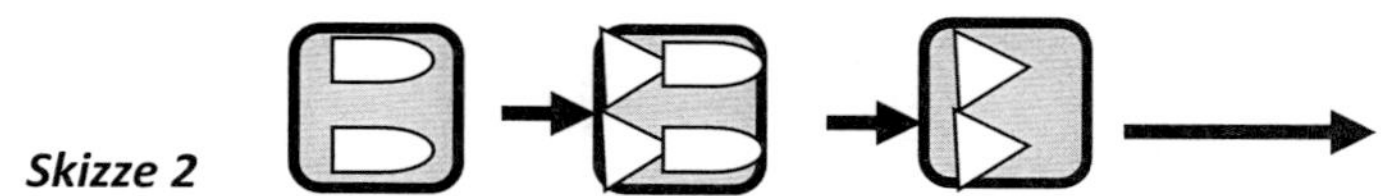

# Fitnessübungen mit einem Alltagsgerät

Übungsprogramm mit Teppichfliesen

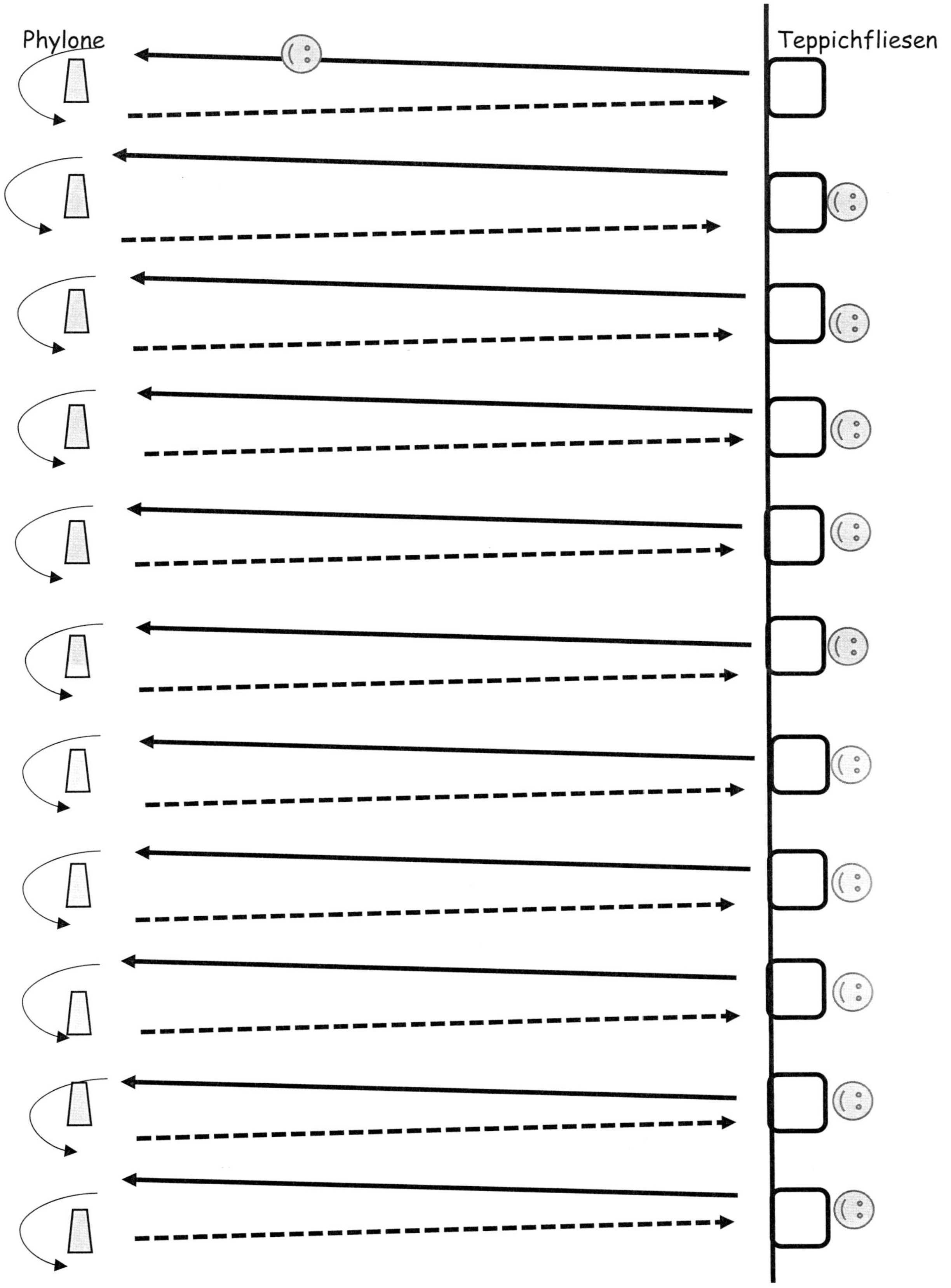

Phylone

Teppichfliesen

*Skizze 1*

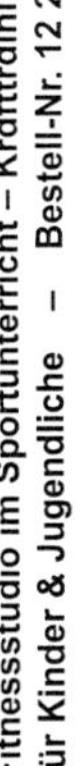
Fitnessstudio im Sportunterricht – Krafttraining für Kinder & Jugendliche – Bestell-Nr. 12 200

KOHL VERLAG

# P5 Der Partner als „Übungsgerät“

## Übungsprogramm mit Partnerübungen

| | |
|---|---|
| **Ziele:** | Kräftigung der Hauptmuskelgruppen – Arme – Bauch – Beine – Rücken |
| **Benötigte Geräte:** | 10-12 Turnmatten |
| **Anzahl der Schüler:** | 20-24 Schüler |
| **Wiederholungen pro Übung:** | Anfänger 7/10-15 x<br>Geübte 15/20-25 x |
| **Differenzierung:** | Alle Übungen sind so ausgewählt, dass jeder Schüler die Übung in der Grobform kennt und sie ohne Probleme ausführen kann.<br>Die Differenzierung ergibt sich durch die unterschiedliche Anzahl der Wiederholungen und durch die zusätzliche angeführte Variation, die eine erschwerte Ausführung ermöglicht. |

### Programm

Das Programm besteht insgesamt aus 8 Übungen, vier Übungen für die Kräftigung der Hauptmuskelgruppen und vier Übungen zur Schulung der Körperspannung und des Gleichgewichts. Diese Übungen werden nach jeder Hauptübung durchgeführt und dienen auch der Auflockerung.

Bei Partnerübungen werden auch immer koordinative Fähigkeiten wie die Reaktions-, Umstellungs-, Antizipations-, kinästhetische Differenzierungs- und Anpassungsfähigkeit besonders geschult.

Die Übungen 1 und 2 müssen nacheinander ausgeführt werden, d.h. erst übt Schüler A und dann Schüler B. Bei den Übungen 3 und 4 üben beide Schüler zugleich.

### Organisation/Übungsablauf

Die Schüler bilden Paare, wobei darauf geachtet werden muss, dass sich immer zwei etwa gleichgroße und -starke Schüler zusammenfinden, damit die Übungen auch korrekt ausgeführt werden können. Zunächst demonstriert ein Schülerpaar auf Ansage des Sportlehrers die Übung, danach führen alle Schüler die Übung aus. Dieses Vorgehen gilt auch für die Übungen zwischendurch.

Diese Stunde ist einfach zu organisieren, weil alle Schüler zur gleichen Zeit dieselbe Übung ausführen. Für die hier vorgestellten Übungen werden keine Geräte benötigt, lediglich die Übungsfläche sollte evtl. mit Turnmatten ausgelegt werden *(siehe Skizze 1 / S. 53)*.

Damit der Sportlehrer die Übersicht beim Üben behält, sollten die Turnmatten an beiden Längsseiten der Sporthalle ausgelegt werden. Wenn wenig Platz zur Verfügung steht, ist auch eine andere Anordnung möglich.

# P5 Der Partner als „Übungsgerät“

Übungsprogramm mit Partnerübungen

## Beschreibung der Übungen

### 1 Arme

- Schüler A geht in den Liegestütz vorlings mit leicht grätschten Beinen, Schüler B hebt die Füße von A bis auf Hüfthöhe an: Schüler A beugt und streckt die Arme.

**Hinweise:** Der Körper des Übenden bildet eine Linie – „kein Hohlkreuz“ bilden.

**Variation:** Schüler A geht in den Liegestütz vorlings mit leicht grätschten Beinen, Schüler B hebt die Füße von A bis auf Hüfthöhe an und lässt dann einen Fuß los: Schüler A beugt und streckt die Arme.

**Hinweise:** Der übende Schüler muss nun den „freien Fuß“ durch seine eigene Körperkraft in der Luft halten.

**Körperspannungs- und Gleichgewichtsübung**

- **Hahnenkampf:** Beide Schüler halten ihre Arme vor der Brust verschränkt und hüpfen auf einem Bein. Versuchen, sich gegenseitig aus dem Gleichgewicht zu bringen, sodass der Partner den zweiten Fuß aufsetzen muss *(Abb. 85)*.
- Beim zweiten Durchgang muss auf dem anderen Bein gehüpft werden, d.h. wer im ersten Durchgang auf rechts gehüpft ist, muss nun auf dem linken Bein hüpfen.

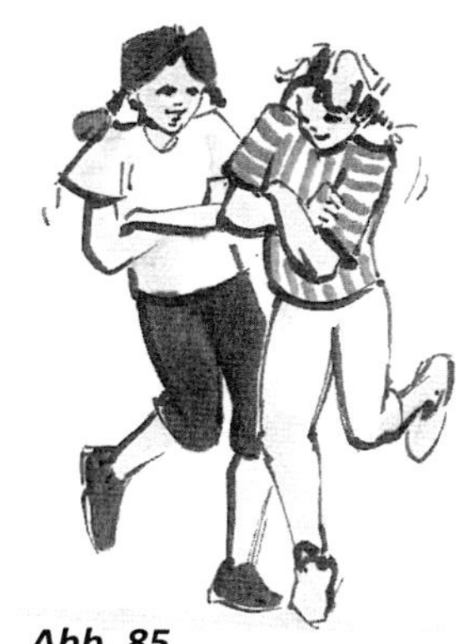

***Abb. 85***

### 2 Bauch

- Schüler A ist in der Rückenlage. B fasst die Füße von A und legt sie auf seinen Oberschenkeln ab. Schüler A hebt nun den Kopf und die Schultern vom Boden ab und schiebt seine Hände langsam in Richtung Knie – einen Moment in dieser Position bleiben, dann langsam wieder in die Rückenlage zurück *(Abb. 86)*.

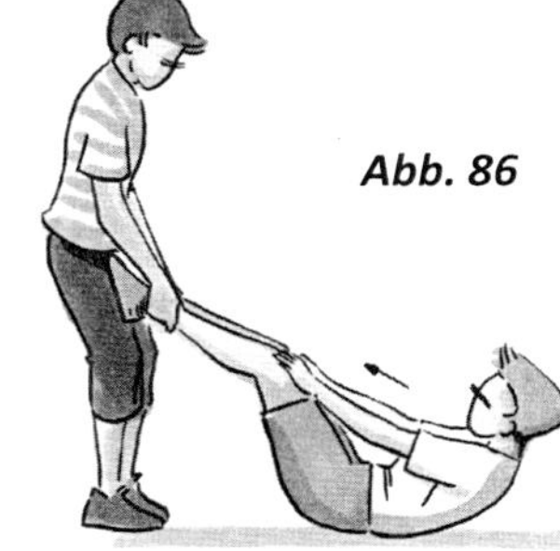

***Abb. 86***

**Hinweise:** Beim Üben immer weiter atmen – nicht anhalten!

**Variation:** Sit-ups – beide Schüler sind in der Rückenlage, die Hände befinden sich neben den Ohren und legen die Fußsohlen aneinander (Hüft- und Kniewinkel jeweils 90 Grad): nun gleichzeitig den Oberkörper aufrichten – bis man sich „ansehen kann“ und danach wieder langsam in die Ausgangslage zurück.

**Körperspannungs- und Gleichgewichtsübung**

- **Liegestützklatsch:** Beide Schüler sind im Liegestütz vorlings gegenüber und versuchen dem Partner auf die Hände zu klatschen. Wer trifft häufiger?

  Die Knie dürfen dabei nicht aufgesetzt werden. Es ist erlaubt, sich im Liegestütz nach allen Richtungen zu bewegen, um dem Schlag auszuweichen *(Abb. 87)*.

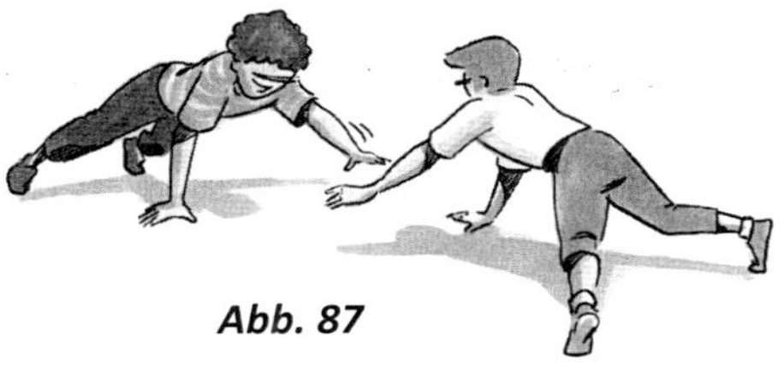

***Abb. 87***

Fitnessstudio im Sportunterricht – Krafttraining für Kinder & Jugendliche – Bestell-Nr. 12 200
KOHL VERLAG

### 3 Beine

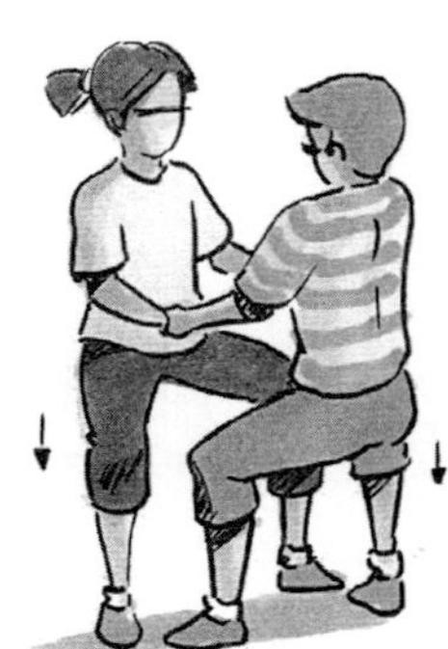
Abb. 88

– Beide Schüler stehen sich im leichten Grätschstand gegenüber und fassen sich an den Händen. Gemeinsam die Knie beugen bis die Oberschenkel die Waagerechte erreicht haben. Einen Moment in dieser Position bleiben und dann wieder in die Ausgangsstellung zurückkommen *(Abb. 88).*

**Variation:** Beide Schüler stehen Rücken an Rücken und haken sich mit den Armen ein. Langsames gemeinsames Beugen der Knie bis Hüft- und Kniewinkel ca. 90 Grad erreicht haben. Einen Moment in dieser Position bleiben, dann wieder in die Ausgangsstellung zurückkommen.

**Körperspannungs- und Gleichgewichtsübung**

– **Sohlenkampf:** Beide Schüler sitzen im Schwebesitz mit leicht gebeugten Beinen gegenüber und setzen die Füße aneinander. Die Hände stützen seitlich neben dem Körper ab.

Versuchen, durch Druck und Strecken der Beine den Partner zum Abrollen in die Rückenlage zu zwingen *(Abb. 89).*

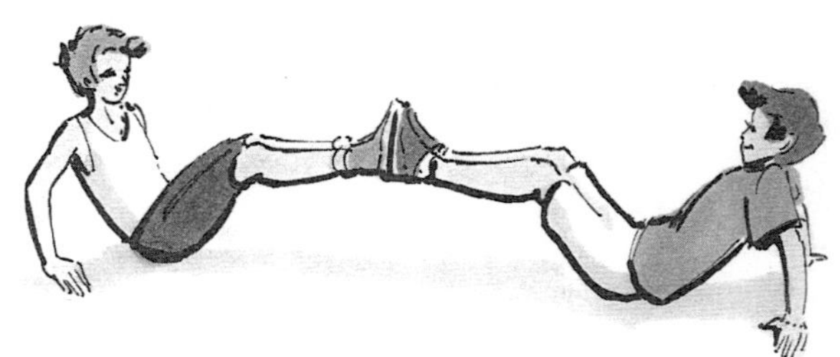
Abb. 89

### 4 Rücken

– Schüler A und B liegen sich in Bauchlage mit aufgestellten Fußspitzen gegenüber: Oberkörper leicht anheben, der Blick geht zum Boden, die Arme fast gestreckt nach vorn nehmen und die Handflächen aneinanderlegen. Einen Moment so bleiben (bis 3 zählen), dann den Oberkörper absenken und die Arme ablegen *(Abb. 90).*

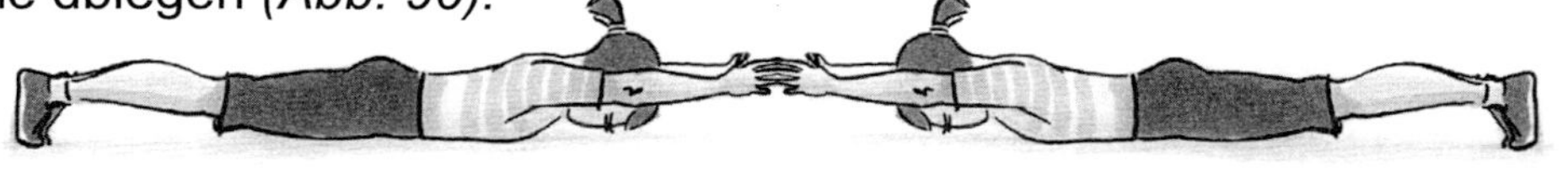
Abb. 90

**Hinweise:** Beim Üben immer weiter atmen.

**Variation:** Schüler A und B liegen sich in Bauchlage mit aufgestellten Fußspitzen gegenüber: Oberkörper leicht anheben, der Blick geht zum Boden, die Arme fast gestreckt nach vorn nehmen und die Handflächen aneinanderlegen. Nun gleichzeitig das rechte Bein anheben. Einen Moment so bleiben (bis 3 zählen), dann das rechte Bein absetzten und das linke Bein anheben.

**Körperspannungs- und Gleichgewichtsübung**

– **Überkreuz klatschen:** Beide Schüler stehen sich gegenüber und führen kleine Schlusssprünge am Ort aus. Beim ersten Hüpfer klatschen sie in die eigenen Hände, beim zweiten Hüpfer klatschen sie überkreuz „rechts zu rechts“ gegen die Hand des Partners; beim dritten Hüpfer wieder in die eigenen Hände, beim vierten Hüpfer überkreuz gegen die linke Hand des Partners usw. *(Abb. 91).*

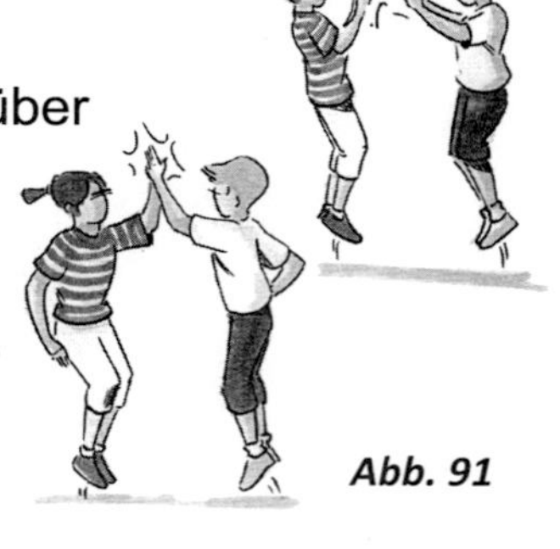
Abb. 91

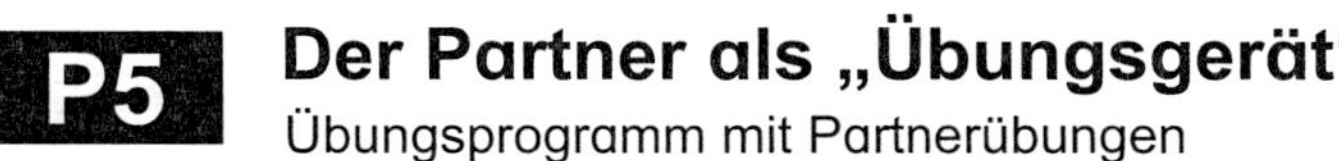

# P5 Der Partner als „Übungsgerät“

Übungsprogramm mit Partnerübungen

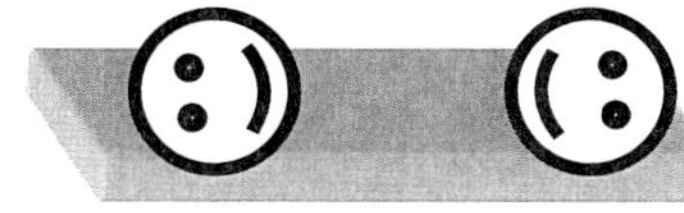

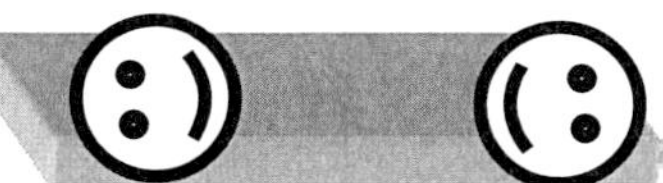

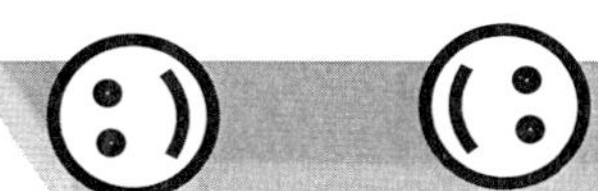

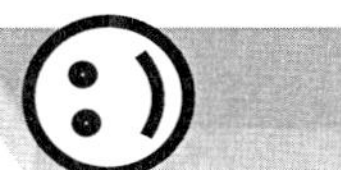
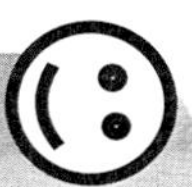

*Skizze 1*

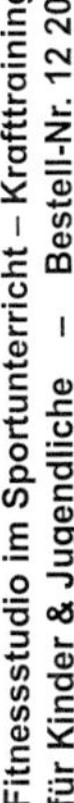
Fitnessstudio im Sportunterricht – Krafttraining für Kinder & Jugendliche – Bestell-Nr. 12 200
KOHL VERLAG

# P6 Großgeräte im Wechsel einsetzen

## Übungsprogramm an Recken, kleinen/großen Kästen und Turnbänken

| | |
|---|---|
| **Ziele:** | Kräftigen der Hauptmuskelgruppen – Arme – Bauch – Rücken |
| **Benötigte Geräte:** | 2 Recke sprunghoch, 2 große Kästen, 3 Turnbänke, 5 kleine Kästen, 4 Turnmatten, 2 Basketbälle, 2 Medizinbälle aus Gummi, 2-4 Schleuderbälle |
| **Anzahl der Schüler:** | 16-20 Schüler |
| **Übungszeit pro Station:** | 2 Durchgänge von je 30 Sekunden pro Station |
| **Differenzierung:** | Jede Übung bietet drei Übungsmöglichkeiten, sodass jeder Schüler auswählen kann. Damit die jeweilige Übung auch „Wirkung" erzeugt, sollte der Schüler aber nicht unbedingt die leichte Ausführung wählen, darauf muss der Sportlehrer hinweisen. |

### Programm

*Das Programm besteht aus 4 Teilen, und zwar:*

- der Demonstration der vier Übungen mit ergänzenden Hinweisen durch den Sportlehrer,
- ca. 5 Min. Zeit, zum Ausprobieren der Übungen durch die Schüler,
- ein erster Übungsdurchgang nach Zeit. Hier versucht jeder Schüler ohne Hektik und übertriebenem Ehrgeiz eine möglichst große Zahl von Wiederholungen zu erzielen. Der Partner zählt die erfolgreichen Wiederholungen und trägt sie auf einem Blatt ein *(siehe Skizze 2 / S. 58)*,
- nach einer kurzen Pause mit ergänzenden Hinweisen zum ersten Durchgang durch den Sportlehrer erfolgt der zweite Durchgang mit gleicher Übungszeit.

**Hinweise:** Das Programm sollte zeitnah wiederholt werden.

### Organisation/Übungsablauf

**Aufbau:** Alle Stationen werden in Längsrichtung der Sporthalle aufgebaut, sodass die Reihenfolge der Übungen sofort ersichtlich ist. Meistens befinden sich die Recke im oberen Drittel der Sporthalle *(wie hier in der Skizze berücksichtigt).* Die anderen Geräte werden nach Ansage des Sportlehrers – *wie in der Skizze 1 (S. 57) ersichtlich* – aufgebaut.

**Üben an den Stationen – Partnerübungen:** Die Schüler bilden zu Beginn des Übens Paare. Schüler A übt erst an allen vier Stationen, Schüler B notiert die Wiederholungen. Anschließend übt Schüler B und Schüler A notiert die Wiederholungen. Bei manchen Übungen ist die aktive Unterstützung des Partners erforderlich. Es wird von Station zu Station gewechselt. Wer an Station 1 (Arme) beginnt, geht dann zur zweiten Station (Bauch), wer an der vierten Station (Rücken) beginnt, geht anschließend zur Station 1 (Arme).

**Übungszeit:** 30 Sekunden pro Übung – Pause ca. 20-30 Sekunden. Der Sportlehrer gibt durch ein Signal (Pfiff oder Ansage) den Übungsbeginn und das -ende bekannt.

# Großgeräte im Wechsel einsetzen

Übungsprogramm an Recken, kleinen/großen Kästen und Turnbänken

## Beschreibung der Übungen

### 1 Arme und Schultern

– Der Schüler springt vom kleinen Kasten in den Hang (kleinen Kasten anschließend wegziehen). Nun den ersten Klimmzug ausführen, bis sich das Kinn über der Reckstange befindet. Anschließend wieder die Arme bis in die Ausgangsposition strecken, anschließend erneuter Klimmzug *(Abb. 92).*

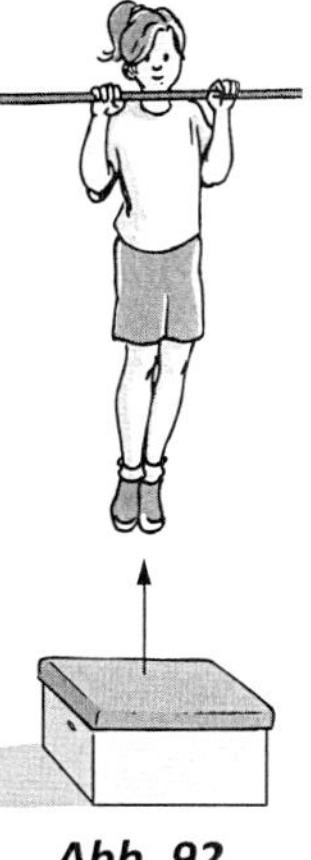

**Abb. 92**

**Wertung:** jeder Klimmzug = 1 Punkt

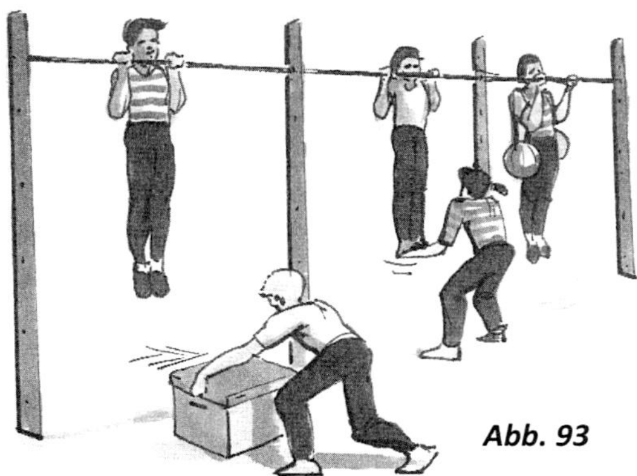

**Abb. 93**

**Differenzierung: Leichter:** Sollte jemand den Klimmzug nicht allein schaffen, unterstützt der Partner etwas durch Nachschieben an den Füßen/Beinen.

**Schwerer:** Der Klimmzug kann durch das Anhängen von Schleuderbällen über die Schulter (rechts und links) erschwert werden *(Abb. 93).*

### 2 Bauch

– Der Schüler nimmt die Rückenlage (mit den Füßen zur Steigung) auf der Bank ein, wobei sein Partner die Füße festhält. Aufrichten aus der Rückenlage, bis der Oberkörper ca. 45 Grad erreicht, dort einen Moment verharren, dann langsam wieder absenken (Hände bleiben an den Ohren) *(Abb. 94).*

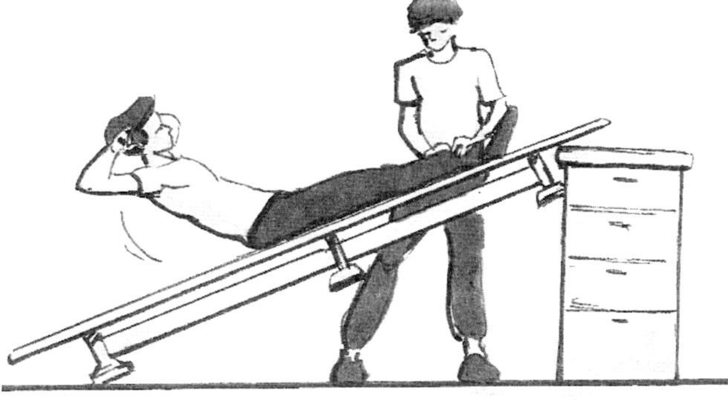

**Abb. 94**

**Wertung:** Jedes Aufrichten = 1 Punkt

**Differenzierung: Leichter:** Sollte jemand das halbe Aufrichten mit den Händen neben den Ohren noch nicht schaffen, so darf er die Arme zur Unterstützung nach vorn führen.

**Schwerer:** Mit den Händen einen Medizinball (1 kg) im Genick halten und dann wie gewohnt aufrichten *(Abb. 95).*

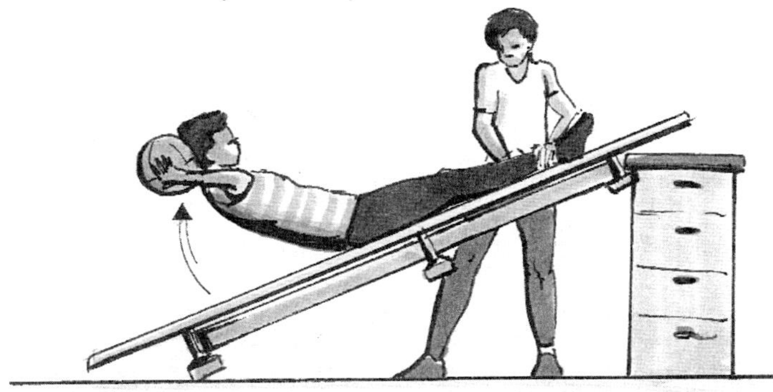

**Abb. 95**

### 3 Beine

– Der Schüler springt mit beiden Füßen in den umgedrehten kleinen Kasten und wieder heraus *(Abb. 96).*

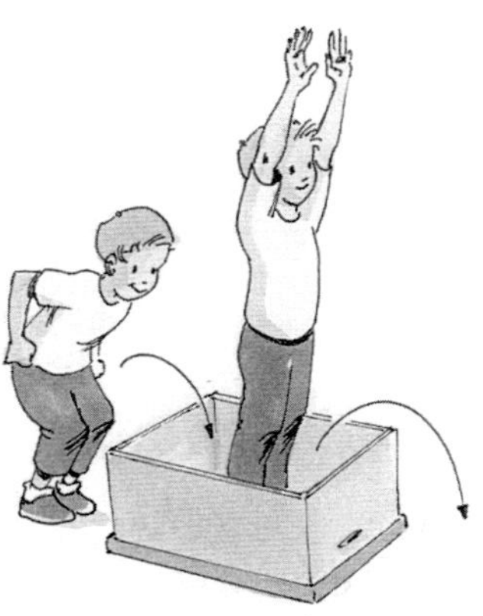

*Abb. 96*

**Wertung:** Jeder Sprung in den Kasten bzw. auf den Kasten = 1 Punkt

**Differenzierung: Leichter:** Schlusssprünge auf den kleinen Kasten *(Abb. 97).*

**Schwerer:** Schlusssprünge auf den dreiteiligen großen Kasten.

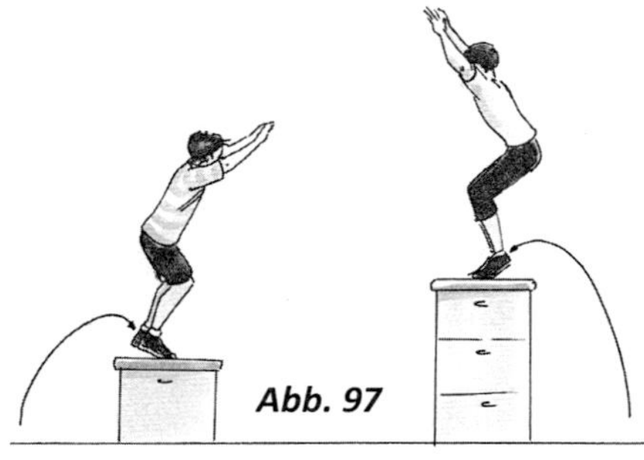

*Abb. 97*

### 4 Rücken

– Bauchlage auf einer Matte (Abstand zur Bank ca. 2½ bis 3 m) die Schultern schließen mit der Mattenkante ab. Den Basketball (Medizinball aus Gummi) mit beiden Händen kräftig von sich wegstoßen (Druckwurf), sodass er gegen die Sitzfläche der Bank rollt (Bank ist seitlich gekippt) und anschließend wieder zum Ausgangspunkt zurückkommt. Annahmebereit sein und gleich wieder wegstoßen *(Abb. 98).*

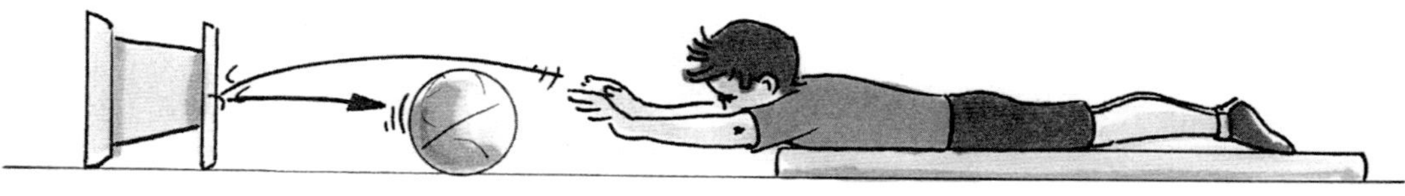

*Abb. 98*

**Hinweise:** Die Arme und Hände dürfen während des Wegstoßens den Boden nicht berühren.

**Wertung:** Jeder Stoß gegen die Sitzfläche = 1 Punkt

**Differenzierung: Leichter:** Abstand verringern, z.B. auf 2 m.
**Schwerer***:* Es wird mit einem Medizinball aus Gummi geübt.

# P6 Großgeräte im Wechsel einsetzen

Übungsprogramm an Recken, kleinen/großen Kästen und Turnbänken

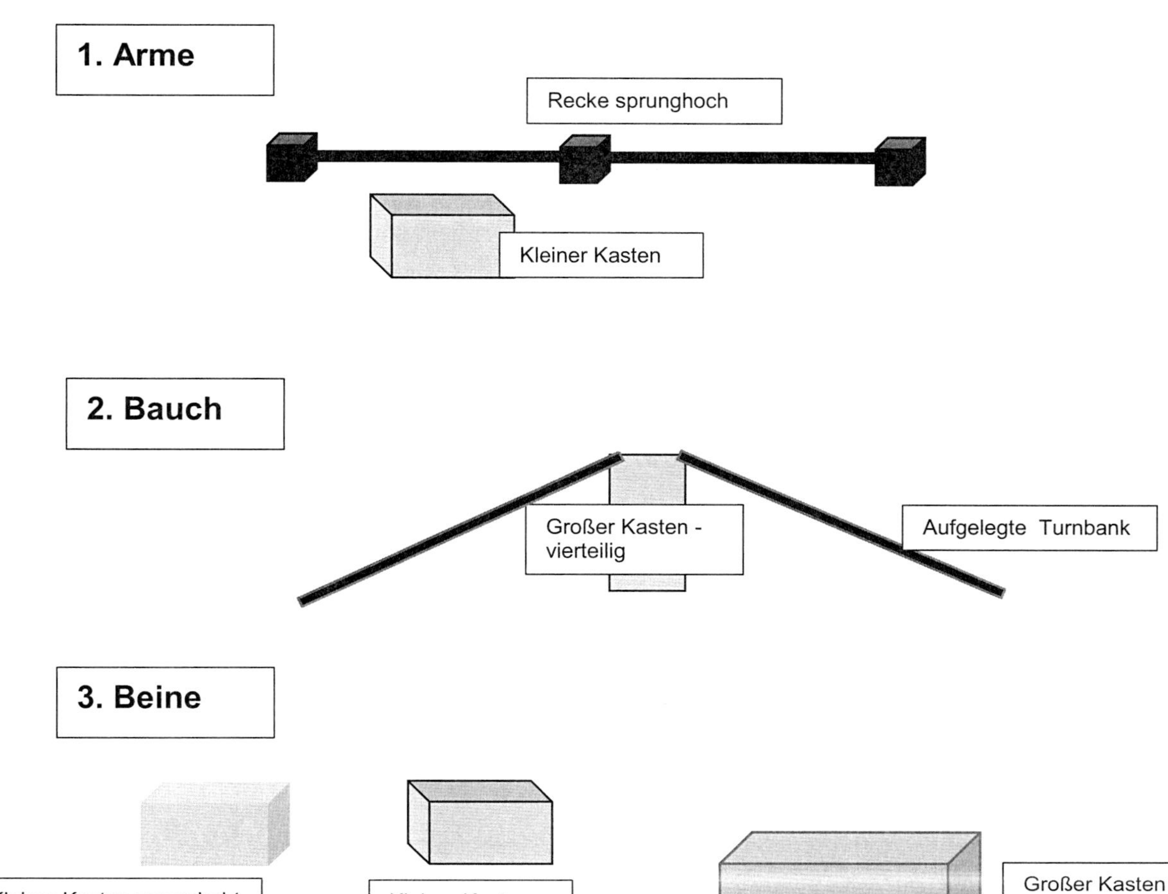


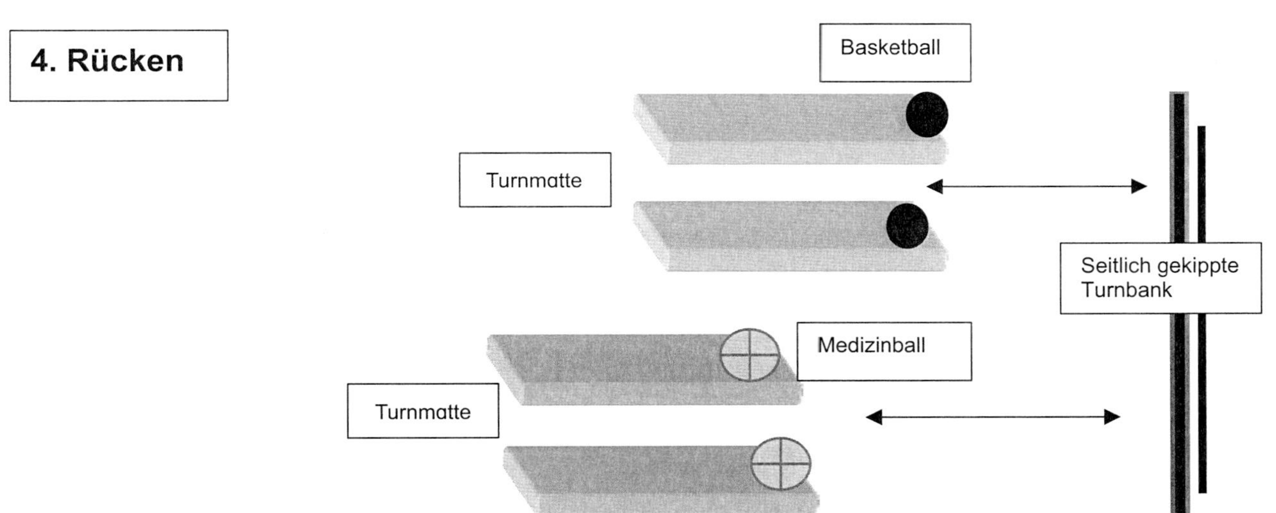


*Skizze 1*

## Übungskarte für Schüler ________________________

| Übungen | 1. Durchgang Datum | 2. Durchgang | 1. Durchgang Datum | 2. Durchgang | 1. Durchgang Datum | 2. Durchgang |
|---|---|---|---|---|---|---|
| 1. Arme Recke | | | | | | |
| 2. Bauch großer Kasten mit Bank | | | | | | |
| 3. Beine kleiner und großer Kasten | | | | | | |
| 4. Rücken Matten und Turnbank | | | | | | |
| Summe | | | | | | |

*Skizze 2*

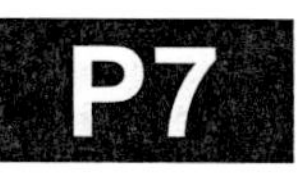


# Partnerübungen – einer übt, der andere unterstützt

## Übungsprogramm an Barren, kleinen Kästen und Bänken

| | |
|---|---|
| **Ziele:** | Kräftigen der Hauptmuskelgruppen – Beine – Arme – Bauch – Rücken |
| **Benötigte Geräte:** | Sprossenwand, 3 Turnbänke, 2 Stützbarren, 12 Turnmatten, 2 kleine Kästen, 4-6 Basket- und Medizinbälle |
| **Anzahl der Schüler:** | 16-24 Schüler (4-6 Schüler pro Station) |
| **Übungszeit pro Station:** | 2 Durchgänge mit je 30 Sekunden pro Station |
| **Differenzierung:** | Jede Übung bietet zwei Übungsmöglichkeiten, sodass jeder Schüler auswählen kann. Damit die jeweilige Übung auch „Wirkung" erzeugt, sollte der Schüler immer die Übung ausführen, die ihn „muskulär" mittelmäßig beansprucht und oft wiederholen kann. |

### Programm

*Das Programm besteht aus 4 Teilen, und zwar:*

- der Demonstration der vier Übungen durch Schüler mit ergänzenden Hinweisen durch den Sportlehrer,
- ca. 5-7 Minuten, zum Ausprobieren der Übungen durch die Schüler,
- danach folgt der erste Übungsdurchgang nach Zeit. Hier versucht jeder Schüler, ohne Hektik und übertriebenem Ehrgeiz eine möglichst große Zahl von Wiederholungen zu erzielen. Der Partner zählt die erfolgreichen Wiederholungen und trägt sie auf einem Blatt ein *(siehe Skizze 2),*
- nach einer kurzen Pause mit ergänzenden Hinweisen zum ersten Durchgang durch den Sportlehrer erfolgt der zweite Durchgang mit längerer/kürzerer Übungszeit.

**Hinweis:** Das Programm sollte zeitnah in der nächsten/übernächsten Woche wiederholt werden.

### Organisation/Übungsablauf

**Aufbau:** Alle Stationen werden in Längsrichtung der Sporthalle aufgebaut, sodass die Reihenfolge der Übungen sofort ersichtlich ist. Die Sprossenwände sind in der Regel an einer Stirnwand der Sporthalle angebracht. Evtl. muss die hier vorgeschlagene Organisation aufgrund der örtlichen Gegebenheiten modifiziert werden. Die anderen Geräte werden nach Ansage des Sportlehrers – *wie in der Skizze 1 ersichtlich* – aufgebaut.

**Üben an den Stationen – Partnerübungen:** Die Schüler bilden zu Beginn des Übens Paare. Schüler A übt erst an allen vier Stationen, Schüler B notiert die Wiederholungen auf dem Übungsblatt *(Skizze 2)*. Anschließend übt Schüler B und Schüler A notiert die Wiederholungen. Bei manchen Übungen ist die aktive Unterstützung des Partners erforderlich. Es wird von Station zu Station gewechselt. Wer an Station 2 (Arme beginnt) geht danach zur dritten Station (Bauch), wer an der vierten Station (Rücken) beginnt, geht anschließend zur Station 1 (Beine).

**Übungszeit:** 30 Sekunden pro Übung – Pause ca. 20-30 Sekunden. Der Sportlehrer gibt immer durch ein Signal (Pfiff oder Ansage) den Übungsbeginn und das -ende bekannt und kontrolliert den planmäßigen Wechsel von Station zu Station.

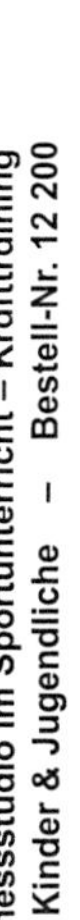


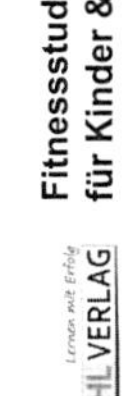

# Partnerübungen – einer übt, der andere unterstützt

Übungsprogramm an Barren, kleinen Kästen und Bänken

## Beschreibung der Übungen

### 1 Beine

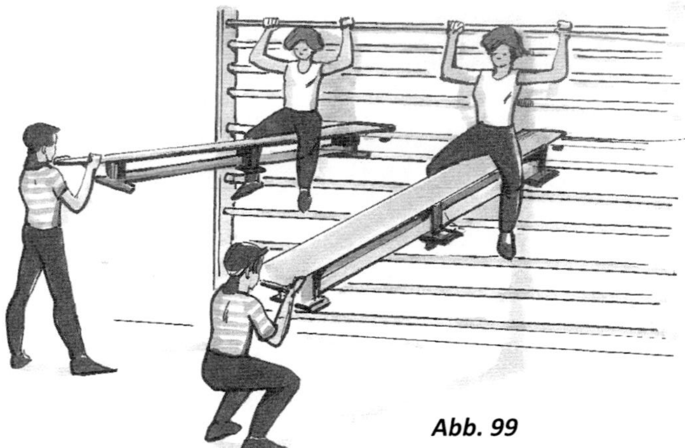

Abb. 99

– Die Turnbank wird ca. schulterhoch an der Sprossenwand eingehängt. Der Partner sitzt etwa im ersten Drittel und hält sich an den Kanten der Bank fest. Der Übende steht mit leicht gegrätschten Füßen, dabei sind die Füße **ganzflächig aufgesetzt.** Nun geht der Übende in die leichte Kniebeuge (Fußstellung dabei nicht verändern), anschließend erfolgt das Strecken der Beine bis in den Stand *(Abb. 99).*

**Hinweise:** Der Griff und das Halten der Turnbank vor der Brust bleiben unverändert.

**Wertung:** Jedes Strecken der Beine in die Ausgangsstellung = 1 Punkt

**Differenzierung: Leichter:** Der Partner auf der Bank rutscht weiter nach oben und sitzt nun mit dem Rücken an der Sprossenwand.

**Schwerer:** Der Partner rutscht mehr zur Mitte der Turnbank und hält sich mit seinen Händen an den Kanten der Bank fest.

### 2 Arme

– Der Schüler steht mit gebeugten Armen an einer Seite des Barrens und fasst mit beiden Händen etwa schulterbreit einen Holm, die Füße werden am Grundrahmen des Barrens fixiert. Nun vorsichtiges Strecken der Arme, sodass der Körper in eine Schräglage kommt, wobei die Schultern etwa in Holmhöhe sind: Anziehen der Arme, sodass man über den Holm schauen kann *(Abb. 100).*

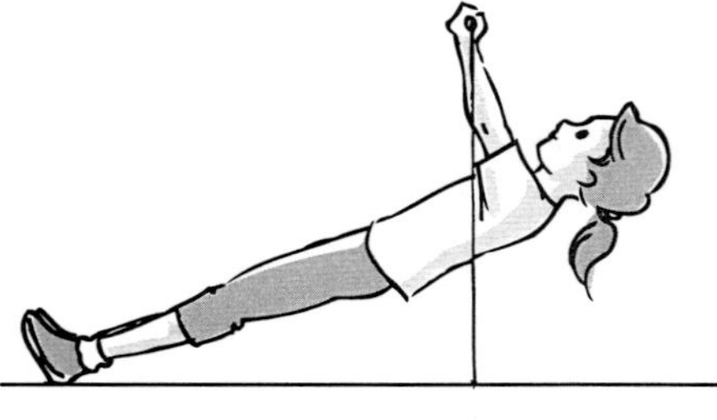

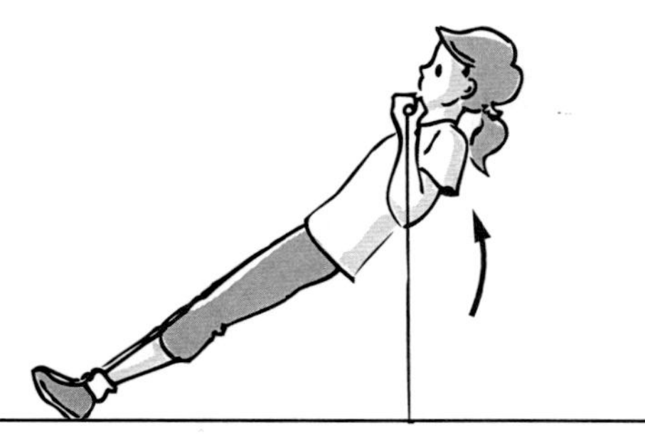

Abb. 100

**Hinweis:** Die Holme werden unterschiedlich hoch eingestellt, um unterschiedliche Anforderungen zu ermöglichen.

**Wertung:** Jedes Anziehen der Arme, sodass man in die aufrechte Körperhaltung kommt = 1 Punkt

**Differenzierung: Leichter:** Am etwas höher gestellten Holm.

**Schwerer:** Am etwas niedriger eingestellten Holm.

### 3 Bauch

– Beide Schüler sitzen sich im leichten Grätschsitz mit den Füßen zum kleinen Kasten gegenüber. Schüler A hält den Basketball in seinen Händen und geht damit in die Rückenlage. Danach richtet er sich auf und übergibt den Ball auf der Oberfläche des kleinen Kastens an Schüler B. Dieser greift den Ball, geht in die Rückenlage usw. *(Abb. 101).*

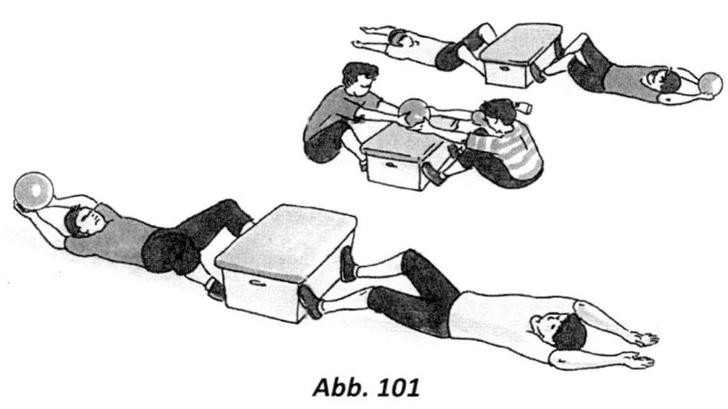

*Abb. 101*

**Wertung:** Jede Bodenberührung des Balles in der Rückenlage = 1 Punkt

**Differenzierung: Leichter***:* Evtl die Beine etwas weiter grätschen, sodass die Füße neben dem kleinen Kasten sich befinden oder einen Gymnastikball verwenden (kleiner und besser zu fassen).

**Schwerer:** Die Beine sind fast gestreckt und die Fußsohlen sind am Kasten oder einen 1 kg schweren Medizinball übergeben.

### 4 Rücken

– Beide Schüler liegen sich in Bauchlage auf einer Matte gegenüber (Abstand ca. 2 m – 2,5 m), die Schultern schließen mit der Mattenkante ab. Schüler A hebt den Oberkörper und die leicht gebeugten Arme vom Boden ab und stößt den Basketball mit beiden Händen kräftig von sich weg zum Partner. Dieser nimmt den Ball an, hebt den Oberkörper und die Ellenbogen vom Boden ab und stößt ihn zum Partner zurück *(Abb. 102).*

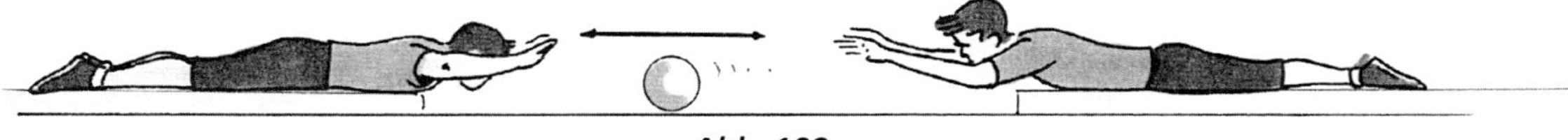

*Abb. 102*

**Hinweise:** Arme, Ellenbogen und Hände dürfen beim Stoßen den Boden nicht berühren. Den Ball immer zielgenau zum Partner stoßen, sodass dieser ihn ohne Probleme annehmen kann.

**Wertung:** Jeder Stoß des Balles = 1 Punkt

**Differenzierung: Leichter***:* Den Abstand zwischen den Partnern verringern.

**Schwerer***:* Den Abstand zwischen den Partnern erweitern oder den Stoß mit einem Medizinball (Gummi) ausführen.

Fitnessstudio im Sportunterricht – Krafttraining für Kinder & Jugendliche – Bestell-Nr. 12 200

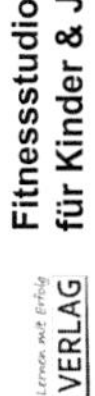

**P7**

# Partnerübungen – einer übt, der andere unterstützt

Übungsprogramm an Barren, kleinen Kästen und Bänken

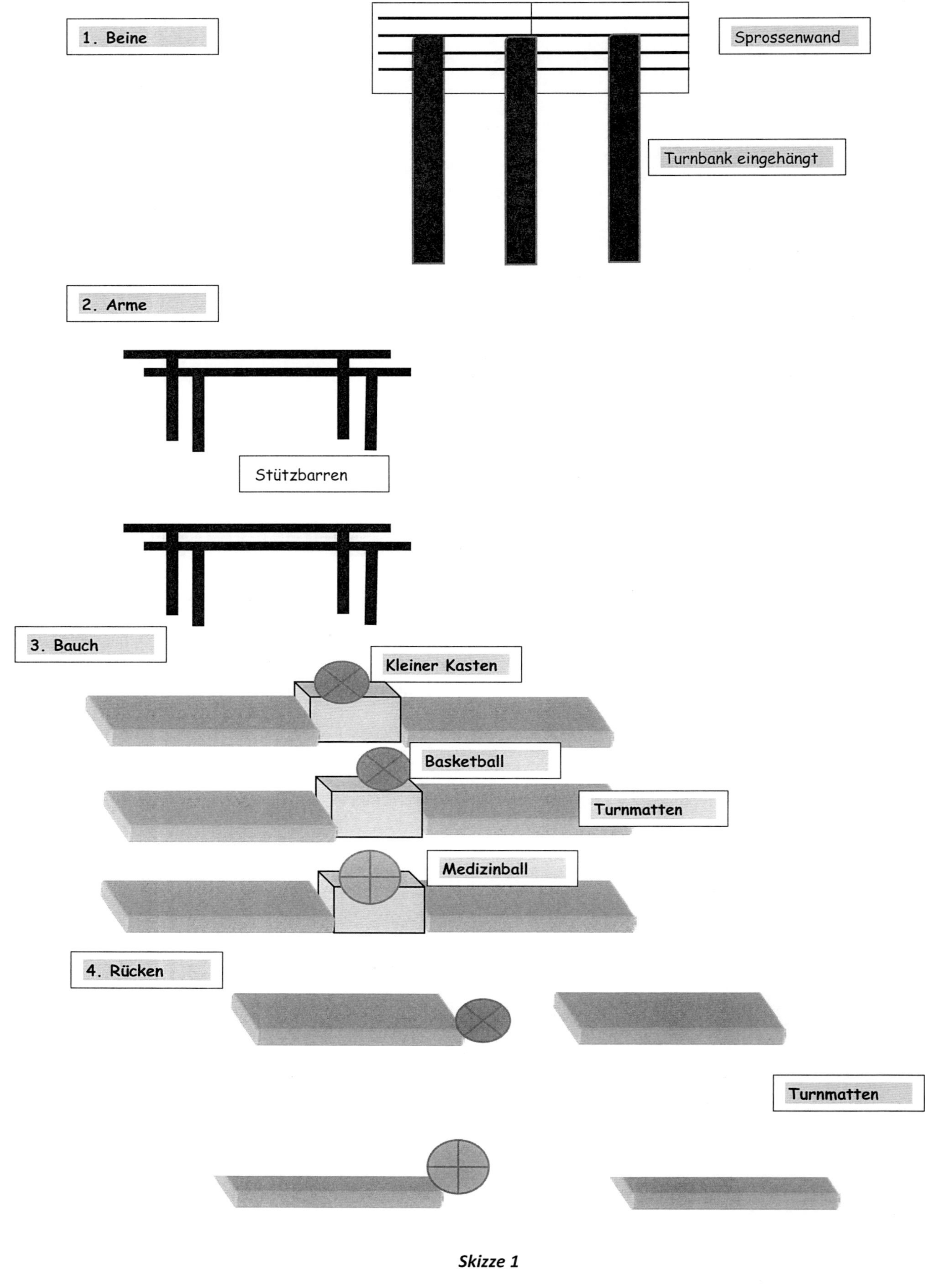


*Skizze 1*

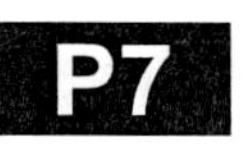

# Partnerübungen – einer übt, der andere unterstützt

Übungsprogramm an Barren, kleinen Kästen und Bänken

## Übungskarte für Schüler ____________________

| Übungen | 1. Durchgang Datum | 2. Durchgang | 1. Durchgang Datum | 2. Durchgang | 1. Durchgang Datum | 2. Durchgang |
|---|---|---|---|---|---|---|
| 1. Beine<br>Recke + Bank | | | | | | |
| 2. Arme<br>Barren | | | | | | |
| 3. Bauch<br>kleiner Kasten<br>Matten + Ball | | | | | | |
| 4. Rücken<br>Matten + Ball | | | | | | |
| Summe | | | | | | |

*Skizze 2*

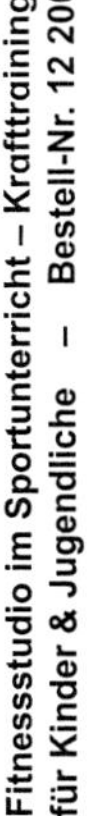

# P8 Einzel- und Partnerübungen

## Übungsprogramm mit und an Turnbänken

| | |
|---|---|
| **Ziele:** | Kräftigen der Hauptmuskelgruppen – Arme – Beine – Bauch – Rücken |
| **Benötigte Geräte:** | 4 Turnbänke |
| **Anzahl der Schüler:** | 16-24 Schüler |
| **Wiederholungen pro Übung:** | Siehe Hinweise Gruppen- bzw. Partnerübungen |
| **Differenzierung:** | Bei diesem Übungsprogramm sind die Übungen so ausgewählt, dass alle Schüler sie in der Grobform ausführen können. Eine Differenzierung (unterschiedliche Belastung) wird durch die Anzahl der Wiederholungen der Übungen vorgenommen. |

### Programm

Das Programm besteht aus 2 Teilen. Im ersten Teil werden einfache Übungen an den vier Bänken ausgeführt, wobei alle Schüler der vier Gruppen gleichzeitig üben.

Im zweiten Teil folgen Partnerübungen, wobei zunächst immer die jeweilige Übung durch ein Schülerpaar nach Ansage des Sportlehrers demonstriert wird. Danach beginnt das Üben der Schülerpaare in den einzelnen Gruppen.

### Organisation/Übungsablauf

Es wird in Gruppen gearbeitet und geübt, d.h. es werden je nach Anzahl der Gesamtschülerzahl vier Gruppen gebildet, eine Gruppe kann aus 4 bis 8 Schülern bestehen.

**Aufbau:** Die benötigten 4 Turnbänke werden mit Abstand quer zur Längsrichtung der Sporthalle aufgestellt *(Skizze 1)*.

### Beschreibung der Übungen

#### Gruppenübungen

Alle Schüler einer Gruppe führen zur gleichen Zeit dieselbe Übung an ihrer Bank aus. Jede Übung wird ca. 20 Sekunden (evtl. auch 30 Sekunden) ausgeführt, danach wird eine kurze Pause von ca. 15-20 Sekunden eingelegt, anschließend folgt die nächste Übung.

**Hinweise:** Bei allen Übungen den Atem immer weiter fließen lassen – nicht anhalten!

#### ❶ Arme

– Die Schüler sind nebeneinander an ihrer Turnbank und gehen in den Liegestütz vorlings an der Bank mit gestrecktem Körper und fast geschlossenen Beinen/Füßen. Erst eine Hand auf die Sitzfläche der Bank setzen, dann sofort die andere. Anschließend wieder eine Hand auf den Boden setzen und danach die andere usw. *(Abb. 103)*.

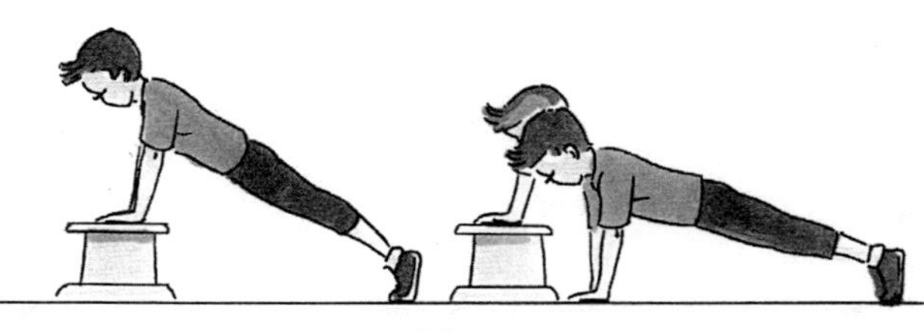

*Abb. 103*

## ② Beine

– Die Schüler stehen mit etwas Abstand nebeneinander an ihrer Turnbank (evtl. beide Seiten nutzen): Schlusssprung auf die Sitzfläche der Turnbank, Niedersprung auf den Boden, kleiner Zwischenhüpfer und sofort wieder Schlusssprung auf die Turnbank *(Abb. 104)*.

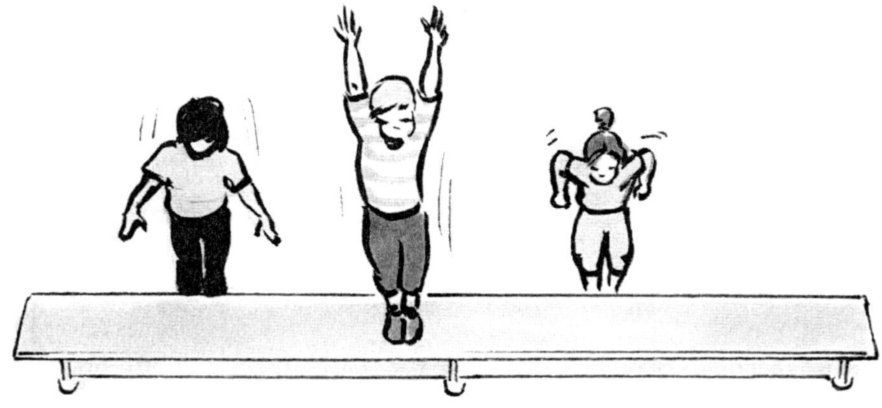

**Abb. 104**

## ③ Bauch

– Die Schüler sitzen im Strecksitz mit etwas Abstand nebeneinander an ihrer Turnbank (evtl. beide Seiten nutzen) und legen die Füße (Fußgelenke) auf der Kante der Bank ab. Anheben der Beine und sofortiges Anhocken mit anschließendem Strecken unter die Sitzfläche der Bank (die Füße dabei nicht ablegen). Danach wieder anhocken und strecken der Beine mit kurzem Ablegen auf der Kante usw. *(Abb. 105)*.

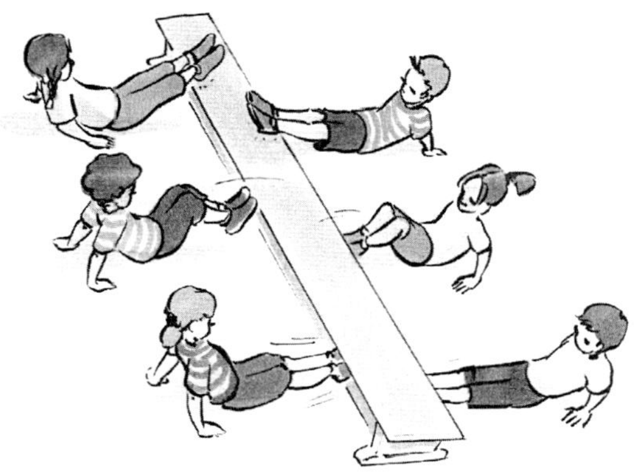

**Abb. 105**

## ④ Rücken

– Die Schüler sind in Bauchlage nebeneinander, die Arme sind gebeugt und die Hände berühren den Balken der Bank. Der Blick geht dabei zum Boden (kein Hohlkreuz), Oberkörper etwas aufrichten und die Arme zwischen Balken und Sitzfläche strecken, ohne dass die Bank berührt wird. Anschließend die Arme wieder zurückführen und danach erneut strecken *(Abb. 106)*.

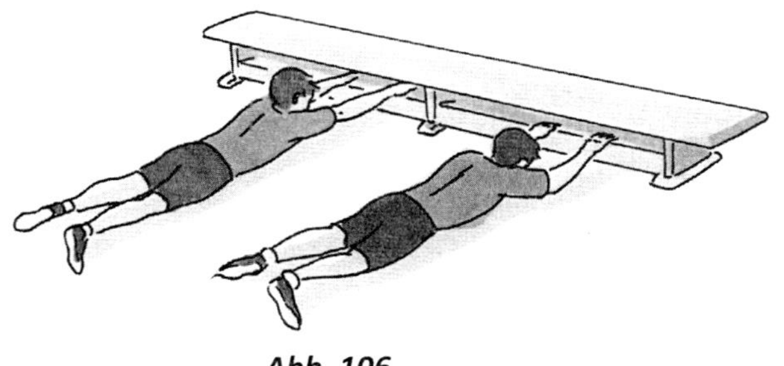

**Abb. 106**

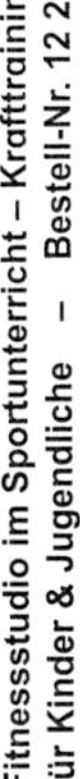
Fitnessstudio im Sportunterricht – Krafttraining für Kinder & Jugendliche – Bestell-Nr. 12 200
KOHL VERLAG

### 5 Ganzkörperübung

– Alle Schüler stehen hintereinander an ihrer Turnbank: aus dem Hockstütz auf der Turnbank, vorgreifen (vorrutschen der Hände) mit anschließendem Nachhocken der Füße (Beine) *(Abb. 107).*

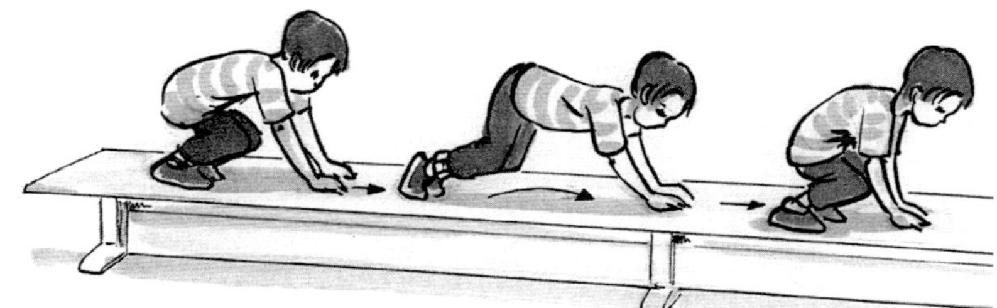

***Abb. 107***

**Hinweise:** Nacheinander üben, d.h. wenn der erste Schüler etwa in der Mitte der Bank angekommen ist, kann der zweite Schüler beginnen usw.

Darauf achten, dass die Knie zusammen bleiben – enge Hockhaltung (nicht öffnen).

**Danach stellen sich alle Schülergruppen an einer Stirnseite ihrer Bank auf. Die ersten beiden Schüler können schon jeweils an ein Ende ihrer Turnbank gehen** *(siehe Skizze 1).*

### Partnerübungen

Die Gruppen bleiben immer an ihrer Turnbank, es wird in Partnerform geübt. Die Partner sollten in etwa die gleiche Leistungsfähigkeit aufweisen und möglichst auch annähernd gleich groß sein. Jede Übung wird mehrmals wiederholt, wobei die Belastung durch die Anzahl der Wiederholungen differenziert gestaltet wird. Die Anzahl der Wiederholungen wird immer unter der jeweiligen Übung aufgeführt.

Wenn das jeweilige Schülerpaar die Anzahl der Wiederholungen ausgeführt hat, macht es sofort Platz für das nächste Paar.

**Der Sportlehrer gibt insgesamt die Übungszeit pro Übung vor, z.B. für jede Übung ca. 10 Minuten. In der praktischen Umsetzung heißt das für jedes Paar, es kommt mehrmals während dieser Gesamtzeit dran.**

### 1 Arme

– Leichter Grätschstand, die Bank wird von beiden Schülern in Kinnhöhe gehalten. Hochstemmen der Bank bis zur Armstreckung. – 2-3 Sekunden halten, dann wieder in die Ausgangsstellung zurückkommen. Die Beine bleiben dabei fast gestreckt *(Abb. 108).*

**Hinweise:** Möglichst immer im gleichmäßigen Rhythmus üben – sich dem Partner anpassen. Beim Ausführen der Übung immer weiter atmen, nicht anhalten, das gilt auch für alle folgenden Übungen.

– Manche Schüler führen die Übung 5-7 x aus,
– andere Schüler führen die Übung 10 x aus,
– besonders leistungsfähige Schüler führen die Übung 15 x aus.

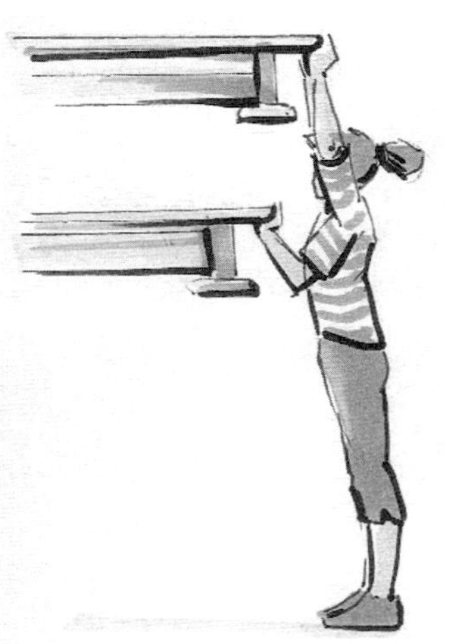

***Abb. 108***

### ② Beine

- Beide Partner sind im leichten Grätschstand: anheben der Bank und in Kinnhöhe halten/fixieren. Nun mit geradem Rücken in die halbe Kniebeuge gehen bis die Oberschenkel die Waagerechte erreicht haben. Danach wieder gemeinsames Strecken in den Stand, dabei werden die Knie nicht ganz durchgestreckt *(Abb. 109)*.

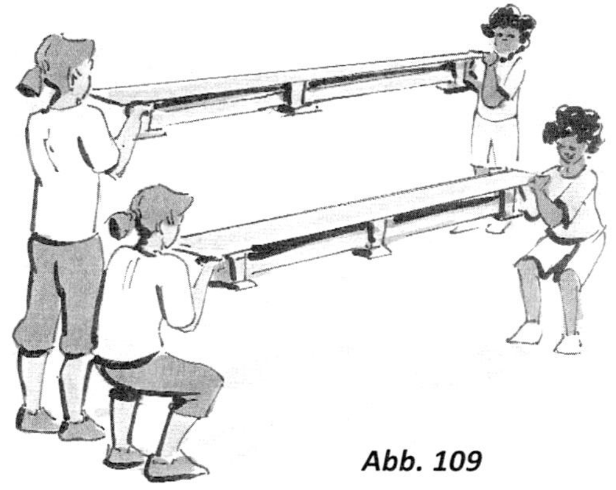

***Abb. 109***

**Hinweise:** Die Füße haben immer vollen Bodenkontakt. Die Bank bleibt in unveränderter Stellung.

- Manche Schüler führen die Übung 5-7 x aus,
- andere Schüler führen die Übung 10 x aus,
- besonders leistungsfähige Schüler führen die Übung 15 x aus.

### ③ Arme und Beine – Ganzkörperkräftigung

- Beide Partner sind im Grätschstand gegenüber: gleichmäßiges Schwingen der Turnbank nach rechts und links *(Abb. 110)*.

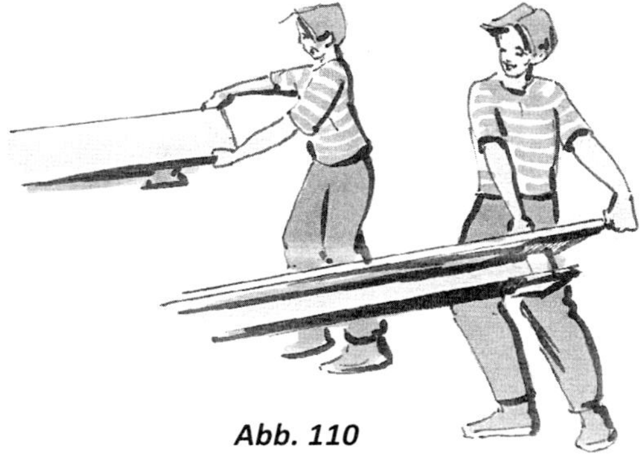

***Abb. 110***

**Hinweise:** Möglichst im moderaten und gleichmäßigen Rhythmus schwingen.

- Manche Schüler schwingen die Bank 5 x nach rechts und 5 x nach links,
- andere Schüler schwingen die Bank 7-10 x nach rechts und 7-10 x nach links,
- besonders leistungsfähige Schüler schwingen die Bank 12-15 x nach rechts und 12-15 x nach links.

### ④ Arme und Beine – Ganzkörperkräftigung

- Beide Partner stehen sich im etwas weiteren Grätschstand gegenüber und halten die Bank zwischen den gegrätschten Beinen: vorsichtiges Schwingen der Bank vor und zurück (von sich weg zum Partner und zurück) *(Abb. 111)*.

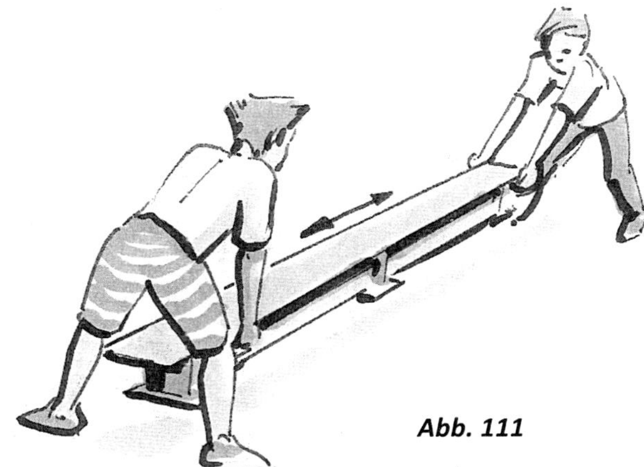

***Abb. 111***

**Hinweise:**

- Manche Schüler schwingen die Bank 5 x zum Partner und 5 x zu sich,
- andere Schüler schwingen die Bank 7-10 x zum Partner und 7-10 x zu sich,
- besonders leistungsfähige Schüler schwingen die Bank 12-15 x zum Partner und 12-15 x zu sich.

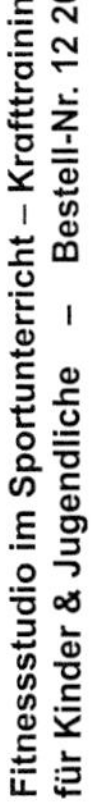

Fitnessstudio im Sportunterricht – Krafttraining für Kinder & Jugendliche – Bestell-Nr. 12 200

# Einzel- und Partnerübungen

Übungsprogramm mit und an Turnbänken

*Die folgende Übung ist evtl. nur für leistungsstarke Schüler gedacht …*

## 5 Arme und Beine – Ganzkörperkräftigung – Koordination

- Beide Partner sind im Grätschstand gegenüber, die Bank steht vor ihnen auf dem Boden: fassen der Bank und gleichzeitiges Hochstemmen der Bank bis zur Streckung der Arme, dabei das Umsetzen der Hände in Brusthöhe nicht vergessen. Einen Moment in der Hochhalte bleiben, dann die Bank wieder in die Ausgangsstellung zurückführen *(Abb. 112)*.

**Hinweis:** Bei dieser Übung müssen die Beine zur Unterstützung mit eingesetzt werden. 5-7 x ausführen.

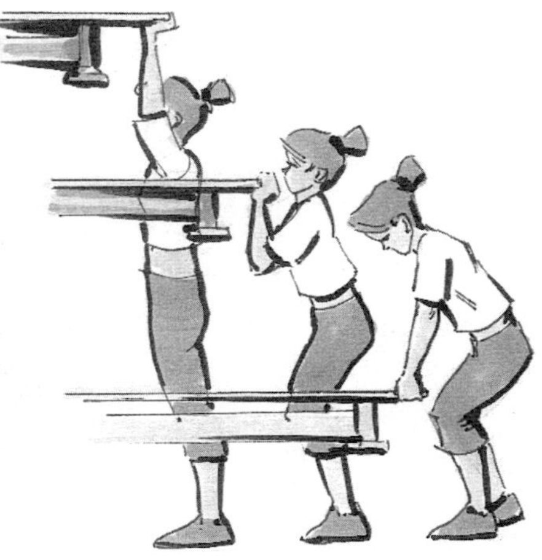

***Abb. 112***

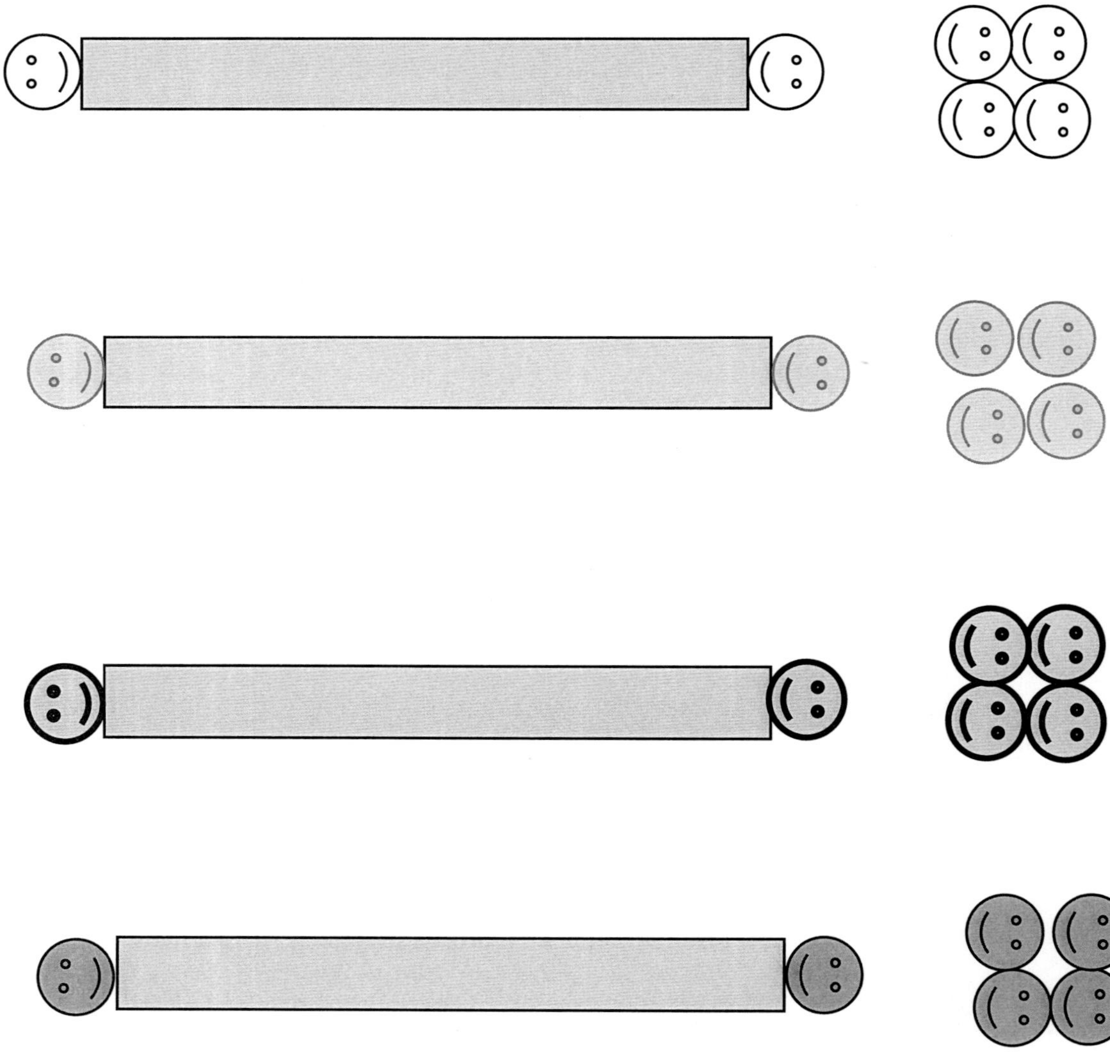

***Skizze 1***

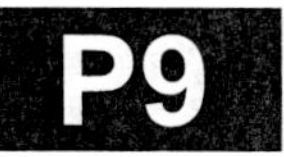

# Großgeräte im Einsatz

## Übungsprogramm an Recken, Barren und Turnbänken

| | |
|---|---|
| **Ziele:** | Kräftigen der Hauptmuskelgruppen – Ganzkörperübungen |
| **Benötigte Geräte:** | 3 Recke, 3 Stützbarren, 3 Turnmatten, 6 kleine Kästen, 3 Turnbänke, 3 Phylone |
| **Anzahl der Schüler:** | 16-24 Schüler |
| **Wiederholung der Übung:** | „Üben im Strom" – siehe Hinweise bei der jeweiligen Übung |
| **Differenzierung:** | Da es sich um einfache Übungen handelt, ist in der Regel eine Differenzierung nicht nötig (erforderlich). Außerdem lässt die Organisationsform „Üben im Strom" es nicht zu, dass manche Schüler evtl. länger an einem Gerät üben können.<br>Evtl. wird leistungsstärkeren Schülern eine Wiederholung eines Durchgangs zusätzlich angeboten. In dieser Zeit pausieren leistungsssschwächere Schüler. |

### Programm

Der Inhalt dieses Programms zeichnet sich dadurch aus, dass immer drei Übungen hintereinander ausgeführt werden und dadurch erhöhte Anforderungen im konditionellen und auch im koordinativen Bereich auftreten. Insbesondere beim Stützen wird mit dem eigenen Körpergewicht trainiert.

### Organisation/Übungsablauf

Es wird im „Strom" geübt, d.h. der erste Schüler geht ans Reck und führt dort die erste Übung aus, danach geht er sofort zum Barren und absolviert dort die geforderte Übung. Anschließend begibt er sich sofort zur Turnbank und führt dort die geforderte Bewegungsaufgabe aus. Anschließend geht/läuft er außen zum Ausgangspunkt zurück und stellt sich wieder hinten an *(siehe Skizze 1).* Der zweite Schüler beginnt mit seiner ersten Übung am Reck, wenn der erste Schüler am Barren mit seiner Übung beginnt.

Damit zwischen den Geräten keine großen Staus entstehen, muss bei der Übungsauswahl berücksichtigt werden, dass die Übungen in der Fortbewegung ausgeführt werden.

Je nach Leistungsvermögen der Schüler kann sich nach dem Ausführen eines Durchgangs sofort ein zweiter Durchgang mit denselben Bewegungsaufgaben anschließen.

**Aufbau:** Die benötigten Geräte werden so aufgebaut, dass ein reibungsloser Überhang von Gerät zu Gerät möglich ist *(siehe Skizze 1).*

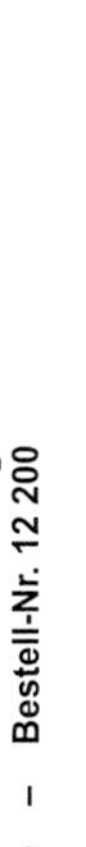


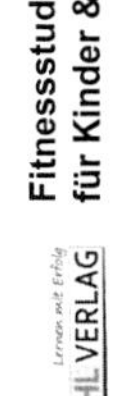

# Großgeräte im Einsatz

Übungsprogramm an Recken, Barren und Turnbänken

## Beschreibung der Übungen

### 1 Reck

– Sprung in den Stütz am brusthohen Reck mit anschließendem Niedersprung und erneuter Sprung in den Stütz mit Niedersprung. Danach sich klein machen und unter der Reckstange nach vorn zum Barren gehen.

2 x in den Stütz springen, dann nach vorn zum Barren gehen.

**Hinweise:** Mit beiden Füßen vom Boden abspringen und sich mit fast gestreckten Armen abstützen.

### 2 Barren

– Vom kleinen Kasten auf den Barren steigen, dabei die Füße auf einer Holmseite und die Hände auf der anderen Holmseite platzieren. Sich nun langsam seitwärts stützelnd zur anderen Seite bewegen und am kleinen Kasten absteigen *(Abb. 113)*.

1 x über die gesamte Länge des Barren ausführen, danach zur Turnbank gehen.

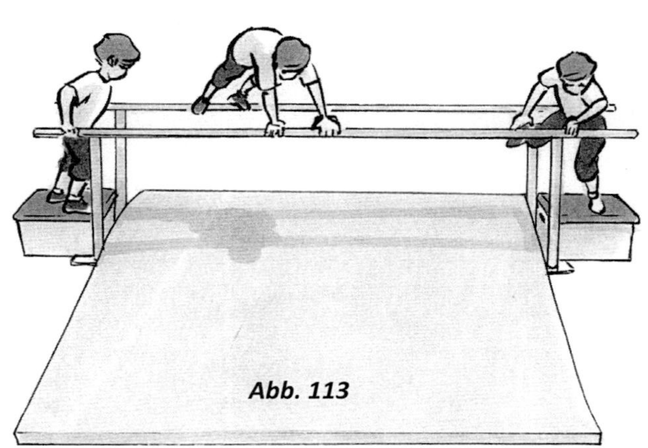

Abb. 113

### 3 Turnbank

– Schlusssprünge in der Fortbewegung rechts und links ausführen, d.h. Schlusssprung auf die Sitzfläche der Bank, danach Absprung rechts nach vorn, anschließend wieder Schlusssprung auf die Bank, anschließend Absprung links nach vorn usw. *(Abb. 114)*.

Über die gesamte Länge der Turnbank ausführen. Anschließend außen zum Ausgangspunkt zurückgehen *(siehe Skizze 1)*.

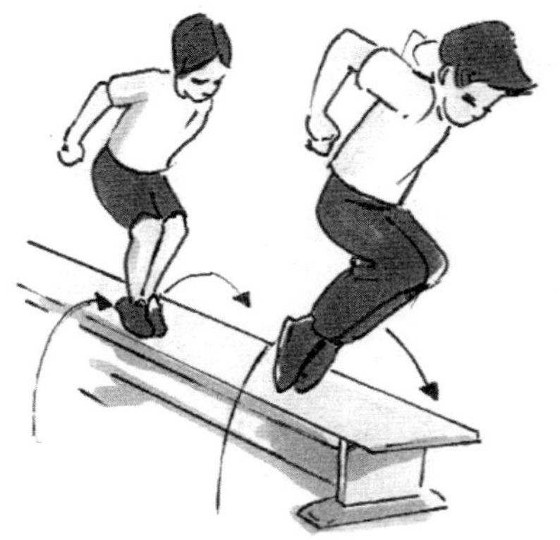

Abb. 114

# Großgeräte im Einsatz

Übungsprogramm an Recken, Barren und Turnbänken

**Nach dem ersten Durchgang findet ein kurzer Austausch über evtl. Probleme zwischen den Schülern und dem Sportlehrer statt.**

**Anschließend werden nach Ansage des Sportlehrers die Übungen für den zweiten Durchgang von einem Schüler demonstriert.**

## ❶ Reck

– Sprung in den Stütz am brust- bis kopfhohen Reck mit anschließendem Abzug in den Stand. Loslassen der Reckstange, zurück in die Ausgangsposition und erneuter Sprung in den Stütz mit anschließendem Abzug usw. *(Abb. 115).*

2 x in den Stütz springen, dann nach vorn zum Barren gehen.

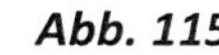

**Abb. 115**

## ❷ Barren

– Vom kleinen Kasten in den Stütz springen und sich kleinschrittig stützelnd mit den Händen rechts und links im Wechsel vorwärts bewegen. Dabei Körperspannung beibehalten und die Beine möglichst zusammenlassen, von einem Kasten zum gegenüberliegenden Kasten, ohne abzusetzen *(Abb. 116).*

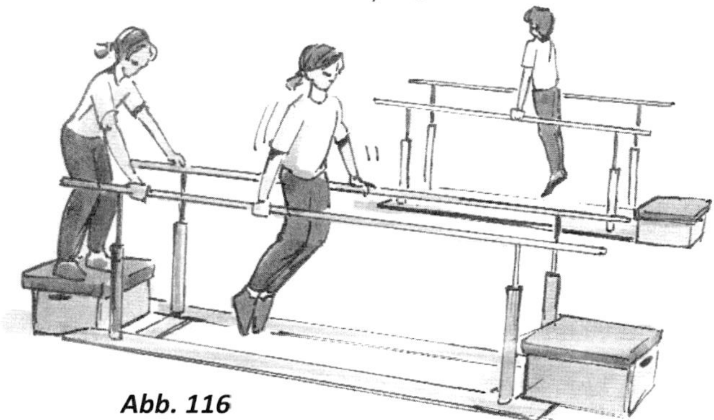

**Abb. 116**

1 x über die gesamte Länge des Barren ausführen, danach zur Turnbank gehen.

**Hinweise:** Beim Stützeln durch die Holmengasse immer nur wenig die eine und dann die andere Hand nach vorn setzen, um nicht „einzusacken“. Bei zu weitem Nachvorngreifen kann man den Stütz nicht halten!

## ❸ Turnbank

– Aus dem Hockstütz auf der Turnbank, vorgreifen (vorrutschen der Hände mit anschließendem Nachhocken der Füße (Beine) *(Abb. 117).*

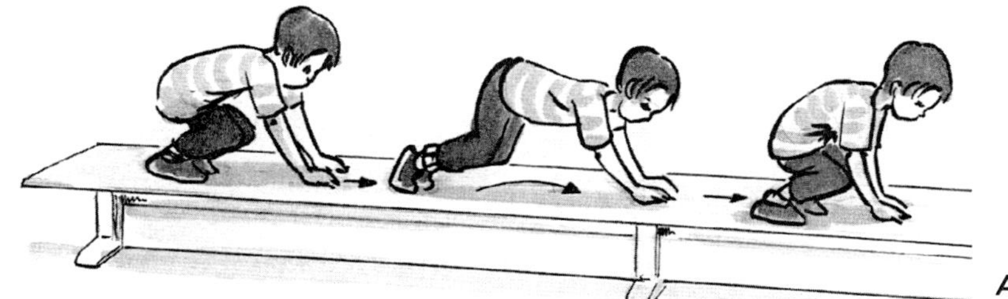

**Abb. 117**

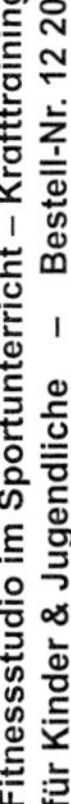

Fitnessstudio im Sportunterricht – Krafttraining für Kinder & Jugendliche – Bestell-Nr. 12 200

KOHL VERLAG

**Hinweise:** Darauf achten, dass die Knie zusammen bleiben – enge Hockhaltung (nicht öffnen).

Über die gesamte Länge der Turnbank ausführen. Anschließend außen zum Ausgangspunkt zurückgehen *(siehe Skizze 1).*

# Großgeräte im Einsatz

Übungsprogramm an Recken, Barren und Turnbänken

**Auch nach dem zweiten Durchgang findet ein kurzer Austausch über evtl. Probleme beim Ablauf, z.B. über die Dauer der einzelnen Übungen und daraus resultierende Staus statt.**

**Anschließend werden nach Ansage des Sportlehrers die Übungen für den dritten Durchgang von einem Schüler demonstriert.**

## ❶ Reck

– Schrägliegehang mit gestreckten Armen an der Reckstange am kopfhohen Reck. Sich so hochziehen, dass man über die Stange schauen kann *(Abb. 118)*.

3 x nacheinander ausführen, dann die Hände lösen und zum Barren gehen.

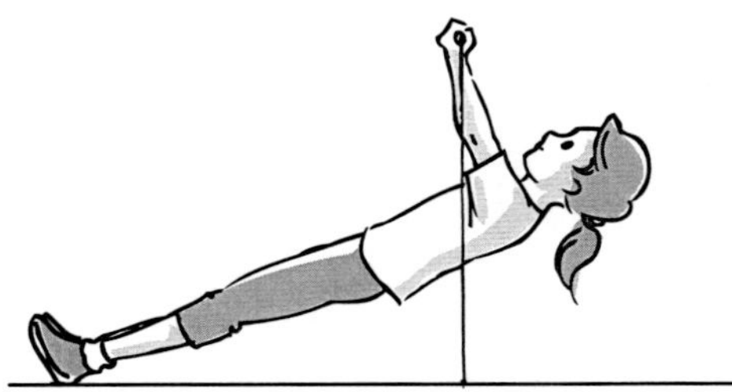

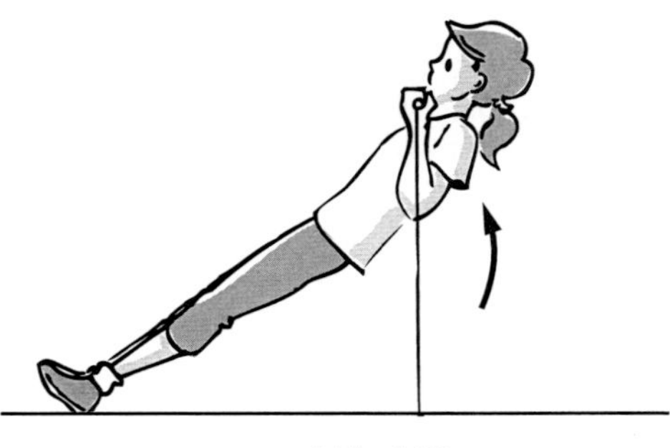

*Abb. 118*

## ❷ Barren

– Der Barren wird an einer Seite höher eingestellt, sodass eine kleine Steigung entsteht. Sprung in den Stütz und sich langsam stützelnd an den schräg nach oben verlaufenden Holmen vorwärts bewegen. Vorsichtig am gegenüberliegenden kleinen Kasten abspringen *(siehe Skizze rechts)*.

1 x über die gesamte Länge des Barren ausführen, danach zur Turnbank gehen.

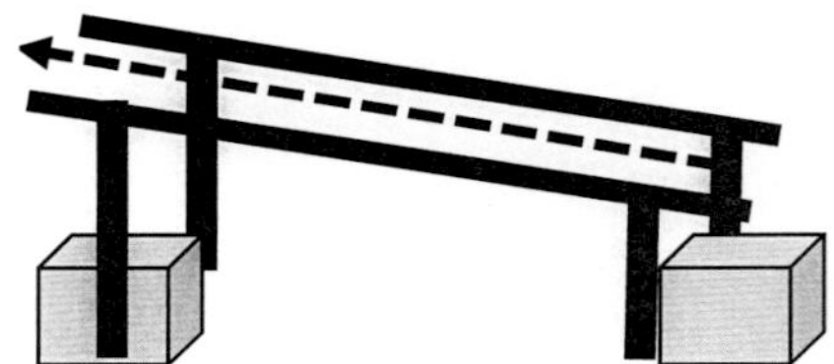

## ❸ Turnbänke

– Im Stand auf der Sitzfläche der Turnbank leicht nach vorn in den Grätschstand über der Turnbank springen, kleiner Zwischenhüpfer nach vorn und danach mit kräftigem Armeinsatz Schlusssprung auf die Sitzfläche der Bank usw. *(Abb. 119)*.

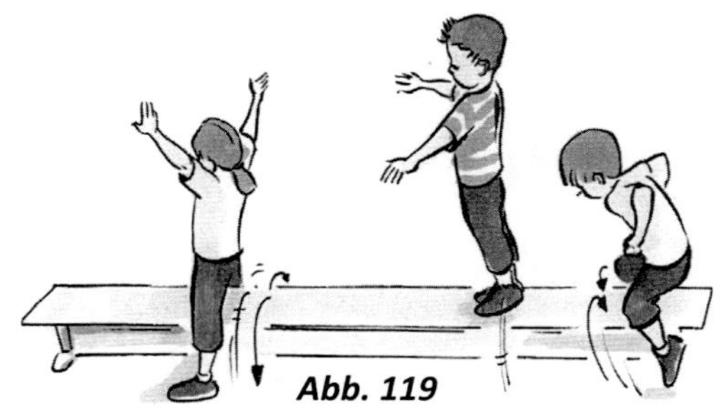

*Abb. 119*

Über die gesamte Länge der Turnbank ausführen. Anschließend außen zum Ausgangspunkt zurückgehen *(siehe Skizze 1)*.

**Wenn noch Zeit ist …**

– kann ein Durchgang angeboten werden, in dem jeder Schüler sich seine Übung für das jeweilige Gerät selbst aussucht und ausführt.

**P9** 

# Großgeräte im Einsatz

Übungsprogramm an Recken, Barren und Turnbänken

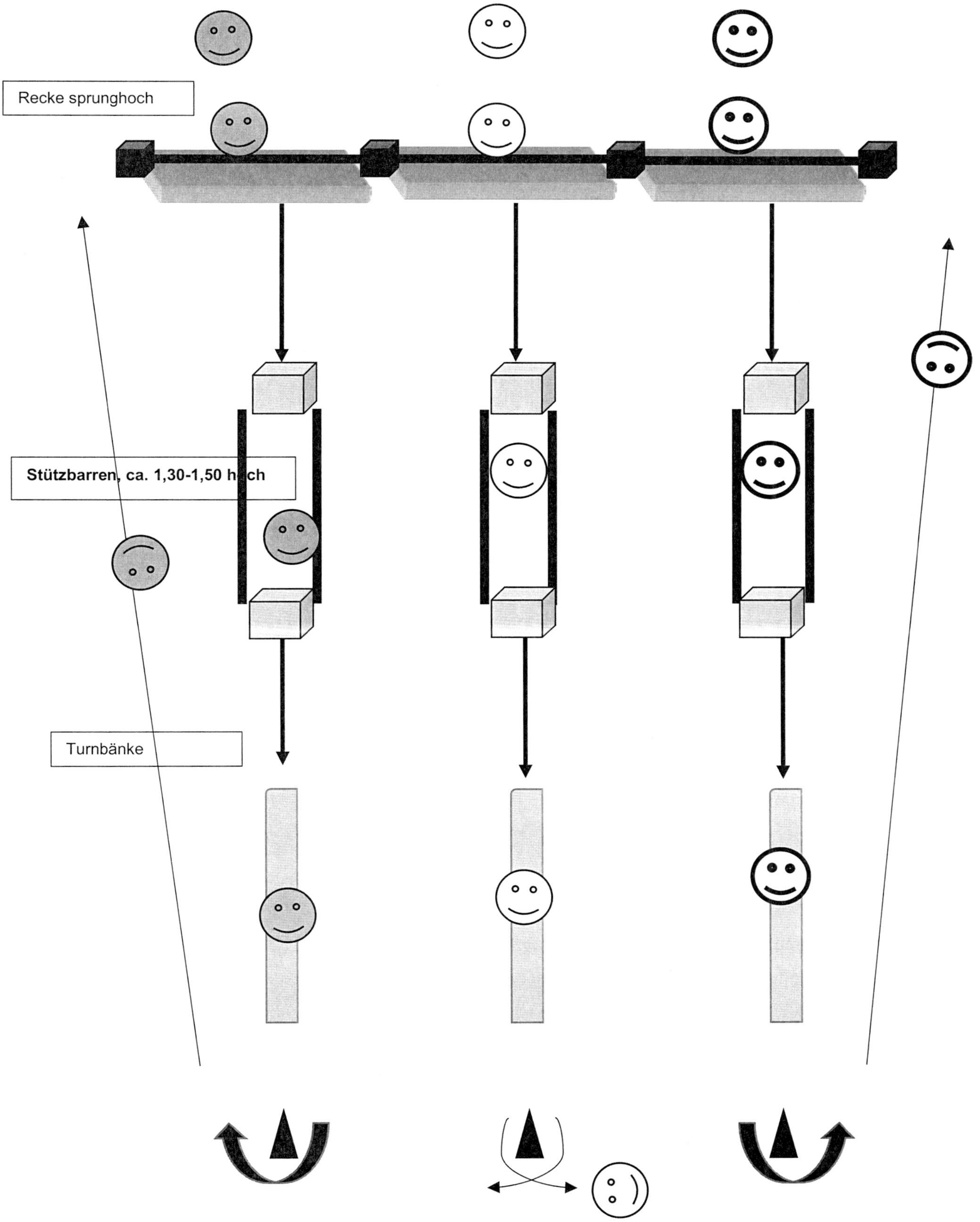

Recke sprunghoch

Stützbarren, ca. 1,30-1,50 hoch

Turnbänke

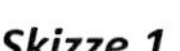

*Skizze 1*

Fitnessstudio im Sportunterricht – Krafttraining für Kinder & Jugendliche – Bestell-Nr. 12 200
KOHL VERLAG

# P10 Zu zweit und zu viert intensiv trainieren

## Übungsprogramm an kleinen Kästen

| | |
|---|---|
| **Ziele:** | Kräftigen der Hauptmuskelgruppen – Arme – Beine – Bauch – Rücken |
| **Benötigte Geräte:** | 6-8 kleine Kästen, 10-12 Turnmatten, 6-8 Basketbälle/Medizinbälle, 6-8 Phylone |
| **Anzahl der Schüler:** | 24-28 Schüler |
| **Wiederholung pro Übung:** | Siehe Hinweise unter der jeweiligen Gruppen- bzw. Partnerübung |
| **Differenzierung:** | Da es sich um bekannte und einfache Übungen handelt, erfolgt die Differenzierung (unterschiedliche Belastung) durch die unterschiedliche Anzahl der Wiederholungen. |

### Programm

Das Programm besteht aus 2 Teilen. Im ersten Teil werden Gruppenübungen zu viert an kleinen Kästen ausgeführt, wobei die Schüler jeweils eine Seite des kleinen Kastens nutzen. Manchmal muss auch versetzt geübt werden, damit ein Zusammenstoß der Oberkörper vermieden wird.

Im zweiten Teil folgen Partnerübungen, wobei zunächst immer die jeweilige Übung durch ein Schülerpaar nach Ansage des Sportlehrers demonstriert wird. Danach beginnt das Üben der Schülerpaare in den einzelnen Gruppen. Manchmal können beide Partner zugleich üben, manchmal übt erst Schüler A und anschließend Schüler B.

### Organisation/Übungsablauf

Es wird in Gruppen gearbeitet und geübt, d.h. die Klassen teilt sich in Vierergruppen auf. Für jede Vierergruppe steht ein kleiner Kasten zur Verfügung. Der erste Teil ist deshalb schnell zu organisieren, weil jede Vierergruppe nur einen kleinen Kasten benötigt.

Im zweiten Teil werden zusätzlich Geräte wie Turnmatten und Bälle benötigt *(siehe Skizze 2).*

**Aufbau:** Für den ersten Teil werden nur 6 kleine Kästen gebraucht, die mit Abstand und etwas versetzt zur Längsrichtung der Sporthalle aufgestellt werden *(siehe Skizze 1).*

Für den zweiten Teil werden zusätzlich Turnmatten und Basketbälle (evtl. auch Medizinbälle) benötigt, sodass ein kleiner Umbau erforderlich wird *(siehe Skizze 2).*

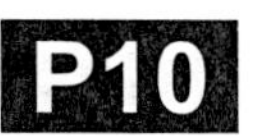

# Zu zweit und zu viert intensiv trainieren

Übungsprogramm an kleinen Kästen

## Beschreibung der Übungen

### Gruppenübungen

Alle Schüler der einzelnen Gruppen führen zur gleichen Zeit dieselbe Übung an ihrem kleinen Kasten aus. Der Sportlehrer gibt durch ein Zeichen Übungsbeginn und das Übungsende bekannt. Er muss die Schüler genau beobachten, damit Übungsbeginn und -ende auch schülergerecht und ohne Hektik vollzogen werden können. Je nach Leistungsfähigkeit wiederholt jeder Schüler die jeweilige Übung.

**Hinweise:** Bei allen Übungen den Atem immer weiter fließen lassen – nicht anhalten!

### 1 Arme/großer Brustmuskel

- An jeder Seite des kleinen Kastens ist ein Schüler im Liegestütz vorlings: mit den Händen auf- und abstützeln. Erst die rechte Hand auf den Kasten, dann sofort danach die linke. Anschließend wieder die Hand auf den Boden führen und dann die linke Hand *(Abb. 120).*

**Differenzierung:**

- Leistungsschwächere Schüler üben 7-10 x auf und ab.
- Leistungsstärkere Schüler üben 12-15 x auf und ab.

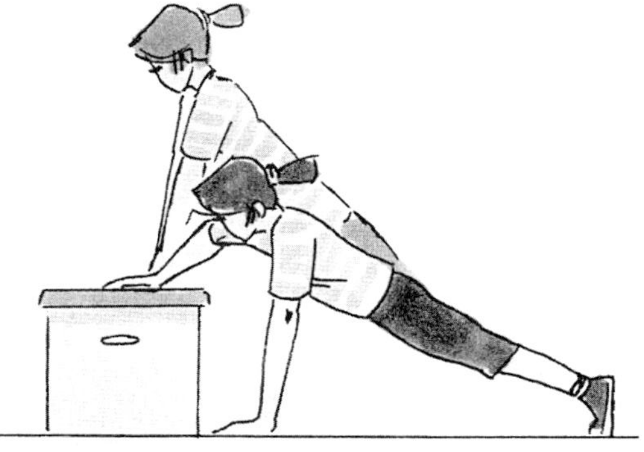

*Abb. 120*

### 2 Beine

- An jeder Seite des kleinen Kastens steht ein Schüler. Schlusssprünge auf den Kasten.

  Bei den Schlusssprüngen sollten immer nur jeweils zwei Schüler versetzt gegenüberstehend üben (Zusammenstoß der Oberkörper!)

  Zunächst springen A und C, dann B und D rhythmisch auf und ab, evtl. mit Zwischenhüpfer springen *(Abb. 121).*

**Differenzierung:**

- Leistungsschwächere Schüler springen 7-10 x auf und ab.
- Leistungsstärkere Schüler springen 12-15 x auf und ab.

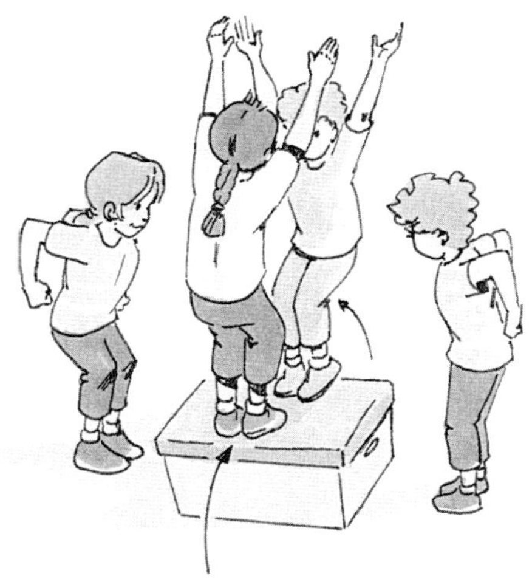

*Abb. 121*

Fitnessstudio im Sportunterricht – Krafttraining für Kinder & Jugendliche – Bestell-Nr. 12 200

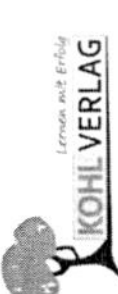

### 3 Arme/Oberarmmuskel

– An jeder Seite des kleinen Kastens ist ein Schüler im Liegestütz rücklings mit Stütz der Hände an der Kante des kleinen Kastens. Kopf auf die Brust, die Knie sind leicht gebeugt, die Füße haben vollen Bodenkontakt. Arme langsam beugen, sodass sich das Gesäß absenkt. Anschließend die Arme wieder strecken und in die Ausgangsstellung zurückkommen *(Abb. 122).*

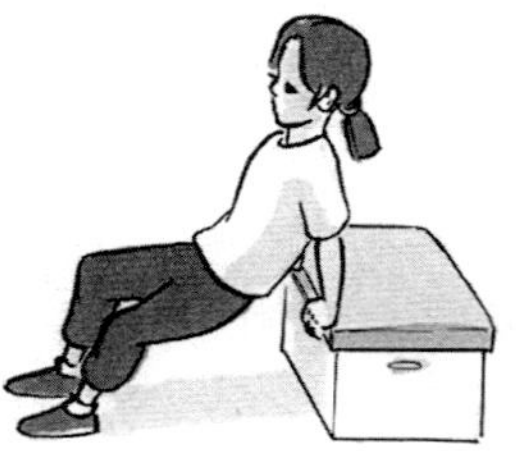
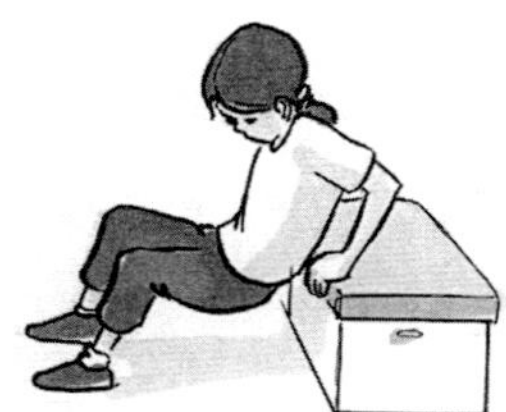

*Abb. 122*

**Differenzierung:**

– Leistungsschwächere Schüler beugen und strecken 7-10 x.
– Leistungsstärkere Schüler beugen und strecken 12-15 x.

### 4 Ganzkörperübung/Beine/Arm- und Schultermuskulatur

– Die vier Schüler stehen hintereinander mit etwas Abstand zu ihrem längs stehenden kleinen Kasten: Kurzer Anlauf, Absprung mit beiden Füßen, vorfassen der Hände auf das entfernte Ende des kleinen Kastens und Übergrätschen und Landung auf beiden Füßen. Zurück zum Ausgangspunkt und erneut übergrätschen *(Abb. 123).*

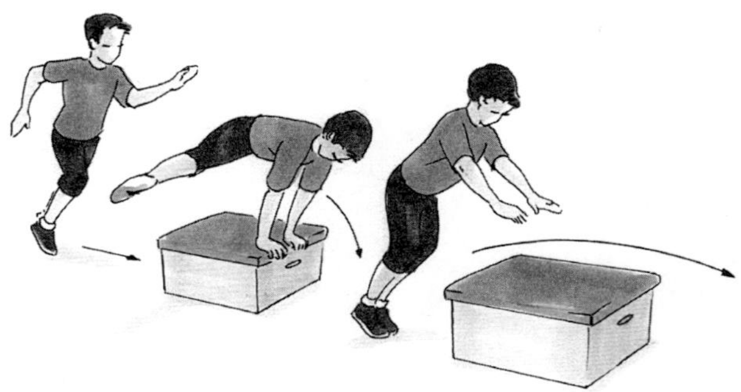

*Abb. 123*

**Differenzierung:**

– Leistungsschwächere Schüler üben 5-7 x.
– Leistungsstärkere Schüler üben 10-12 x.

### 5 Arme/Schultermuskulatur/Ganzkörperspannung

– An jeder Seite des kleinen Kastens geht ein Schüler in den Liegestütz, die Fersen der Füße sind auf dem kleinen Kasten. Nun langsam „kleinschrittig“ nach rechts seitwärts stützeln, bis der Ausgangspunkt wieder erreicht ist. Immer den Vordermann beobachten und auf Abstand achten *(Abb. 124).*

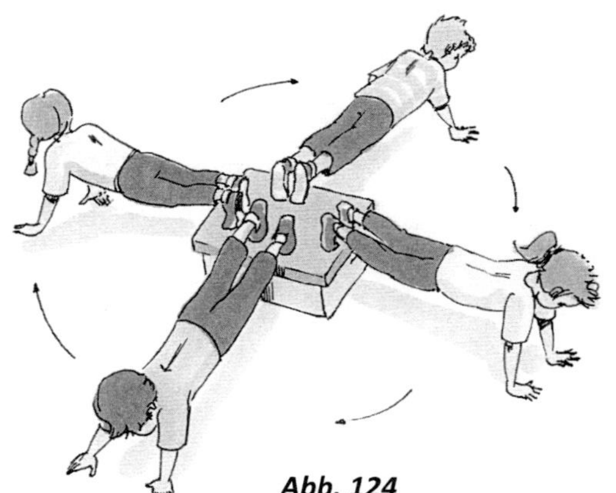

*Abb. 124*

**Differenzierung:** Nach einer Runde können manche Schüler „aussteigen“, während leistungsstärkere Schüler noch eine Runde „dranhängen“. Immer auf einen geraden Rücken achten, kein Hohlkreuz bilden, Kopfhaltung normal.

# Zu zweit und zu viert intensiv trainieren

Übungsprogramm an kleinen Kästen

**Partnerübungen**

Die Gruppen bleiben immer an ihrem kleinen Kasten, nun wird in Partnerform geübt. Vor dem Beginn ist ein kleiner Umbau erforderlich. Es werden zusätzlich Turnmatten ausgelegt und Basketbälle (evtl. Medizinbälle) bereitgelegt. Die Partner sollten in etwa die gleiche Leistungsfähigkeit aufweisen und möglichst auch annähernd gleich groß sein. Jede Übung wird mehrmals wiederholt, wobei die Belastung durch die Anzahl der Wiederholungen differenziert gestaltet wird.

**1 Rücken**

- Die beiden Schüler sind in Bauchlage auf einer Matte gegenüber, der kleine Kasten steht zwischen ihnen: Schüler A hält einen Basketball in den Händen, richtet sich mit seinem Oberkörper etwas auf, hebt dabei die Hände und Arme vom Boden und wirft den Basketball über den kleinen Kasten zu Schüler B. Der fängt den Ball, senkt seinen Oberkörper kurz ab, sodass der Ball den Boden berührt, richtet sich anschließend mit dem Oberkörper etwas auf und wirft den Ball zum Partner usw.

**Hinweise:** Der Ball muss nach der Annahme immer kurz auf den Boden getippt werden .

**Differenzierung:**

- Leistungsschwächere Schüler werfen sich den Basketball 5-7 x zu.
- Leistungsstärkere Schüler werden sich den Basketball 10-15 x zuwerfen oder nehmen einen schwereren Ball, z.B. einen Medizinball (1 kg).

**2 Bauch – kleiner Kasten**

- Sitz mit leicht gebeugten Knien zum Kasten, die Hände/Arme sind vor der Brust verschränkt oder werden seitlich gehalten: anheben der Beine und kurzes Aufsetzen der Füße auf den Kasten, anschließend die Füße wieder auf den Boden tippen *(Abb. 125).*

**Hinweise:** Darauf achten, dass die Knie wirklich nur leicht gebeugt sind!

**Differenzierung:**

- Leistungsschwächere Schüler dürfen sich mit den Händen seitlich abstützen und führen die Übung 5-7 x aus.
- Leistungsstärkere Schüler nehmen die Arme in die Seithalte und führen die Übung 10-15 x aus.

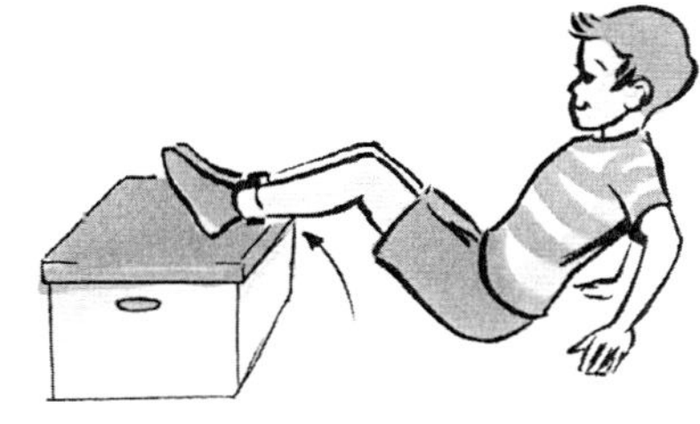

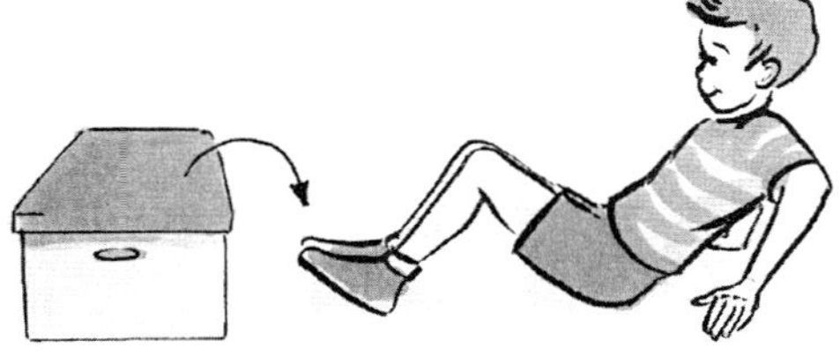

*Abb. 125*

Fitnessstudio im Sportunterricht – Krafttraining für Kinder & Jugendliche – Bestell-Nr. 12 200

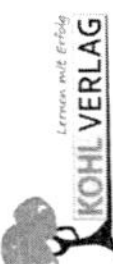
KOHL VERLAG

# Zu zweit und zu viert intensiv trainieren

Übungsprogramm an kleinen Kästen

## 3 Beine

– Schlusssprung in den umgedrehten kleinen Kasten hinein und wieder heraus *(Abb. 126)*.

**Differenzierung:**

– Leistungsschwächere Schüler steigen in den umgedrehten kleinen Kasten hinein und wieder heraus. 5-7 x

– Leistungsstärkere Schüler springen rhythmisch in den umgedrehten kleinen Kasten hinein und wieder heraus. 10-15 x

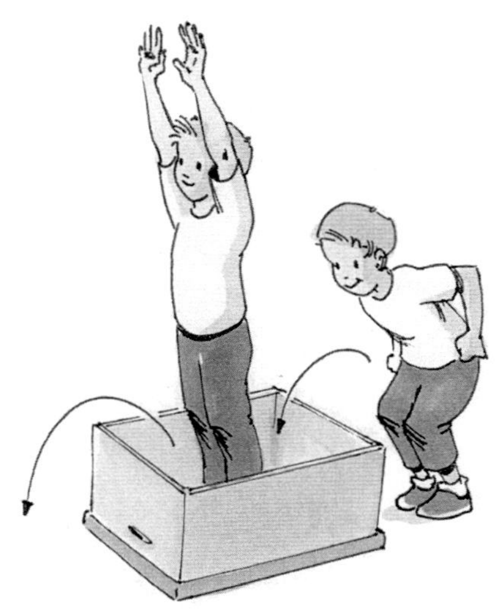

*Abb. 126*

## 4 Arme/Beine/Ganzkörperübung

– Die Schüler stehen zu zweit hintereinander. Auf Signal des Sportlehrers fassen die Schüler A und B in die Auslassungen des kleinen Kastens, heben ihn an und tragen ihn nach vorn. Umlaufen der auf der anderen Seite stehenden Phylone und dann zum Ausgangspunkt zurückkehren und setzen dort den kleinen Kasten ab, sodass das nächste Paar üben kann.

**Differenzierung:**

– Leistungsschwächere Schüler dürfen den kleinen Kasten an der Phylone einmal absetzen und evtl. einen Handwechsel vornehmen.

– Leistungsstärkere Schüler tragen den kleinen Kasten um die Phylone und anschließend zum Ausgangspunkt zurück.

**Tipp:** Evtl. können mehrere Durchgänge ausgeführt werden, da ein Paar immer eine kurze Pause hat.

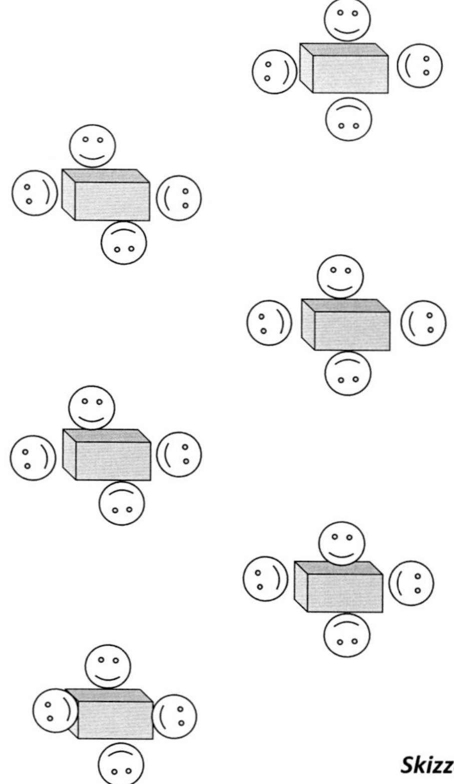

*Skizze 1*

# Zu zweit und zu viert intensiv trainieren

Übungsprogramm an kleinen Kästen

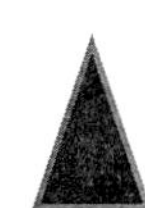
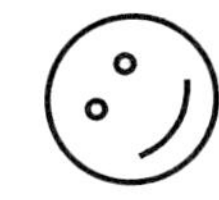
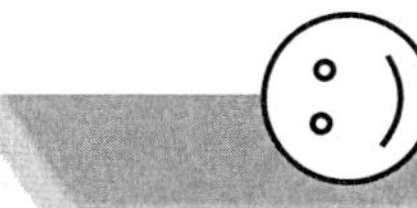
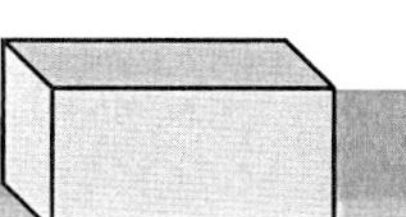
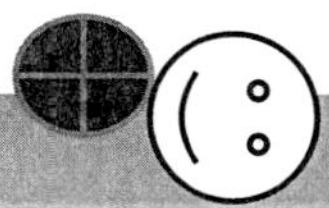

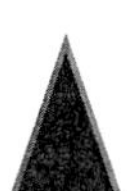

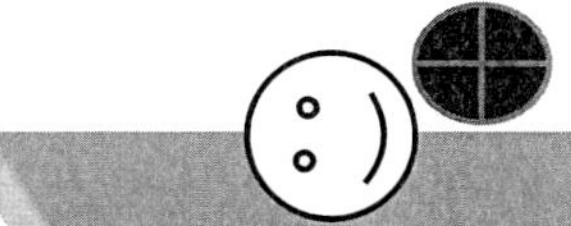
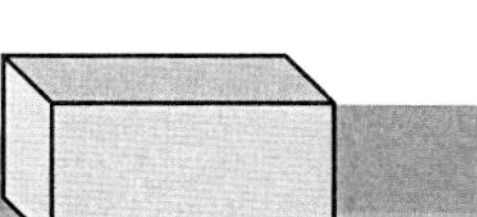
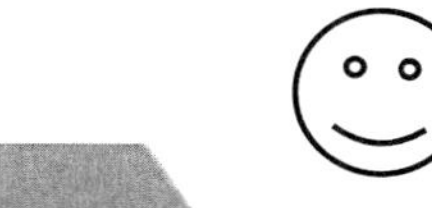

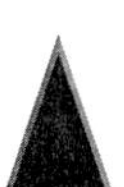
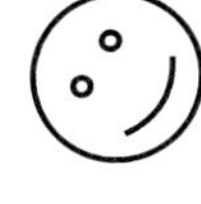
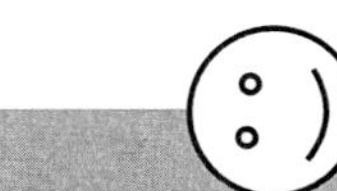
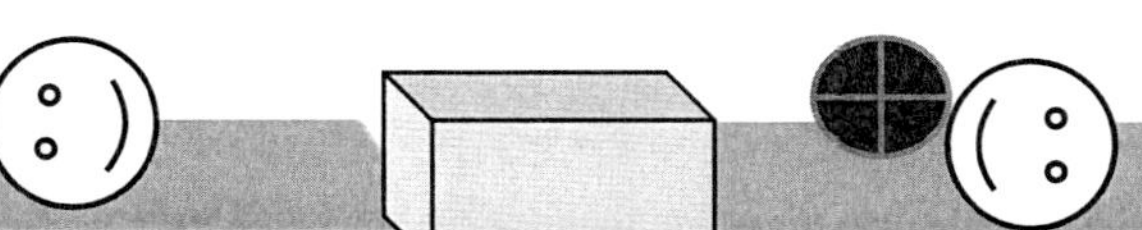

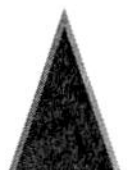
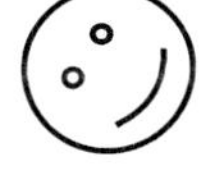
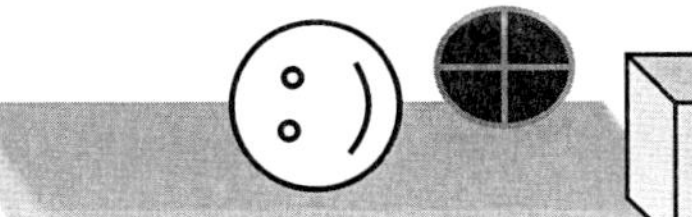
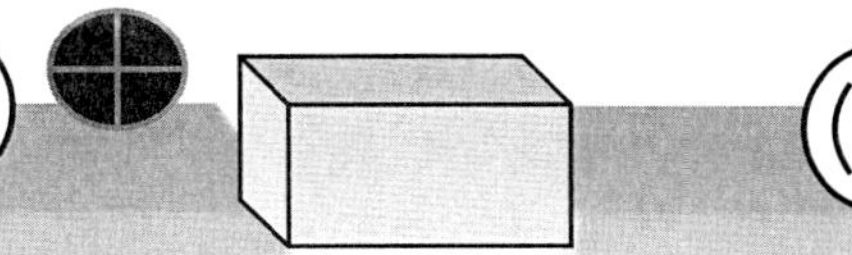
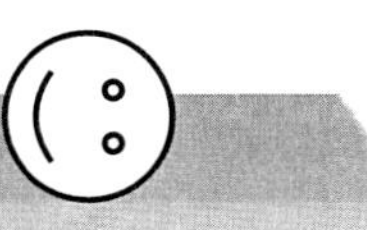

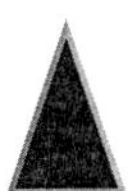
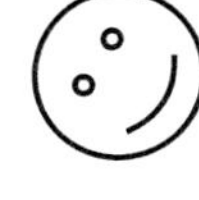
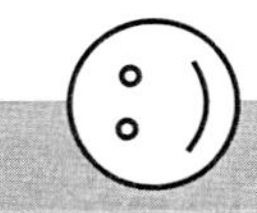
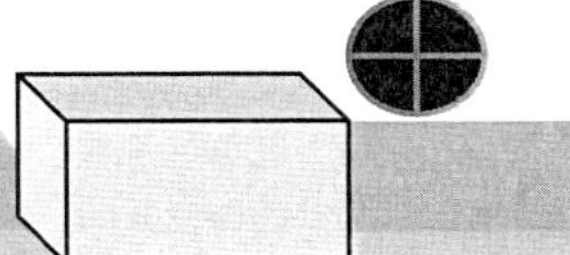

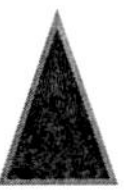
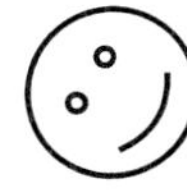
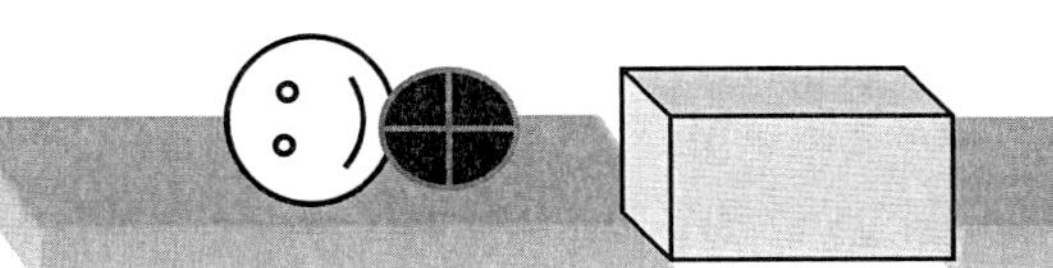
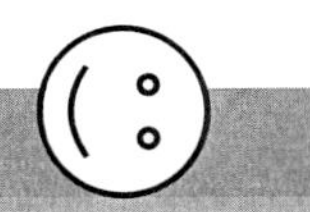

*Skizze 2*

Fitnessstudio im Sportunterricht – Krafttraining für Kinder & Jugendliche – Bestell-Nr. 12 200

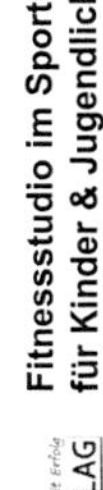

# P11 Werfen und Stoßen und Muskeln kräftigen

## Übungsprogramm mit Medizinbällen

| | |
|---|---|
| **Ziele:** | Kräftigen der Hauptmuskelgruppen – Arme – Rücken – Bauch – Beine |
| **Benötigte Geräte:** | 10-12 Medizinbälle aus Rindleder (der Klassiker) oder aus Gummi (WV Medizinball) in den Gewichten von 1 kg bis 1,5 kg, 10-12 andere Bälle (Basket-, Fuß- oder Gymnastikbälle), 4-6 Phylone |
| **Anzahl der Schüler:** | 20-24 Schüler |
| **Wiederholung pro Übung:** | Siehe Hinweise unter der jeweiligen Einzel-, Partner- und Gruppenübung |
| **Differenzierung:** | Die Differenzierung (unterschiedliche Belastung) wird durch die unterschiedliche Anzahl der Wiederholungen, durch unterschiedliche Abstände zwischen den Partnern und durch unterschiedliche Bälle ermöglicht. |

### Programm

Das Programm besteht aus 2 Teilen. Im ersten Teil werden Partnerübungen mit dem Medizinball ausgeführt, wobei jedes Schülerpaar einen Medizinball zur Verfügung hat.

Im zweiten Teil werden Übungen zu Dritt angeboten. Hier hat jede Dreiergruppe einen Medizinball zur Verfügung. Diese Übungen sind besonders gut geeignet, wenn man eine große Klasse unterrichten muss und nicht ausreichend Medizinbälle zur Verfügung stehen.

Die folgenden Übungen sind für Medizinbälle aus Rindleder (der Klassiker) in den Gewichten von 1 kg bis 1,5 kg gedacht.

Grundsätzlich sagt der Sportlehrer die jeweilige Übung an und lässt sie von einem Schüler oder einem Schülerpaar demonstrieren. Danach führen die Schüler die jeweilige Übung mit der entsprechenden Wiederholungszahl aus.

### Organisation/Übungsablauf

Die Medizinbälle werden zu Beginn der Stunden mit Abstand an einer Längsseite der Sporthalle ausgelegt, sodass die Schülerpaare sofort ihren Stellplatz finden. Schüler A steht hinter dem Medizinball, Schüler B steht mit Abstand auf der anderen Seite.

Durch die unterschiedlichen Übungen in Partnerform und in Dreiergruppen verändert sich auch manchmal die Aufstellungsform der Schüler (siehe Hinweise bei den Übungen).



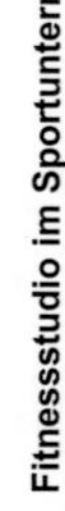

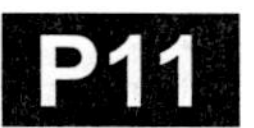

# Werfen und Stoßen und Muskeln kräftigen

Übungsprogramm mit Medizinbällen

## Beschreibung der Übungen

### Zur Einstimmung ...

Die Schüler stellen sich anfangs hintereinander an der Ballreihe auf.

- Slalomlauf um die ausgelegten Medizinbälle.
- Schlusssprünge über die in Reihe liegenden Medizinbälle mit und ohne Zwischenhupf *(siehe Skizze 1).*

**Danach folgen die Partnerübungen. Es finden sich immer zwei in etwa gleichgroße Schüler zusammen. Schüler A steht hinter dem Medizinball, Schüler B steht mit ca. 5-7 m Abstand gegenüber** *(siehe Skizze 2).*

### ❶ Arme

- Die beiden Schüler stehen sich mit Abstand gegenüber. Schüler A hält den Ball mit beiden Händen vor der Brust und wirft mit Druckwurf den Medizinball zu Schüler B, der nimmt den Medizinball an und wirft ebenso zurück *(Abb. 127).*

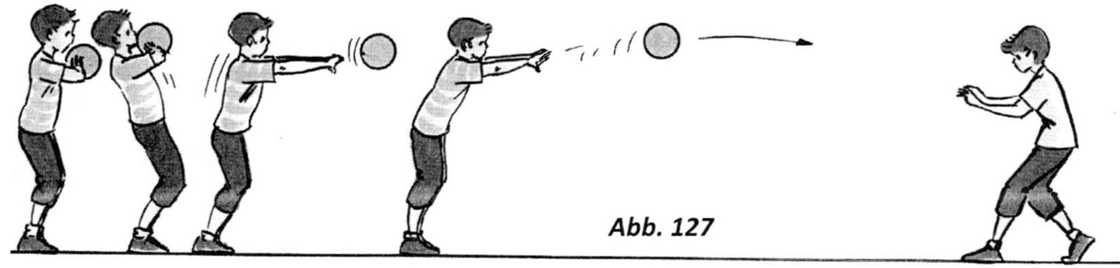

*Abb. 127*

**Differenzierung:**

- Leistungsschwächere Schüler werfen 5-7 x hin und her.
- Leistungsstärkere Schüler werfen 10-15 x hin und her.
- Den Abstand zwischen den Schülern vergrößern oder verringern.
- Mit einem schwereren Medizinball üben, z.B. mit 1,5 kg.

### ❷ Rücken

- Die Schüler liegen sich in Bauchlage gegenüber: Schüler A hebt den Oberkörper etwas an, die Arme und Hände haben keinen Bodenkontakt mehr: mit beiden Händen den Medizinball zu Schüler B stoßen. B nimmt den Ball an und stößt ihn ebenso zurück *(Abb. 128).*

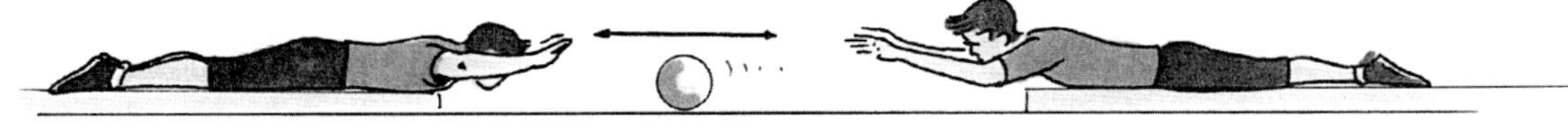

*Abb. 128*

**Differenzierung:**

- Leistungsschwächere Schüler stoßen 5-7 x hin und her.
- Leistungsstärkere Schüler stoßen 10-15 x hin und her.
- Den Abstand zwischen den Schülern vergrößern oder verringern.
- Mit einem schwereren Medizinball üben, z.B. mit 1,5 kg.

Fitnessstudio im Sportunterricht – Krafttraining für Kinder & Jugendliche – Bestell-Nr. 12 200

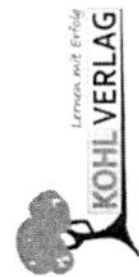

**Nach dieser Übung kommen die beiden Schüler zusammen und setzen sich gegenüber auf den Boden. Jeder Schüler hat einen Medizinball. Wenn nicht ausreichend Medizinbälle vorhanden sind, kann auch ein anderer Ball (Basket-, Fuß- oder Gymnastikball) zwischen den Füßen gehalten werden.**

### ❸ Bauch

– Zu zweit im Sitz gegenüber, die Hände stützen jeweils seitlich ab: Jeder Schüler hält zwischen den Füßen einen Medizinball. Den eigenen Medizinball um den Ball des Partners kreisen lassen *(Abb. 129).*

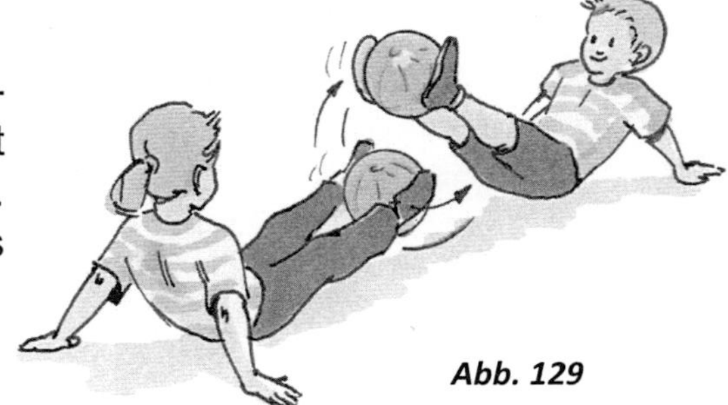

*Abb. 129*

**Differenzierung:**

– Leistungsschwächere Schüler kreisen 5-7 x – evtl. auch mit einem leichteren Ball.
– Leistungsstärkere Schüler kreisen 10-12 x.
– Leistungsstärkere Schüler stützen sich nicht mehr mit den Händen seitlich ab.

### ❹ Beine

– Zu zweit Rücken an Rücken mit einem dazwischen befindlichen Medizinball: Schüler A geht in die leichte Kniebeuge und wieder zurück in die Ausgangsstellung, ohne dabei den Medizinball zu verlieren. Anschließend versucht es Schüler B.

**Differenzierung:**

– Leistungsschwächere Schüler gehen 5 x in die leichte Kniebeuge.
– Leistungsstärkere Schüler gehen 10 x in die leichte Kniebeuge.

**Variation:**

– Beide Schüler bewegen sich langsam mit dem eingeklemmten Ball seitwärts, ohne dabei den Medizinball zu verlieren.
– Auch vorwärts versuchen, dabei geht der vordere Schüler wirklich vorwärts, der hintere Schüler geht rückwärts. Später Rollentausch vornehmen.

### ❺ Rücken/Körperspannung

– Schüler A geht in den Kniestand, Schüler B ist dahinter und hält die Unterschenkel fest. Schüler A greift mit den Händen und fast gestreckten Armen den Medizinball, anheben des Oberkörpers bis fast die Waagerechte erreicht ist, dort einen Moment bleiben, dann langsam wieder in die Ausgangsstellung zurückkommen *(Abb. 130).*

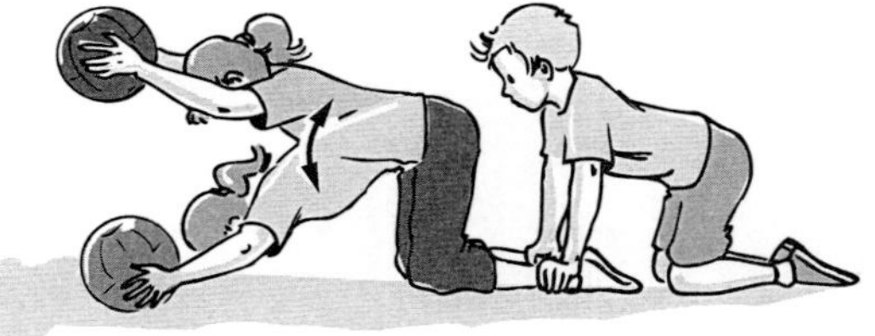

*Abb. 130*

**Differenzierung:**

– Leistungsschwächere Schüler üben 5 x auf und ab, evtl. auch mit einem leichteren Ball (Basket-, Fuß- oder Gymnastikball).
– Leistungsstärkere Schüler üben 7-10 x auf und ab.
– Leistungsstärkere Schüler bleiben etwas länger in der Phase des angehobenen Oberkörpers.

### 6 Bauch/Körperspannung

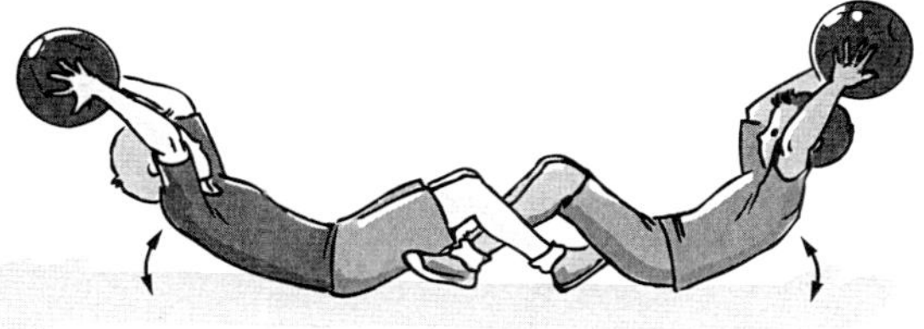
Abb. 131

- Beide Schüler sitzen sich im Hocksitz mit leicht geöffneten Knien gegenüber. Die Füße werden gegenseitig unter die Oberschenkel des Partners geschoben: beide Schüler halten den Medizinball mit den Händen über dem Kopf, gemeinsam langsames Absenken des Rumpfes in die Rückenlage mit Bodenkontakt und anschließend wieder Aufrichten in die Ausgangslage *(Abb. 131)*.

**Differenzierung:**

- Leistungsschwächere Schüler senken 5 x ab und wieder zurück, evtl. auch mit einem leichteren Ball (Basket-, Fuß- oder Gymnastikball).
- Leistungsstärkere Schüler senken 7-10 x ab und wieder zurück.
- Leistungsstärkere Schüler senken ab und wieder zurück ohne Bodenkontakt.

**Nun folgen Übungen zu dritt, d.h. die Schüler bilden Dreiergruppen mit einem Medizinball. Zu Beginn der jeweiligen Übung stehen die Schüler A und C hinter dem Medizinball, während Schüler B mit Abstand von ca. 5-7 m gegenüber steht** *(siehe Skizze 3).*

### 7 Kennenlernen des Übungsablaufs

- *Zu dritt:* Schüler A rollt den Medizinball mit viel Schwung zu Schüler C und läuft anschließend dem Ball hinterher. Schüler C hat inzwischen den Medizinball angenommen und rollt diesen zu B. Auch Schüler C folgt sofort dem Laufweg des Balles.

**Hinweise:** Immer erst den Medizinball rollen, stoßen oder werfen, dann dem Laufweg des Balles zur anderen Seite folgen.

### 8 Rücken

- *Zu dritt in der Bauchlage:* Schüler A stößt aus der Bauchlage den Ball zu Schüler C auf der gegenüberliegenden Seite. Schüler A steht nach dem Stoß sofort auf und läuft zur anderen Seite. Schüler C nimmt den Ball in der Bauchlage an und stößt ihn ebenso zu Schüler B auf der anderen Seite usw. *(Abb. 132)*

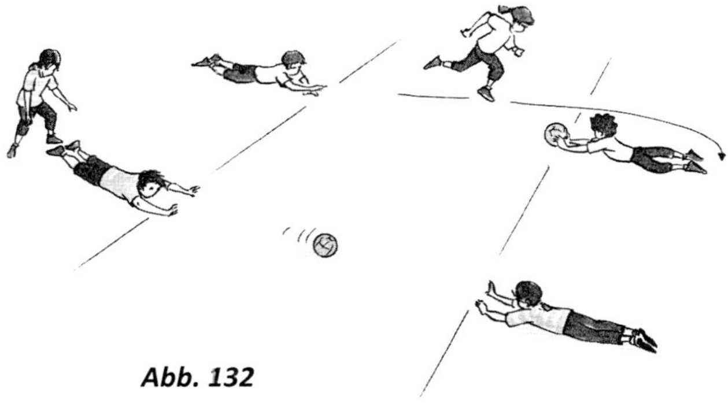
Abb. 132

### 9 Bauch

- *Zu dritt im Grätschsitz mit aufgesetzten Füßen und leicht gebeugten Knien:* Schüler A fasst den Medizinball mit beiden Händen und geht in die Rückenlage, sodass der Medizinball mit fast gestreckten Armen hinter dem Kopf gelangt. Aufrichten des Oberkörpers und gleichzeitiger Wurf über Kopf zum Schüler C. Schüler A steht sofort auf und läuft zur anderen Seite. Partner C erwartet im Grätschsitz den Medizinball, geht anschließend damit in die Rückenlage usw.

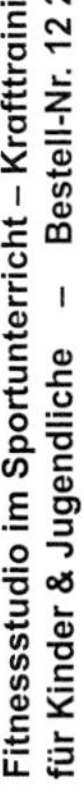


Fitnessstudio im Sportunterricht – Krafttraining für Kinder & Jugendliche – Bestell-Nr. 12 200

# P11 Werfen und Stoßen und Muskeln kräftigen

Übungsprogramm mit Medizinbällen

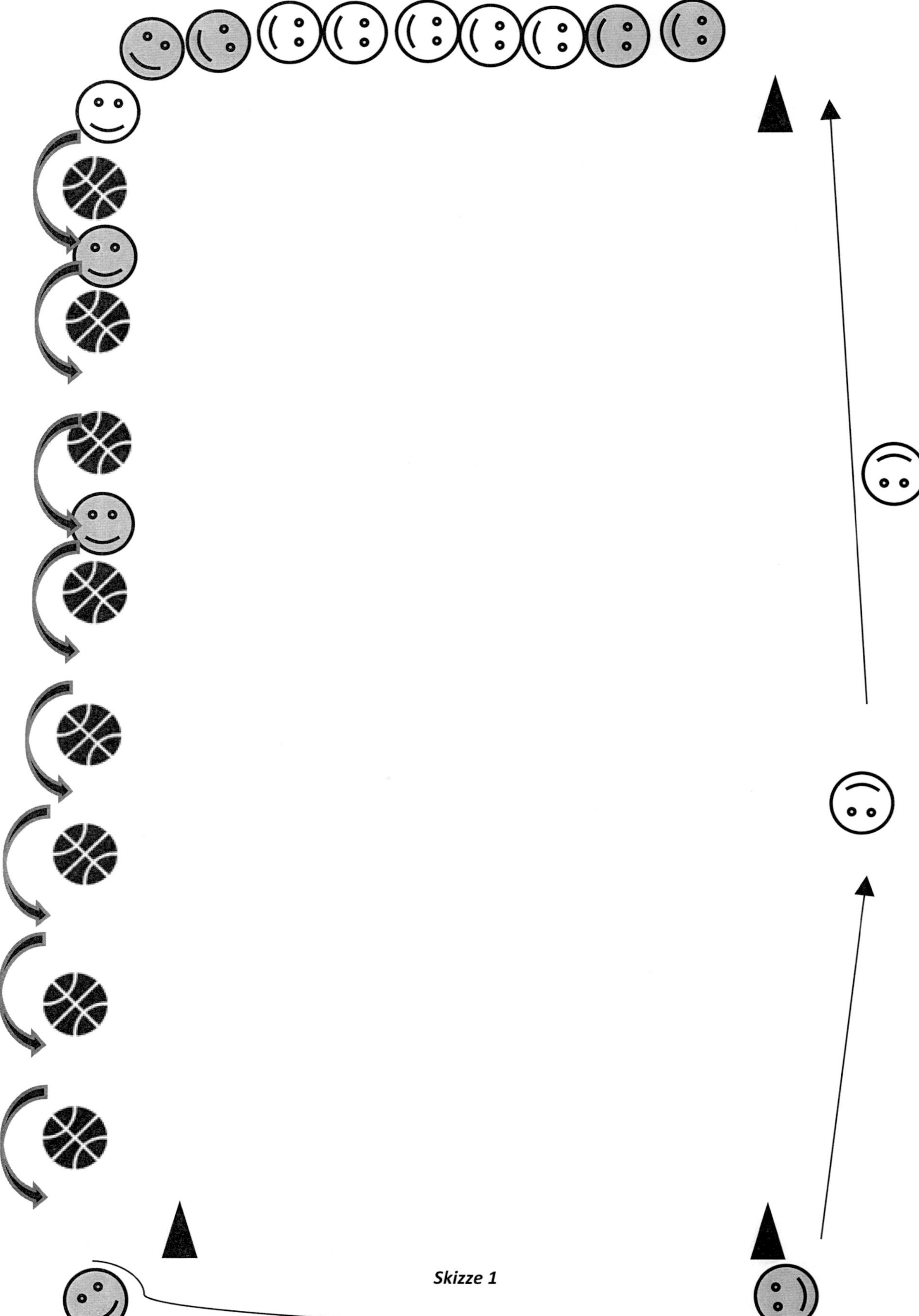

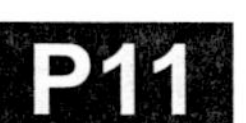


# Werfen und Stoßen und Muskeln kräftigen

Übungsprogramm mit Medizinbällen

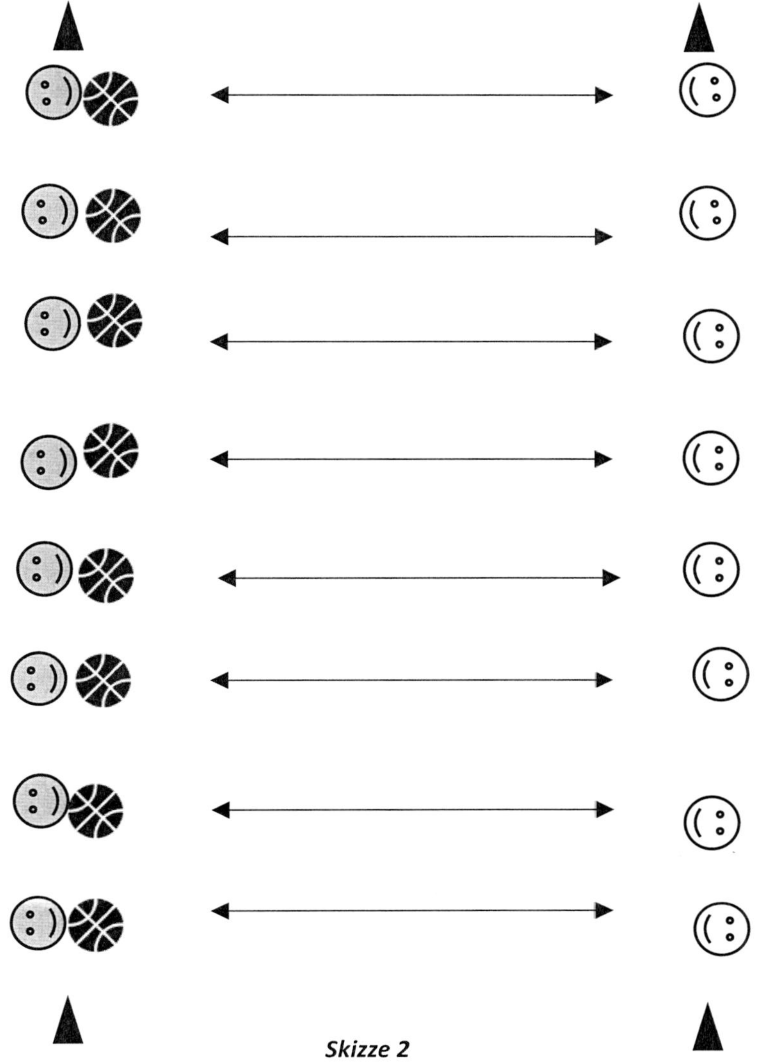

*Skizze 2*

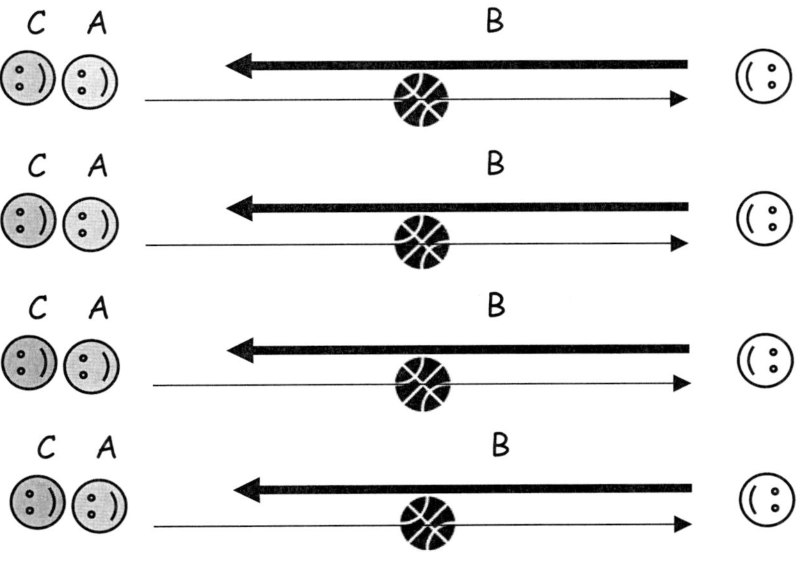


*Skizze 3*

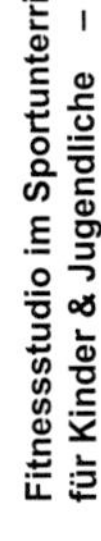


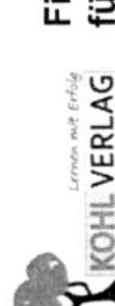

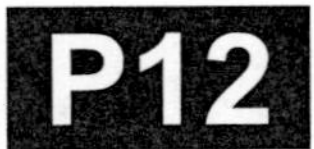


# Stützen, hängen, schwingen – mit eigenem Körpergewicht trainieren

Übungsprogramm an Recken und Barren

| | |
|---|---|
| **Ziele:** | Kräftigung der Hauptmuskelgruppen – Arme/Schultern – Ganzkörperübungen |
| **Benötigte Geräte:** | 2-3 Recke, 2-3 Stützbarren, 6-8 kleine Kästen, 6-8 Turnmatten |
| **Anzahl der Schüler:** | Insgesamt 16-24 Schüler, am Reck = 8-12 Schüler und am Barren = 8-12 Schüler |
| **Übungszeit pro Station:** | Ca. 30 Minuten, d.h. 15 min. am Reck und 15 min. am Barren |
| **Differenzierung:** | Jede Station bietet mehrere Übungsmöglichkeiten, sodass jeder Schüler auswählen kann und entsprechend seiner Möglichkeiten üben und seine Muskulatur – insbesondere die Arm-, Schulter- und Brustmuskulatur – kräftigen kann. |

## Programm

Wenn man ein Kräftigungsprogramm an den Großgeräten Reck und Barren plant, muss man immer bedenken, dass diese Großgeräte höchstens in dreifacher Anzahl (3 Recke und 3 Barren) vorhanden sind und nicht mehr als 6 Schüler (bei evtl. 2 vorhandenen Barren auch nur vier Schüler) gleichzeitig üben können. Das hat natürlich Auswirkungen auf die Organisation der Stunde.

Das hier vorgestellte Programm besteht schwerpunktmäßig aus Übungen an Recke und Barren.

Am Reck und am Barren liegen Arbeitskarten mit den ausgewählten Übungen. Jede Übung wird beschrieben und durch eine Abbildung zusätzlich anschaulich dargestellt.

Der Sportlehrer sollte zu Beginn darauf hinweisen, dass es sinnvoll ist, mit einer einfachen Übung zu beginnen und sich dann langsam zu steigern. Wichtig ist auch der Hinweis, dass die ausgewählte Übung etliche Wiederholungen zulässt (siehe hierzu auch Hinweise unter den Übungen).

## Organisation/Übungsablauf

Wenn man aber von einer Schülerzahl von 24 ausgeht, werden zwei Gruppen gebildet, die sich an den Recken und an den Barren aufstellen.

Es können immer höchstens 6 Schüler gleichzeitig an den Recken und/oder an den Barren die kräftigenden Übungen ausführen, die anderen Schüler haben während dieser Zeit eine kleine Pause. Sie können aber manchmal helfen und auch Hinweise zur richtigen Ausführung der Übungen geben.

Nachdem der übende Schüler am Reck bzw. am Stützbarren seine Übung mehrere Male wiederholt hat, kann sofort der nächste Schüler an das Gerät gehen.

Insgesamt ist eine Übungszeit von ca. 15 Minuten pro Station vorgesehen. In dieser Zeit hat jeder Schüler entsprechend seiner Voraussetzungen die Möglichkeit, Übungen auszuwählen und einige Male zu wiederholen.



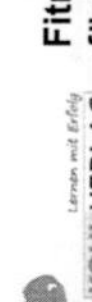

## P12 Stützen, hängen, schwingen – mit eigenem Körpergewicht trainieren

Übungsprogramm an Recken und Barren

### Aufbau

Ausgangspunkt sind die Recke, die meist im oberen Drittel der Sporthalle installiert sind. Unter die Recke werden Matten ausgelegt und evtl. kleine Kästen zur Unterstützung platziert. Mit ausreichendendem Abstand werden die Barren aufgebaut. Die Holmengasse wird jeweils mit einer Turnmatte gesichert. Außerdem steht am Anfang und am Ende der Holmengasse jeweils ein kleiner Kasten, der bei manchen Übungen auch zur Seite geschoben werden muss *(siehe Skizze 1).*

### 1 Reck, sprunghoch

- Aus dem Stand unter der Reckstange in den Beugehang springen und versuchen, über die Stange zu schauen *(Abb. 133).*
- Ablauf wie zuvor, aber mit angehockten Beinen.

**Differenzierung:**

- Leistungsschwächere Schüler üben 3 x.
- Leistungsstärkere Schüler üben 5-7 x.

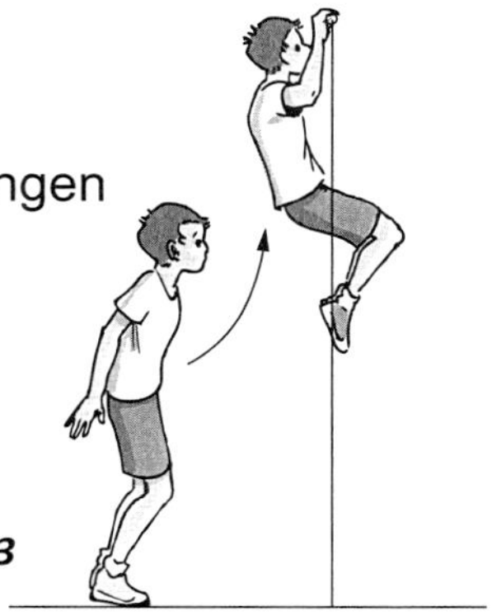

**Abb. 133**

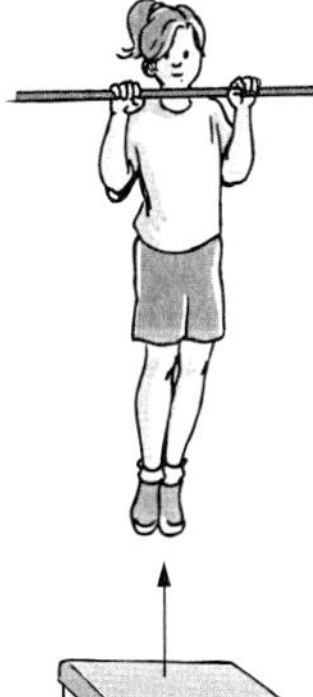

**Abb. 134**

- Vom kleinen Kasten in den Hang springen und einen Klimmzug ausführen, bis das Kinn sich über der Reckstange befindet. Anschließend wieder die Arme strecken und in die Ausgangsposition zurückkommen (wieder auf den kleinen Kasten springen) *(Abb. 134).*

**Hinweis:** Sollte jemand den Klimmzug noch nicht schaffen, unterstützt ein Partner etwas durch Nachschieben an den Beinen/Füßen.

**Differenzierung:**

- Leistungsschwächere Schüler üben 3 x mit Absprung vom kleinen Kasten.
- Leistungsstärkere Schüler üben 5-7 x mit einmaligem Absprung vom kleinen Kasten.

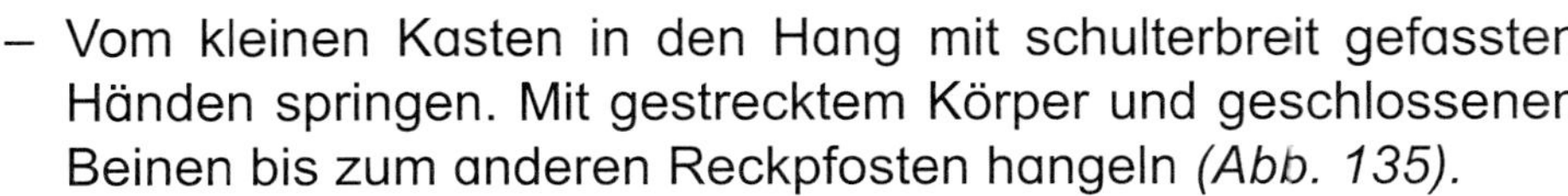

- Vom kleinen Kasten in den Hang mit schulterbreit gefassten Händen springen. Mit gestrecktem Körper und geschlossenen Beinen bis zum anderen Reckpfosten hangeln *(Abb. 135).*

**Differenzierung:**

- Leistungsschwächere Schüler üben 1 x hin (zum anderen Reckpfosten).
- Leistungsstärkere Schüler üben 1 x hin und zurück.

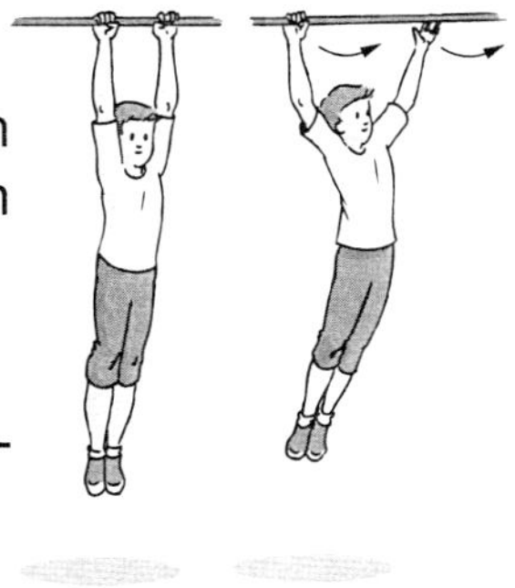

**Abb. 135**

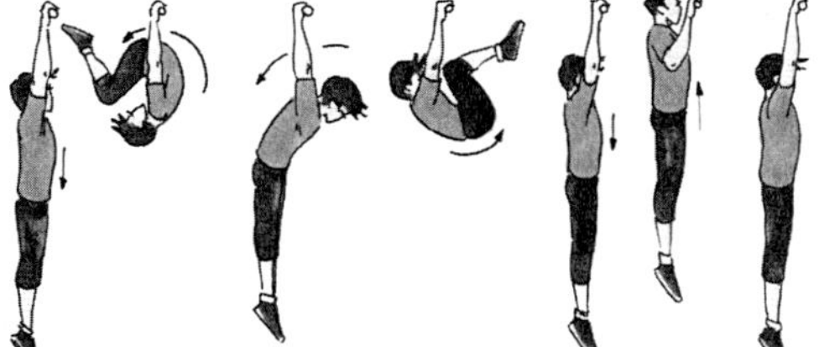

**Abb. 136**

- Im Streckhang, Klimmzug bis das Kinn die Stange erreicht, senken in den Streckhang mit anschließendem Durchhocken der Beine in den Sturzhang rücklings (hierbei sollten die Beine möglichst gestreckt werden); danach erfolgt die Rückbewegung der Beine in den Streckhang und die Übung beginnt erneut *(Abb. 136).*

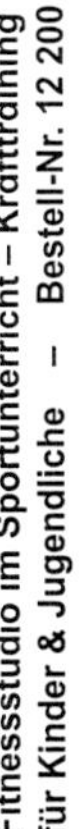


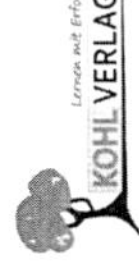

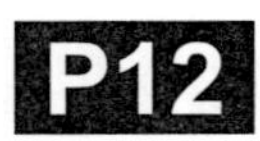

# Stützen, hängen, schwingen – mit eigenem Körpergewicht trainieren

Übungsprogramm an Recken und Barren

## ❷ Barren – ca. schulter- bis kopfhoch

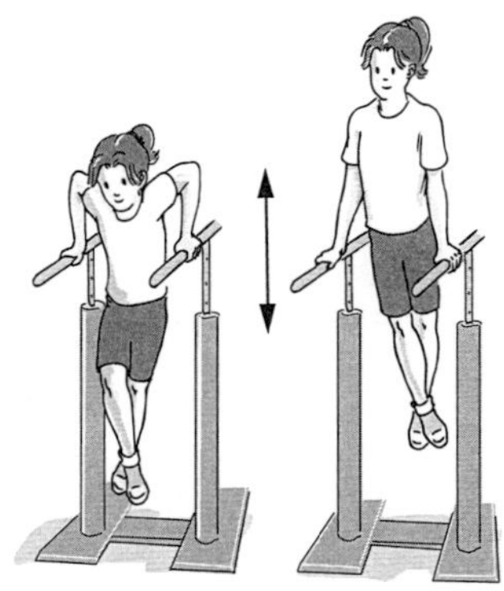

Abb. 137

– *„Dips“:* Sprung in den Stütz am ca. brusthohen Barren. Einatmen und beugen der Ellenbogen. Möglichst so weit nach unten gehen, bis die Brust in Höhe der Hände kommt. Anschließend sich wieder hochdrücken und ausatmen *(Abb. 137).*

**Hinweis:** Wie weit der Übende nach unten geht, hängt natürlich von seinen Voraussetzungen ab. Je tiefer man geht, desto mehr wird der Trizeps geschult.

**Differenzierung:**

– Leistungsschwächere Schüler üben 2-3 x.

– Leistungsstärkere Schüler üben 3-5 x mit überkreuzten Füßen.

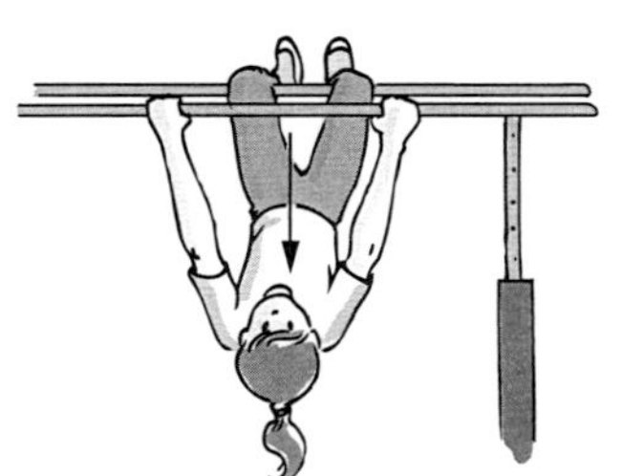

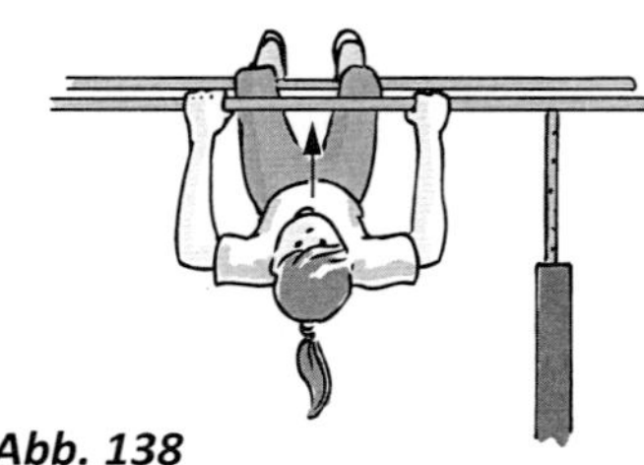

Abb. 138

– Der Schüler steht an einer Seite des Barrens und fasst mit beiden Händen etwa schulterbreit einen Holm. Anschließend geht er in die Kniebeuge und mit den Füßen in die Holmgasse, sodass er danach seine Knie über den anderen Holm hängen kann. In der Ausgangslage sind die Arme gestreckt, der Kopf geht leicht zur Brust bzw. bleibt in der normalen Haltung. Nun die Arme beugen, sodass die Brust dem gefassten Holm nahe kommt. Anschließend werden die Arme wieder gestreckt und der Schüler kommt in die Ausgangslage zurück *(Abb. 138).*

**Differenzierung:**

– Leistungsschwächere Schüler üben 2-3 x.

– Leistungsstärkere Schüler üben 5-7 x.

– Die Holme werden unterschiedlich eingestellt (ca. 30 cm Unterschied), d.h. der linke Holm ist tief eingestellt und verläuft schräg nach oben, der rechte Holm ist etwas höher eingestellt und verläuft schräg nach unten *(siehe Skizze).* Der Übende steht am Anfang der Holmengasse und springt in den Stütz. Nun sich langsam kleinschrittig stützelnd mit den Händen rechts und links im Wechsel vorwärts bewegen *(Abb. 139).*

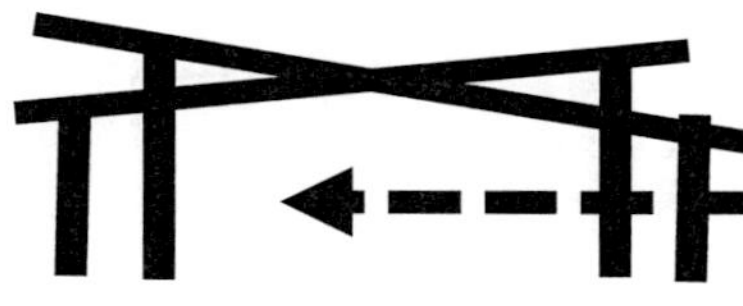

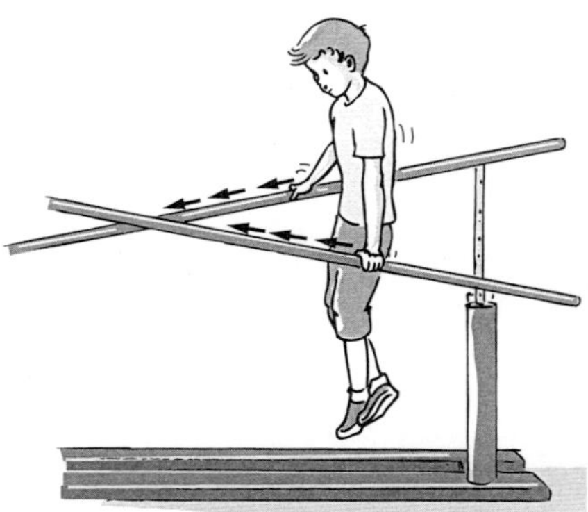

Abb. 139

**Hinweis:** Die Belastung der Arme verändert sich ständig, d.h. der Übende muss sich den ständig verändernden Bedingungen anpassen.

**Differenzierung:**

– Leistungsschwächere Schüler üben 1 x von einer Seite zur anderen.

– Leistungsstärkere Schüler üben 1 x hin und zurück.

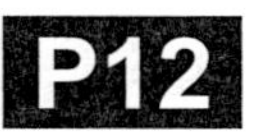

# Stützen, hängen, schwingen – mit eigenem Körpergewicht trainieren

Übungsprogramm an Recken und Barren

## ❷ Barren – ca. schulter- bis kopfhoch

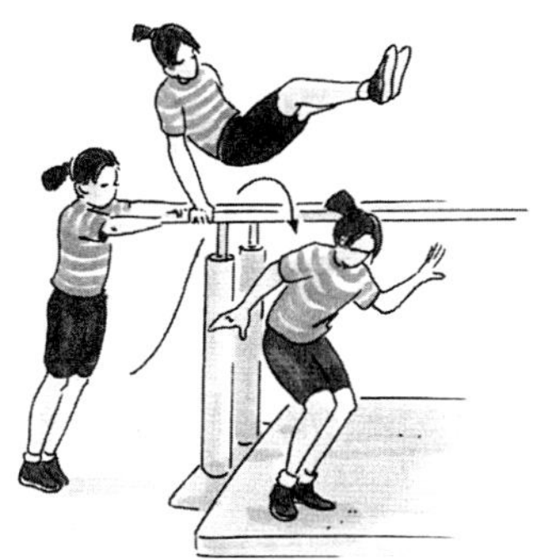

Abb. 140

- Vom Stand auf dem kleinen Kasten in den Stütz springen, Vorschwung und Kehre über den rechten/linken Holm *(Abb. 140)*.

**Differenzierung:**

- Leistungsschwächere Schüler üben 3-5 x.
- Leistungsstärkere Schüler lösen beim Schwingen über den rechten Holm die rechte Hand, die danach sofort wieder zufassen kann, sodass sofort die nächste Kehre erfolgen kann. 7-10 x

**Variation:** Ablauf wie zuvor, aber Vorschwung, Rückschwung und Vorschwung mit anschließender Kehre über den rechten Holm.

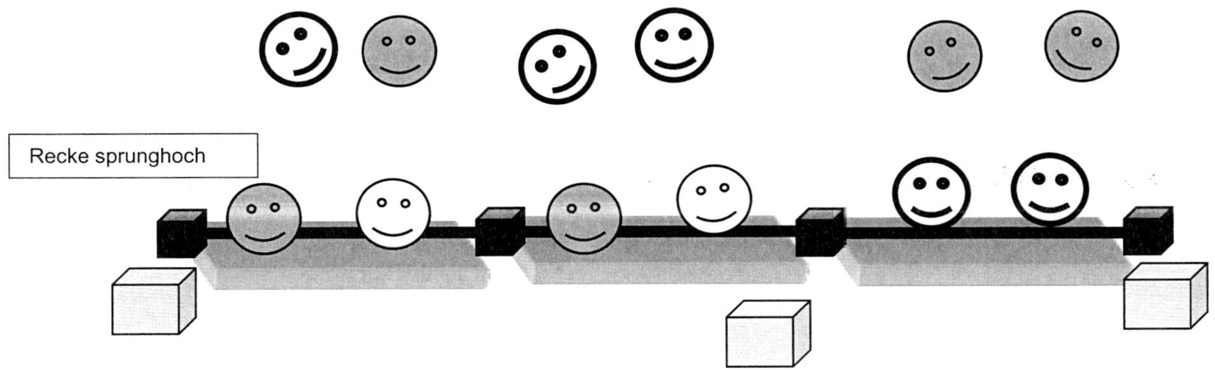


*Skizze 1*

Fitnessstudio im Sportunterricht – Krafttraining für Kinder & Jugendliche – Bestell-Nr. 12 200
KOHL VERLAG

# Stützen, hängen, schwingen – mit eigenem Körpergewicht trainieren

Übungsprogramm an Recken und Barren

## Arbeitskarte Reck - Auslage am Gerät - evtl. mehrfach

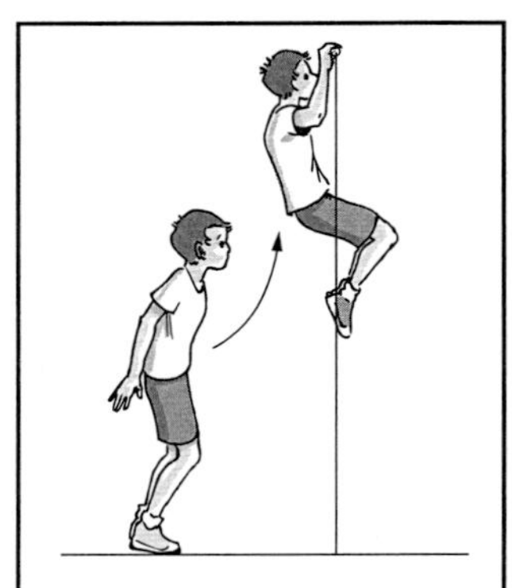

- Aus dem Stand unter der Reckstange in den Beugehang springen und versuchen, über die Stange zu schauen.
- Ablauf wie zuvor, aber mit angehockten Beinen.

**Hinweis:** Immer weiter atmen, nicht anhalten! Gilt auch für die folgenden Übungen.

**Differenzierung:**
- Versuche es 3 x und mach dann schnell Platz für den nächsten Schüler.
- Schaffst du es auch 5-7 x?

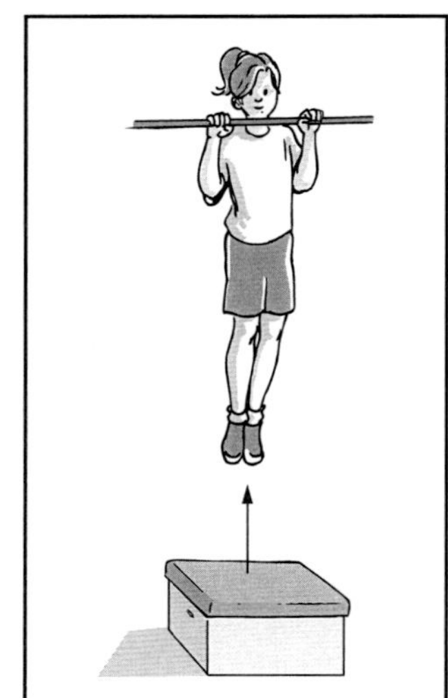

- Vom kleinen Kasten in den Hang springen und einen Klimmzug ausführen, bis das Kinn sich über der Reckstange befindet. Anschließend wieder die Arme strecken und in die Ausgangsposition zurückkommen (wieder auf den kleinen Kasten springen).

**Hinweise:** Sollte jemand den Klimmzug noch nicht schaffen, unterstützt ein Partner etwas durch Nachschieben an den Beinen/Füßen.

**Differenzierung:**
- Versuche es 3 x und mach dann schnell Platz für den nächsten Schüler.
- Schaffst du 3 Klimmzüge (evtl. auch 5) ohne abzuspringen?

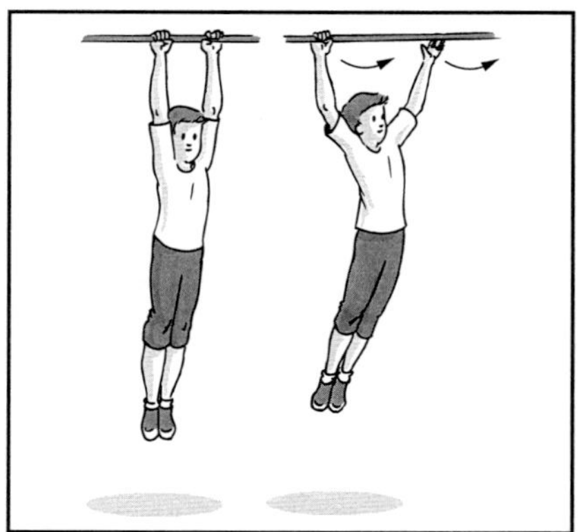

- Vom kleinen Kasten in den Hang mit schulterbreit gefassten Händen springen: versuchen, mit gestrecktem Körper und geschlossenen Beinen bis zum anderen Reckpfosten zu hangeln.

**Differenzierung:**
- Schaffst du es von einem Pfosten zum anderen, dort abspringen.
- Kannst du hin und zurück hangeln?

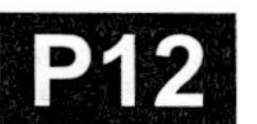


# Stützen, hängen, schwingen – mit eigenem Körpergewicht trainieren

Übungsprogramm an Recken und Barren

## Arbeitskarte Reck - Auslage am Gerät – evtl. mehrfach

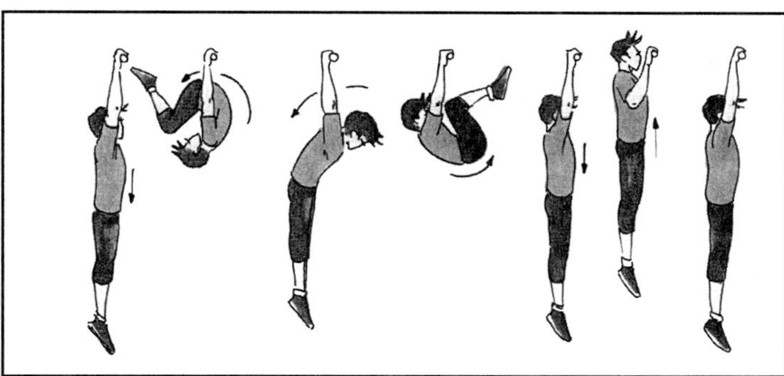

- Sprung in den Streckhang mit anschließendem Durchhocken der Beine in den Sturzhang rücklings (hierbei sollten die Beine möglichst gestreckt werden); danach erfolgt die Rückbewegung der Beine in den Streckhang.

**Differenzierung:**

- Schaffst du es 2 x hintereinander ohne abzusetzen?
- Wer es noch nicht schafft, kann im Sturzhang rückwärts auf die Matte abspringen. Evtl. muss hier ein Partner sichern.
- Im Streckhang, Klimmzug bis das Kinn die Stange erreicht, senken in den Streckhang mit anschließendem Durchhocken der Beine in den Sturzhang rücklings (hierbei sollten die Beine möglichst gestreckt werden); danach erfolgt die Rückbewegung der Beine in den Streckhang und die Übung beginnt erneut.

## Arbeitskarte Barren – Auslage am Gerät – evtl. mehrfach

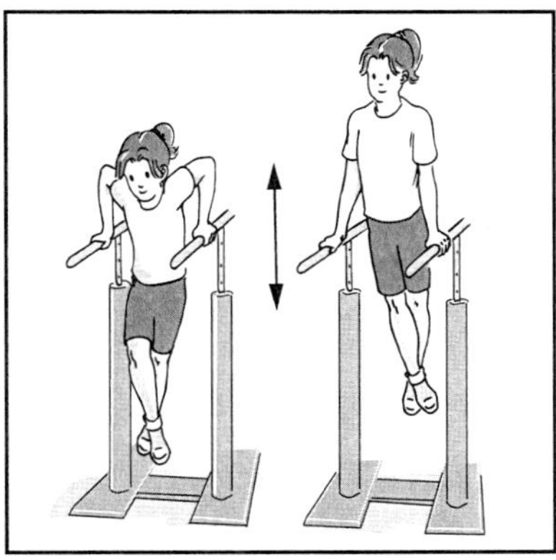

- *„Dips“:* Sprung in den Stütz am ca. brusthohen Barren. Einatmen und beugen der Ellenbogen. Gehe so weit nach unten, bis die Brust in Höhe der Hände kommt. Anschließend sich wieder hochdrücken und ausatmen.

**Differenzierung:**

- Versuche es 2-3 x aus und mache dann schnell Platz für den nächsten Schüler
- Schaffst du die Übungen 3-5 x mit überkreuzten Füßen?

Fitnessstudio im Sportunterricht – Krafttraining für Kinder & Jugendliche – Bestell-Nr. 12 200

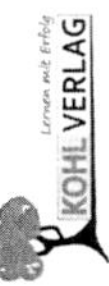

# Stützen, hängen, schwingen – mit eigenem Körpergewicht trainieren

Übungsprogramm an Recken und Barren

## Arbeitskarte Barren – Auslage am Gerät – evtl. mehrfach

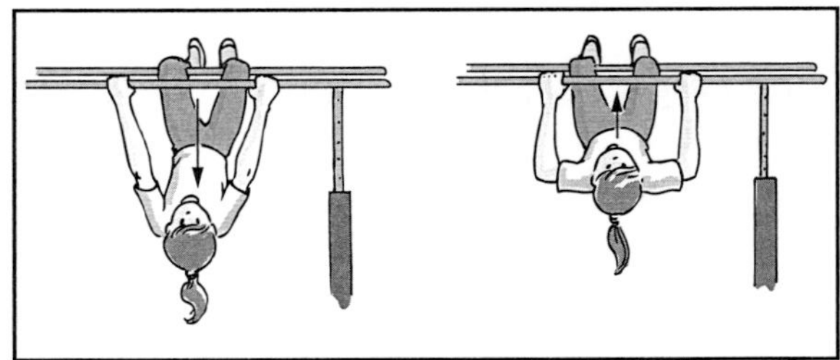

- Fasse mit beiden Händen schulterbreit einen Holm. Gehe in die Kniebeuge und mit den Füßen in die Holmgasse, sodass du danach deine Knie über den anderen Holm hängen kannst. In der Ausgangslage sind die Arme gestreckt, der Kopf geht leicht zur Brust bzw. bleibt in der normalen Haltung. Nun die Arme beugen, sodass die Brust dem gefassten Holm nahe kommt. Anschließend die Arme wieder strecken, sodass du in die Ausgangslage zurückkommst.

**Differenzierung:**

- Versuche es 3-5 x aus und mache dann schnell Platz für den nächsten Schüler
- Schaffst du die Übungen 7-10 x?

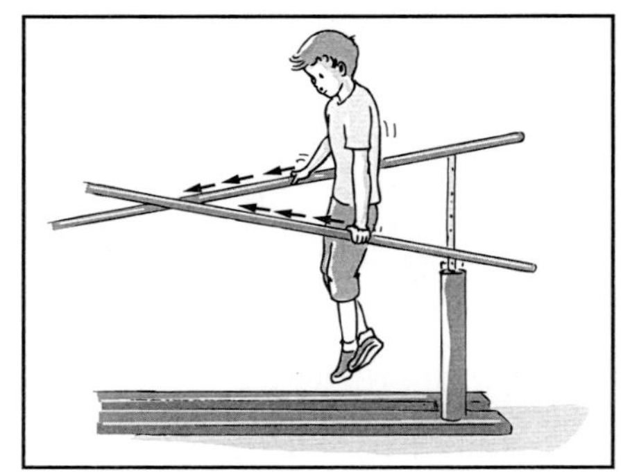

- Die Holme werden unterschiedlich eingestellt (ca. 30 cm Unterschied), d.h. der linke Holm ist tief eingestellt und verläuft schräg nach oben, der rechte Holm ist etwas höher eingestellt und verläuft schräg nach unten. Springe in den Stütz am Anfang der Holmengasse, stütze dich langsam mit den Händen rechts und links im Wechsel vorwärts.

**Differenzierung:**

- Versuche es bis zum Ende der Holmengasse und springe dort ab.
- Schaffst du es einmal hin und zurück. Am Ende des Hinweges musst du kurz abspringen, um dann sofort wieder zu beginnen.

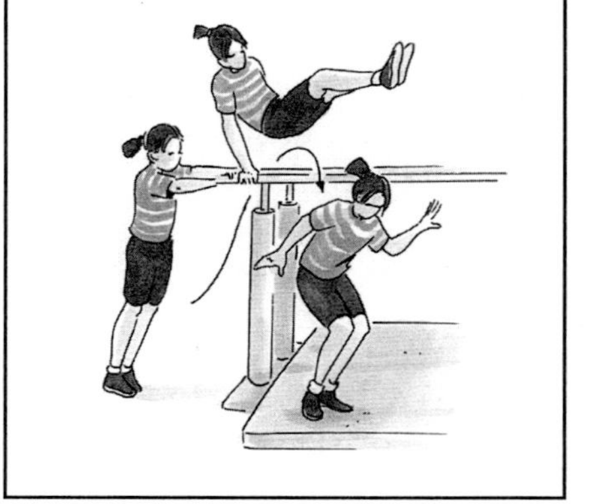

- Vom Stand in den Stütz springen, Vorschwung und Kehre über den rechten/linken Holm.

**Differenzierung:**

- Führe die Übung 5-7 x aus und mache dann schnell Platz für den nächsten Schüler.
- Führe die Übung 10-15x aus und löse beim Schwingen über den rechten Holm die rechte Hand, die danach sofort wieder zufasst, sodass sofort die nächste Kehre erfolgen kann.

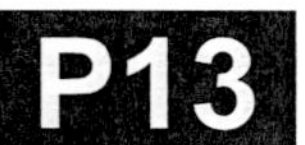


# Zweikampfübungen und Übungen zu dritt

## Übungsprogramm mit Gymnastikstäben

**Ziele:** Kräftigen der Hauptmuskelgruppen mit Ganzkörperübungen

**Benötigte Geräte:** 20-24 Gymnastikstäbe (Turnstäbe aus Holz in den Längen von 80 bis 100 cm). Für jeden Schüler 1 Stab, 12-14 Turnmatten, 2-4 Phylone

**Anzahl der Schüler:** 20-24 Schüler

**Wiederholung pro Übung:** Siehe Hinweise unter der jeweiligen Partner- und Gruppenübung

**Differenzierung:** Die Differenzierung (unterschiedliche Belastung) wird durch die unterschiedliche Anzahl der Wiederholungen, durch unterschiedliche Tempi, unterschiedliche Streckenlänge und durch Variation der jeweiligen Übung ermöglicht.

### Programm

Das Programm besteht aus 2 Teilen. Im ersten Teil werden Partnerübungen mit den Gymnastikstäben ausgeführt, wobei jedes Schülerpaar einen Stab oder manchmal auch zwei Stäbe benötigt.

Im zweiten Teil werden Übungen zu Dritt angeboten. Hier hat jede Dreiergruppe zwei Gymnastikstäbe zur Verfügung.

Grundsätzlich sagt der Sportlehrer die jeweilige Übung an und lässt sie von einem Schüler oder einem Schülerpaar demonstrieren. Danach führen die Schülerpaare bzw. die Dreiergruppen die jeweilige Übung aus.

### Organisation/Übungsablauf

Jeder Schüler erhält zu Beginn des Übens einen Gymnastikstab. Anschließend finden sich immer zwei in etwa gleichgroße Schüler zusammen.

Durch die unterschiedlichen Aufgabenstellungen verändern sich manchmal die Aufstellungsform der Schüler (siehe Hinweise bei den Übungen).

### Beschreibung der Übungen

### Zur Einstimmung ...

Mehrere Schülerpaare stehen/sitzen sich gegenüber und halten einen Stab in Wadenhöhe zwischen sich. Die anderen Schüler stehen hintereinander und üben im Strom *(siehe Skizze 1).*

- Slalomlauf vorwärts um alle Stäbe. Auf der Geraden außen zum Ausgangspunkt zurücklaufen.
- Schlusssprünge über die Stäbe.
- Überlaufen der Stäbe möglichst im gleichen Rhythmus.

**Hinweis:** Es werden immer zwei Durchgänge ausgeführt, dann erfolgt Rollentausch.

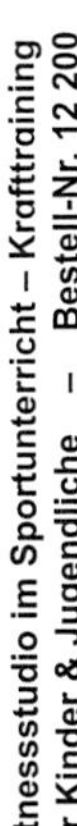

# Zweikampfübungen und Übungen zu dritt

Übungsprogramm mit Gymnastikstäben

## 1 Beine und Arme/Ganzkörperübung

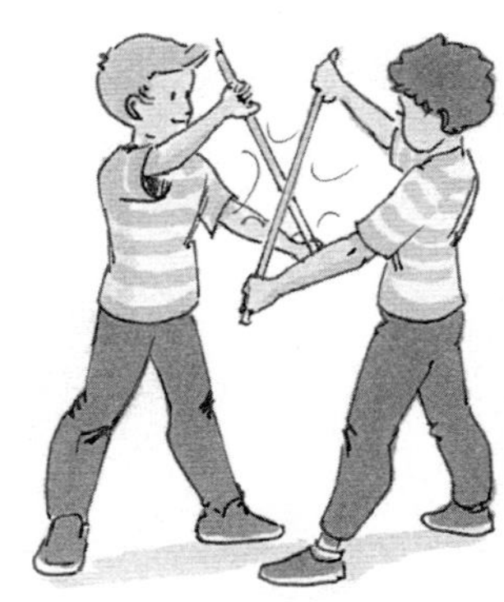

Abb. 141

- Beide Schüler stehen sich gegenüber und halten ihren Stab diagonal an den Enden gefasst. Beide Schüler haben zu Beginn die rechte Hand oben und die linke Hand unten. Nun die Stäbe mit etwas Schwung gegeneinander stoßen, anschließend führen beide Schüler mit ihren Händen eine Drehung aus, sodass nun bei beiden Schülern die linke Hand oben und die rechte Hand unten ist. Danach sofort wieder die Stäbe aneinander stoßen usw. *(Abb. 141).*

**Differenzierung:**

- Leistungsschwächere Schüler üben insgesamt 8-10 x mit mittlerem Tempo.
- Leistungsstärkere Schüler üben insgesamt 12-16 x mit höherem Tempo und/oder führen während des Stoßens Schlusssprünge aus.

## 2 Arme/Ganzkörperübung

- Schüler A geht in die Kniebeuge und hält dabei mit beiden Händen einen Stab waagerecht. Schüler B liegt auf dem Rücken und fasst den Stab mit beiden Händen über Kopf. Schüler A hebt nun den gestreckten Schüler B ca. 30 cm vom Boden und hält diese Position ca. 3 bis 5 Sekunden. Dann wieder vorsichtig absenken und Rollentausch vornehmen.

**Differenzierung:**

- Leistungsschwächere Schüler üben 4-6 x mit mittlerem Tempo.
- Leistungsstärkere Schüler üben 8-10 x mit höherem Tempo.

## 3 Rücken/Ganzkörperübung

- Beide Schüler sind in Bauchlage gegenüber und halten einen Stab mit beiden Händen gefasst (Arme leicht gebeugt) zwischen sich. Beide Oberkörper heben gleichzeitig den Oberkörper und Arme an (keine Bodenberührung mehr), zunächst schiebt Schüler A den Stab in Richtung B, der leicht nachgibt, dann schiebt Schüler B den Stab Richtung Schüler A usw. *(Abb. 142).*

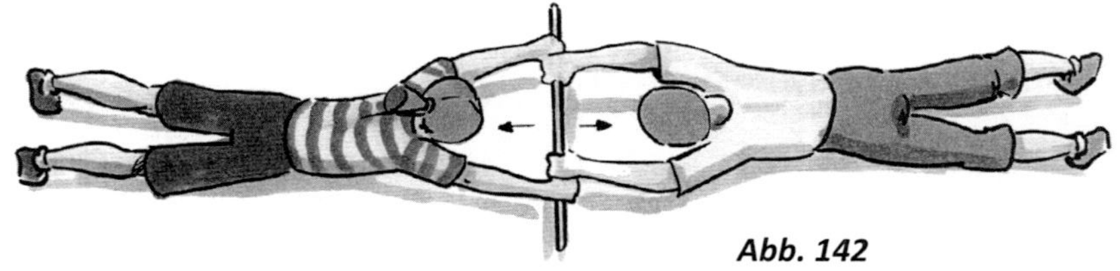

Abb. 142

**Differenzierung:**

- Leistungsschwächere Schüler üben 6-8 x mit mittlerem Tempo hin und her. Evtl. dürfen sie zwischendurch die Arme kurz auf den Boden ablegen.
- Leistungsstärkere Schüler üben 10-14 x mit höherem Tempo hin und her. Sie dürfen während des Übens die Arme und den Oberkörper nicht ablegen.

### 4 Bauch/Ganzkörperübung

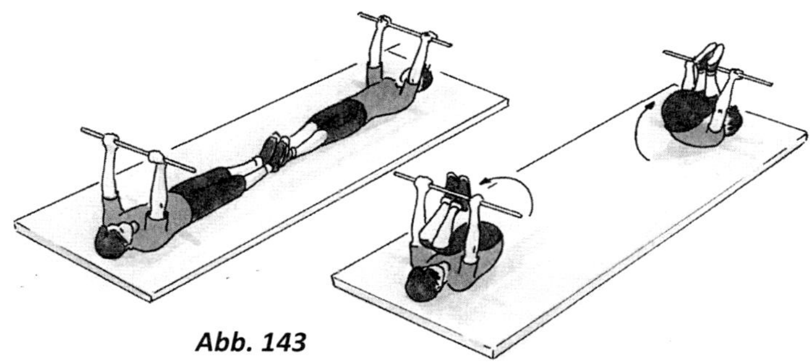

Abb. 143

- Beide Schüler sind in Rückenlage auf einer Matte gegenüber und halten je einen Stab schulterbreit in Kopfhöhe. Nun hocken beide Schüler ihre Beine an und bringen ihre Fußrücken an den gehaltenen Stab. Danach die Beine wieder strecken und die Füße des Partners kurz berühren. Anschließend wieder anhocken usw. *(Abb. 143).*

**Differenzierung:**

- Leistungsschwächere Schüler üben 4-6 x hin und her. Sie dürfen zwischendurch die Beine in der Streckung kurz auf den Boden ablegen.
- Leistungsstärkere Schüler üben 8-10 x hin und her. Sie dürfen während des Übens die Beine in der Streckung nicht ablegen.

**Nach Abschluss der zuletzt genannten Übung werden die Schülerpaare aufgelöst und die Schüler bilden Dreiergruppen. Alle hier genannten Aufgaben/ Übungen beanspruchen die Hauptmuskelgruppen mit unterschiedlichen Schwerpunkten und schulen gleichermaßen koordinative Fähigkeiten. Auf die Nennung einer speziellen Muskelgruppe wird deshalb hier verzichtet.**

Alle Dreiergruppen suchen sich einen freien Platz in der Sporthalle.

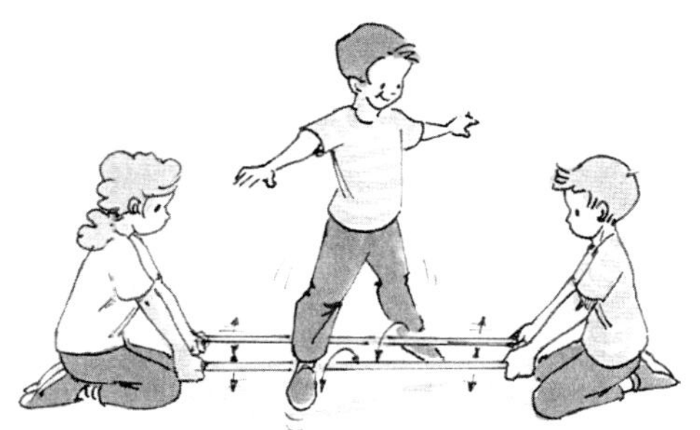

Abb. 144

- Schüler A und B sitzen oder hocken sich gegenüber und halten mit ihren Händen zwei Stäbe etwa 10 bis 15 cm über dem Boden. Sie führen die Stäbe in regelmäßigem Rhythmus auseinander und wieder zusammen. Schüler C versucht sich diesem Rhythmus anzupassen und führt Schluss- und Grätschsprünge im Wechsel aus *(Abb. 144).*

**Differenzierung**

- Leistungsschwächere Schüler springen 10-12 x mit mittlerem Tempo. Evtl. die Stäbe niedrig halten.
- Leistungsstärkere Schüler springen 14-18 x mit erhöhtem Tempo. Evtl. die Stäbe etwas höher halten.

**Danach stellen sich die Dreiergruppen an einer Längsseite der Sporthalle nebeneinander auf** *(siehe Skizze 2).*

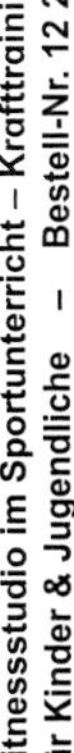


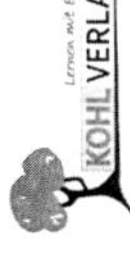

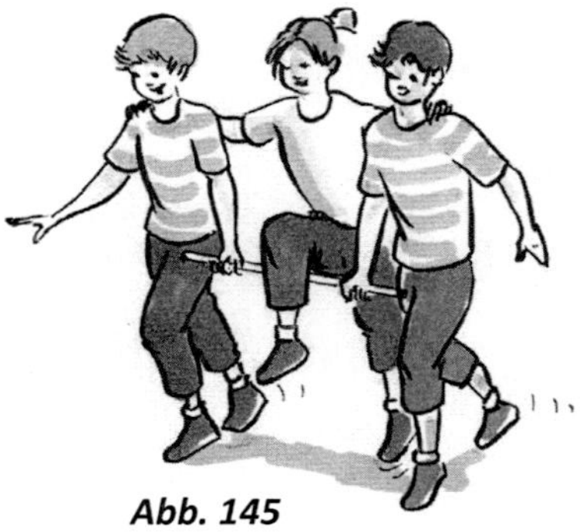

- Zu dritt: Schüler A und B stehen mit einem gehaltenen Stab nebeneinander, Schüler C steht hinter dem ca. hüfthoch gehaltenen Stab und „hängt ein Knie ein", legt die Hände auf die Schultern von A und B und läuft so zur anderen Seite *(Abb. 145).*

Abb. 145

**Hinweise:** Jeder Schüler muss einmal in der Mitte gewesen sein.

**Differenzierung:**

- Leistungsschwächere Schüler üben bis zur gegenüberliegenden Seite (Phylone) und nehmen dort den ersten Rollentausch vor.
- Leistungsstärkere Schüler umgehen/umlaufen die auf der anderen Seite stehende Phylone, kehren dann zum Ausgangspunkt zurück und nehmen dort den ersten Rollentausch vor.

- Schüler A und B stehen mit Blick in die Bewegungsrichtung und fassen den Stab in Hüfthöhe mit beiden Händen an den Enden. Schüler C steht vor dem Stab mit Blick in die Bewegungsrichtung, legt seine Hände auf die äußeren Schultern von A und B, setzt sich auf den Stab und wird so zur anderen Seite getragen.

**Differenzierung:**

- Leistungsschwächere Schüler üben bis zur gegenüberliegenden Seite (Phylone) und nehmen dort den ersten Rollentausch vor, evtl. dürfen sie auch in der Mitte der Strecke einmal kurz absetzen und dann weiter üben.
- Leistungsstärkere Schüler umgehen/umlaufen die auf der anderen Seite stehende Phylone, kehren dann zum Ausgangspunkt zurück und nehmen dort den ersten Rollentausch vor.
- Der mittlere Schüler steigt vorsichtig auf den gehaltenen Stab und wird im Stand zur Phylone getragen, dort wird der Stab etwas abgesenkt, sodass der Schüler C vorsichtig abspringen kann *(Abb. 146).*

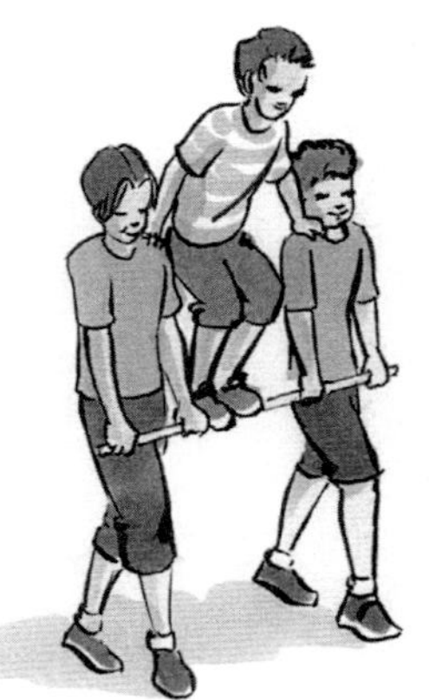
Abb. 146

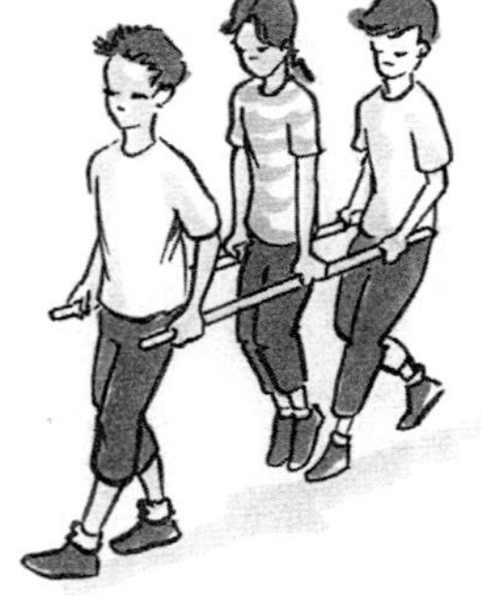
Abb. 147

- Schüler A und B stehen hintereinander und halten die Stabenden mit beiden Händen etwas über Hüfthöhe. Schüler C steht in der Stabgasse, springt vorsichtig in den Stütz und wird so zur anderen Seite getragen *(Abb. 147).*

**Differenzierung:**

- Leistungsschwächere Schüler setzen den sich stützenden Schüler in der Mitte der Übungsstrecke einmal ab und üben nach einer kurzen Pause weiter. An der Phylone erfolgt der erste Rollentausch.
- Leistungsstärkere Schüler tragen den sich stützenden Schüler bis zur Phylone und nehmen dort den ersten Rollentausch vor. Wer es sich zutraut, umrundet die Phylone und trägt den sich abstützenden Schüler bis zum Ausgangspunkt zurück, dort erfolgt dann der erste Rollentausch.



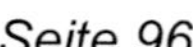

# Zweikampfübungen und Übungen zu dritt

Übungsprogramm mit Gymnastikstäben

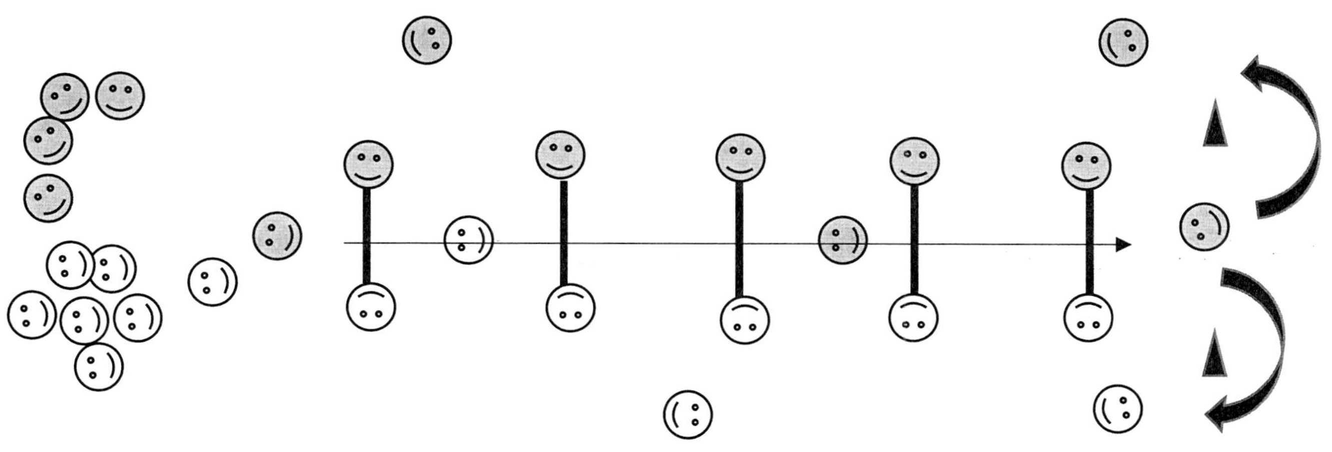

*Skizze 1*

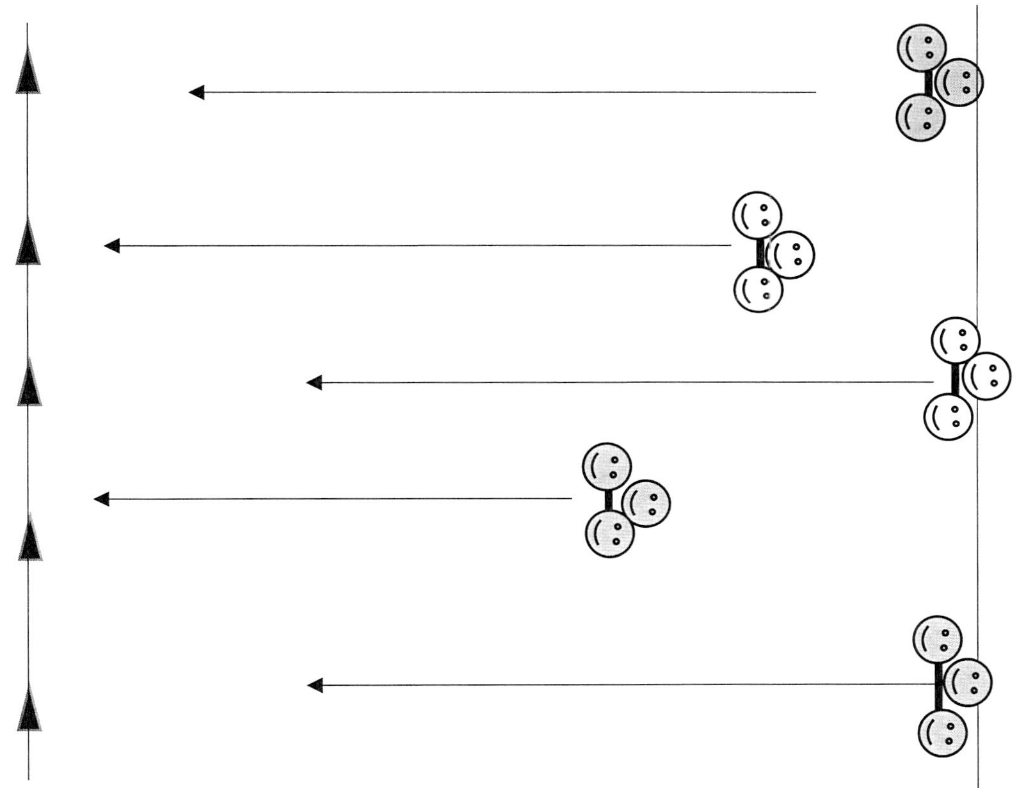

*Skizze 2*



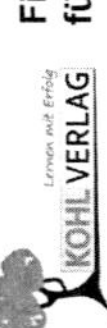

# P14 Gemeinsam ein großes Gerät bewegen und transportieren

## Übungsprogramm mit Weichböden

| | |
|---|---|
| **Ziele:** | Kräftigen der Hauptmuskelgruppen – Beine – Arme – Bauch – Rücken |
| **Benötigte Geräte:** | 2-3 Weichböden mit einem Maß von ca. 3 (3,5) x 2 m und einer Stärke von 30-40 cm. |
| **Anzahl der Schüler:** | 20-24 Schüler |
| **Wiederholung pro Übung:** | Siehe Hinweise unter der jeweiligen Übung |
| **Differenzierung:** | Die Differenzierung (unterschiedliche Belastung) wird durch die unterschiedliche Anzahl der Wiederholungen, durch unterschiedliche Tempi und durch Variationen der jeweiligen Übung ermöglicht. |

### Programm

Das Programm besteht aus 2 Teilen. Im ersten Teil üben alle Schüler zugleich an den Weichböden. Bei der ersten Übung werden die beiden Längsseiten, bei den folgenden Übungen alle vier Seiten der Weichböden genutzt. Die Weichböden bleiben dabei an einem Ort unverändert liegen.

Im zweiten Teil werden die Weichböden bewegt, auch hier sind alle Schüler zur gleichen Zeit aktiv. Die Schüler stehen zunächst wieder an allen vier Seiten der Weichböden, verändern aber ihre Positionen entsprechend der jeweiligen Aufgabenstellung.

### Organisation/Übungsablauf

In den meisten Sporthallen sind die Weichbodenmatten gleich mehrfach vorhanden und stehen in der Regel an einer Stirnwand der Sporthalle. Sie sind deshalb schnell einsetzbar, weil sie von den Schülern an den Übungsort getragen oder geschoben werden können. Immer darauf achten, dass die Unterseite des Weichbodens mit dem rutschhemmenden Turnmattenstoff auf dem Boden liegt. Für die hier genannten Übungen zur Kräftigung ist es wichtig, dass jeder Weichboden 4 Trageschlaufen hat und das Gewicht ca. 20-22 kg beträgt.

### Beschreibung der Übungen

#### 1 Beine

- Die Schüler stellen sich in zwei Gruppen an den Längsseiten des Weichbodens auf. Auf Signal des Sportlehrers gehen/laufen sie über den Weichboden zur anderen Seite und stellen sich dort wieder auf. Gleich danach wieder zurück zum Ausgangsunkt laufen *(siehe Skizze 1).*

**Hinweise:** Beim Seitenwechsel umsichtig laufen und andere Schüler nicht behindern oder anrempeln.

- Alle Schüler verteilen sich an den vier Seiten des Weichbodens und stellen einen Fuß auf den Weichboden und den anderen Fuß auf den Hallenboden: Schrittwechselsprünge an der Mattenkante ausführen.

**Differenzierung:**

- Leistungsschwächere Schüler üben 10-12 x, d.h. jeder Fuß muss mindestens 10 x auf dem Weichboden gewesen sein.
- Leistungsstärkere Schüler üben mit höherem Schritttempo 15-20 x, d.h. jeder Fuß muss mindestens 15 x auf dem Weichboden gewesen sein.

## ❷ Arme

- Die Schüler verteilen sich an allen vier Seiten des Weichbodens. Liegestütz vorlings auf dem Hallenboden vor der Mattenkante: Auf- und Abstützeln vom Boden auf den Weichboden und zurück.

**Differenzierung:**

- Leistungsschwächere Schüler üben mit mittlerem Tempo 10-12 x, d.h. jede Hand muss mindestens 10 x auf dem Weichboden gewesen sein.
- Leistungsstärkere Schüler üben mit höherem Tempo insgesamt 15-20 x, d.h. jede Hand muss mindestens 15 x auf dem Weichboden gewesen sein.

**Variation:** Ablauf wie zuvor, aber nun ist in der Ausgangsposition eine Hand auf dem Boden und die andere Hand auf dem Weichboden. Versuchen, die Hände rhythmisch zu wechseln, d.h. die Bodenhand muss auf den Weichboden und die Weichbodenhand muss auf den Boden.

## ❸ Bauch

- Die Schüler liegen auf dem Boden und legen die Beine rechtwinklig auf den Weichbodenrand. Die Hände werden an die Ohren gelegt – langsames Aufrollen des Oberkörpers bis in die Schräge – 45 Grad – nicht weiter, danach wieder langsam abrollen *(Abb. 148)*.

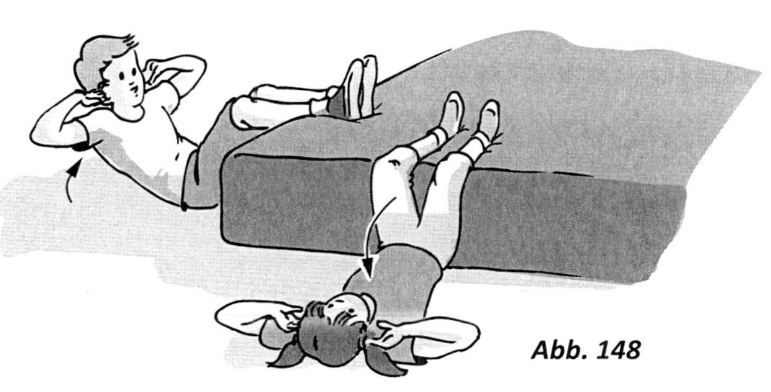

*Abb. 148*

**Hinweis:** Alle vier Seiten des Weichbodens werden genutzt.

**Differenzierung:**

- Leistungsschwächere Schüler üben 5-7 x und dürfen die Hände beim Üben auch mit nach vorn nehmen, dann wird es etwas leichter.
- Leistungsstärkere Schüler üben 10-12 x und müssen die Arme vor der Brust verschränken.

**Variation:** Ablauf wie zuvor, aber schräges Auf- und Abrollen des Oberkörpers im Wechsel.

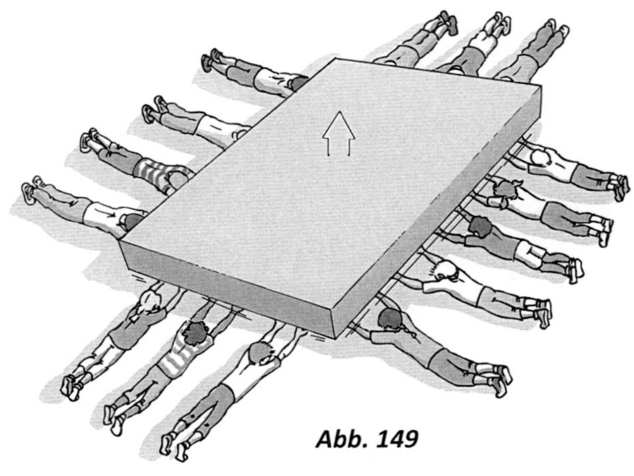
Abb. 149

### 4 Rücken

– Die Schüler sind in Bauchlage mit fast gestreckten Armen nebeneinander, die Füße sind aufgesetzt, der Blick geht zum Weichboden: Mit fast gestreckten Armen den Weichboden gemeinsam anheben, einen kleinen Moment so halten und dann wieder vorsichtig auf den Boden absetzen. Damit das gemeinsame Anheben auch gelingt, gibt ein Schüler oder der Sportlehrer ein kurzes Kommando – **„und hoch“** –! *(Abb. 149).*

**Hinweise:** Alle vier Seiten des Weichbodens werden genutzt. Die Übung gelingt nur, wenn alle Schüler gemeinsam den Weichboden anheben.

**Differenzierung:**

Alle Schüler üben gemeinsam 5-7 x.

– Leistungsschwächere Schüler dürfen beim Anheben des Weichbodens manchmal die Arme/Ellenbogen etwas auf den Boden aufsetzen.

– Arme/Ellenbogen sind während des Anhebens des Weichbodens bei leistungsstärkeren Schülern immer über dem Boden (keine Berührung).

**Variation:** Ablauf wie zuvor, aber ein Bein etwas vom Boden anheben und während der Übung in der Luft halten. Das Bein wird gemeinsam mit dem Ablegen des Weihbodens auf den Boden zurückgeführt.

**Nach Abschluss der letzten Übung stellen sich die Schüler an den Längsseiten des Weichbodens auf. Bei den folgenden Übungen werden immer mehrere Hauptmuskelgruppen beansprucht – Ganzkörperübungen – deshalb werden einzelne Hauptmuskelgruppen nicht genannt.**

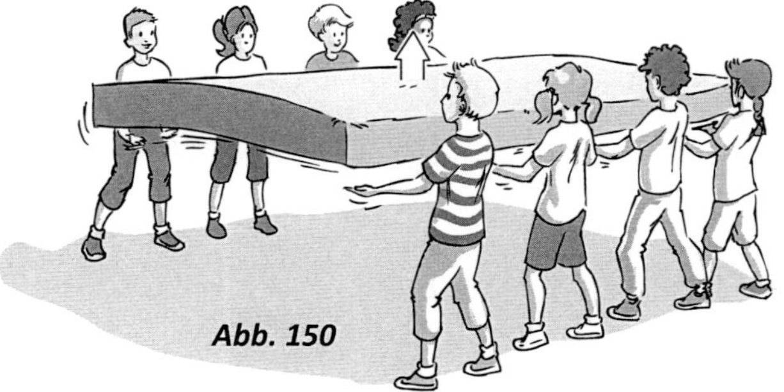
Abb. 150

– Alle Schüler stehen in zwei Gruppen nebeneinander an den Längsseiten des Weichbodens: gemeinsam den Weichboden bis Hüfthöhe anheben und anschließend auf Signal des Sportlehrers auf den Boden fallenlassen. 3-5 x anheben und fallenlassen.

– Alle Schüler stehen in zwei Gruppen nebeneinander an den Längsseiten des Weichbodens und heben ihn gemeinsam etwa hüfthoch an. Anschließend werfen sie ihn mit Schwung leicht nach oben in die Luft und fangen ihn danach wieder auf. 3-5 x hochwerfen und wieder auffangen *(Abb. 150).*

**Hinweis:** Evtl. muss hier eine Absprache getroffen werden, z.B. beim dritten Mal des Aufwärtsführens wird der Weichboden nach oben abgeworfen.

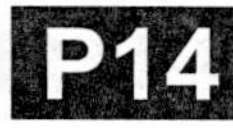

# Gemeinsam ein großes Gerät bewegen und transportieren

Übungsprogramm mit Weichböden

– Die Schüler verteilen sich gleichmäßig an den beiden Längsseiten des Weichbodens: die Matte anheben und leicht hin- und herschwingen (vor- und zurückschwingen). 3-5 x hin und her schwingen.

**Hinweis:** Die Hände bleiben immer an/unter der Matte – nicht den Kontakt verlieren.

– Ablauf wie zuvor, aber mit größerer Bewegungsamplitude und bogenartigen Schwüngen.

– Die Schüler stehen an den beiden Längsseiten des Weichbodens: gemeinsam die Matte über Kopfhöhe anheben und schnell unter den Weichboden gehen. Nun langsam damit geradeaus und vorwärts gehen, dabei immer die anderen Gruppen im Auge behalten.

Auf Zuruf des Sportlehrers gehen die Schüler wieder an die Mattenkante und legen den Weichboden gemeinsam auf den Boden. Übungsstrecke ca. 10-20 m *(Abb. 151).*

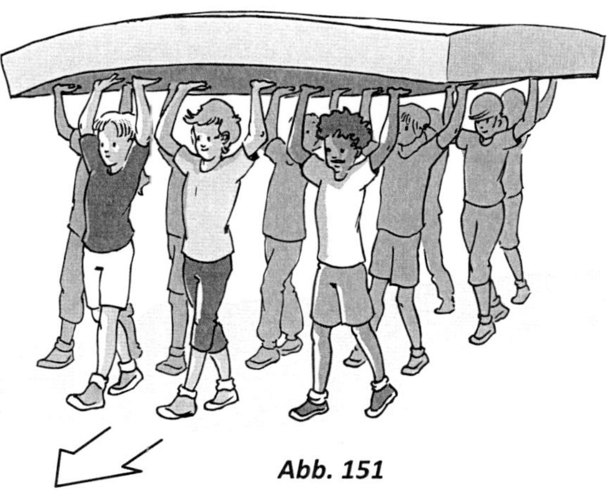

**Abb. 151**

– Die Schüler stehen an den beiden Längsseiten des Weichbodens: gemeinsam die Matte über Kopfhöhe anheben und schnell unter den Weichboden gehen. Am Ort gemeinsam die Arme beugen und wieder strecken. 7-10 x die Arme beugen und strecken.

**Hinweise:** Ein Schüler sollte das Kommando geben – **„und hoch – und ab".**

– Die Schüler stehen an den beiden Längsseiten des Weichbodens: gemeinsam die Matte über Kopfhöhe anheben und schnell unter den Weichboden gehen. Am Ort gemeinsam in die halbe Kniebeuge gehen und anschließend wieder in den Stand zurückkommen. Die Arme halten den Weichboden dabei immer mit fast gestreckten Armen über Kopf. 7-10 x die Knie beugen und strecken.

**Hinweise:** Ein Schüler sollte das Kommando geben – **„und tief – und hoch".**

– Die Schüler stehen an den beiden Längsseiten des Weichbodens: gemeinsam die Matte über Kopfhöhe anheben und schnell unter den Weichboden gehen. Nun langsam damit vorwärtsgehen, aber nun müssen sich die Kinder unter dem Weichboden nach Ansage des Sportlehrers neu positionieren, z.B. zu dritt (zu viert, zu zweit) nebeneinander unter der Matte. Anschließend wieder auf Zuruf in die Ausgangsstellung zurückkommen *(siehe Skizze 2).*

**Übungsstrecke:** Ca. 10-15 m, dann die Matte auf den Boden ablegen und evtl. erneut üben.

**Hinweis:** Der Weichboden muss während der Umpositionierung immer über Kopfhöhe getragen werden.

Fitnessstudio im Sportunterricht – Krafttraining für Kinder & Jugendliche – Bestell-Nr. 12 200

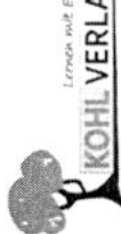

## P14 Gemeinsam ein großes Gerät bewegen und transportieren

Übungsprogramm mit Weichböden

- Die Schüler stehen an den beiden Längsseiten des Weichbodens und heben gemeinsam die Matte über Kopfhöhe und gehen dann schnell unter den Weichboden. Bei der folgenden Übung müssen die Schüler zu dritt nebeneinander unter der Matte stehen.

Nun muss der Weichboden über die Hände der unter der Matte stehenden Schüler nach vorn weiter transportiert werden, d.h. die Matte wandert **langsam** über die Hände nach vorn, sodass die letzten drei Schüler frei werden und nach vorn laufen und sich dort wieder unter die Matte stellen können *(Abb. 152, siehe Skizze 3).*

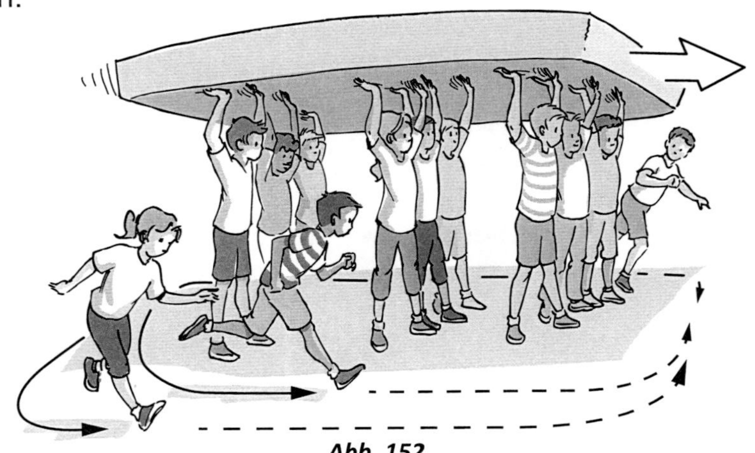

**Abb. 152**

**Hinweis:** Wichtig sind das gemeinsame Handeln und das behutsame Transportieren über die Hände nach vorn. Diese Übung kann auch gut als Wettkampf durchgeführt werden.

**Übungsstrecke:** Von einer Startlinie bis zu einer Zielmarkierung – ca.15 m entfernt, dort die Matte auf den Boden ablegen und evtl. erneut üben.

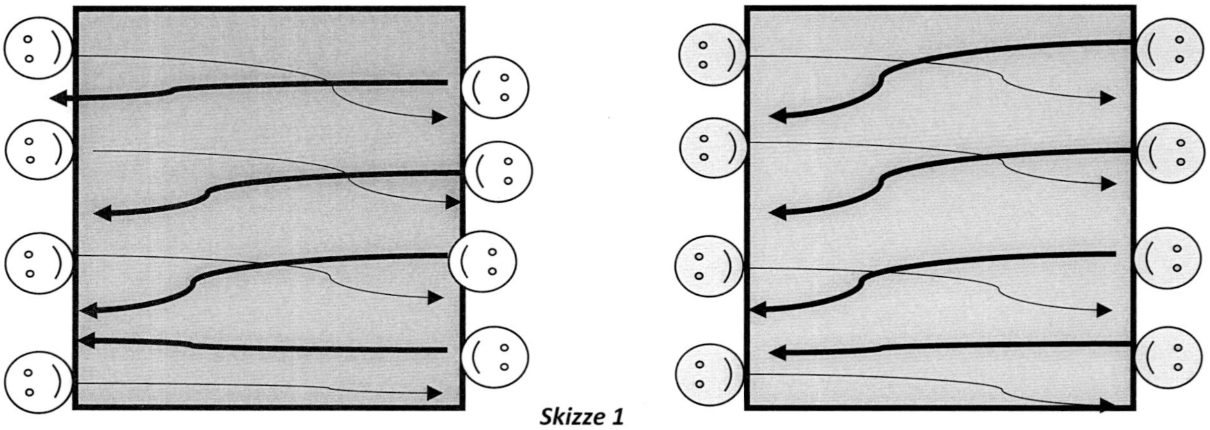

***Skizze 1***

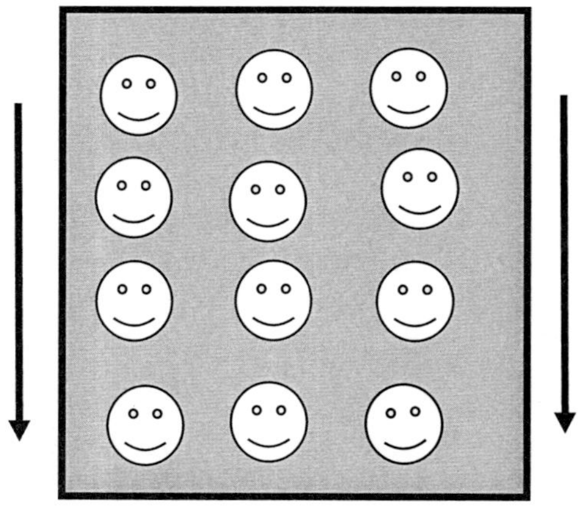

***Skizze 2***

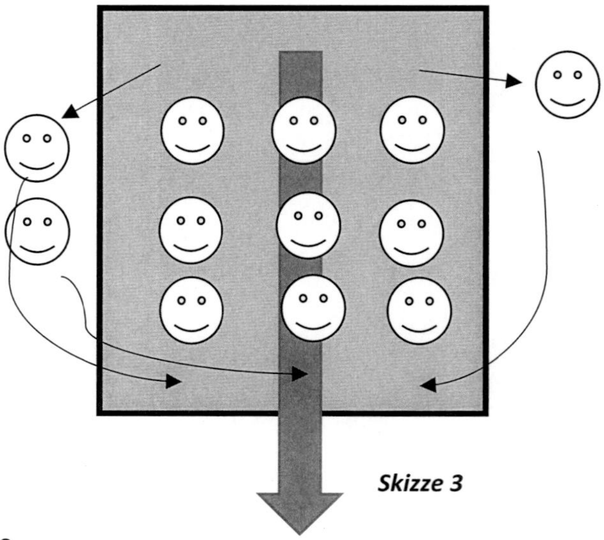

***Skizze 3***

# P15 Kondition und Koordination komplex verbessern

## Übungsprogramm an Gerätebahnen – 2 Beispiele

**Wichtige Vorüberlegungen vorab …**

Die in der Sporthalle vorhandenen Geräte werden zu Gerätebahnen zusammengestellt. Diese Gerätekombinationen ermöglichen ein Fitnesstraining in einer ganz anderen Form.

Im Gegensatz zu allen anderen Übungen/Organisationsformen, die immer an einem Gerät und am Ort stattfinden, muss sich hier der Schüler mit ständig verändernden Bedingungen auseinandersetzen. Neben der muskulären Beanspruchung an dem jeweiligen Gerät kommen zusätzlich koordinative Anforderungen wie die Anpassungs-, Reaktions-, Orientierungs- und Kombinationsfähigkeit hinzu.

**Das Üben und Trainieren an Gerätebahnen ist intensiv und wird von den Schülern häufig als sehr anstrengend empfunden.**

Der Sportlehrer plant die Gerätebahn unter Berücksichtigung der einsetzbaren Geräte und der motorischen Voraussetzungen der Schüler seiner Klasse/Gruppe.

**Mögliche Differenzierungsmaßnahmen, damit jeder Schüler aktiv mitmachen kann, z.B.**

- Anzahl der Übungsdurchgänge erhöhen bzw. reduzieren,
- den Schwierigkeitsgrad der ausgewählten Bewegungsaufgaben steigern oder verringern *(siehe mögliche Übungen),*
- die Abstände zwischen den Geräten verringern oder erweitern bzw. Geräthöhen verändern,
- nicht die ganze Gerätebahn durchlaufen lassen, sondern nur Teile etc.

Im Folgenden werden einige Beispiele für die Zusammenstellung von Gerätebahnen genannt, wobei natürlich auch immer die einfache Organisation und die schnelle Umsetzung im Vordergrund stehen (Schulalltag). Aufgrund dieser exemplarischen Beispiele kann sich der Sportlehrer vor Ort weitere Gerätebahnen zur komplexen Schulung der Fitness zusammenstellen, wobei auch die Ideen der Schüler mit berücksichtigt werden sollten.

### 1. Beispiel – Turnbänke und kleine Kästen

| | |
|---|---|
| **Ziele:** | Kräftigen der Hauptmuskelgruppen, schulen der Allgemeinen Ausdauer und koordinativer Fähigkeiten |
| **Benötigte Geräte:** | 6 kleine Kästen, 2 Turnbänke, 2-4 Phylone |
| **Anzahl der Schüler:** | 20-24 Schüler |

### Organisation/Übungsablauf

Die Gerätebahn wird in Längsrichtung der Sporthalle aufgebaut. Die Abstände zwischen den längsstehenden kleinen Kästen betragen ca. 1-1½ m. Die Umkehrpunkte werden durch Pylone markiert *(siehe Skizze 1).*

Es wird im Strom geübt, d.h. wenn der Schüler A das erste Gerät verlassen hat, kann der Schüler B mit der Übungsfolge beginnen. Grundsätzlich sollten Staus zwischen den Geräten vermieden werden.

Der Sportlehrer nennt immer nur eine Veränderung für den nächsten Durchgang.



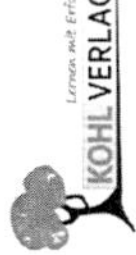

# P15 Kondition und Koordination komplex verbessern

Übungsprogramm an Gerätebahnen – 2 Beispiele

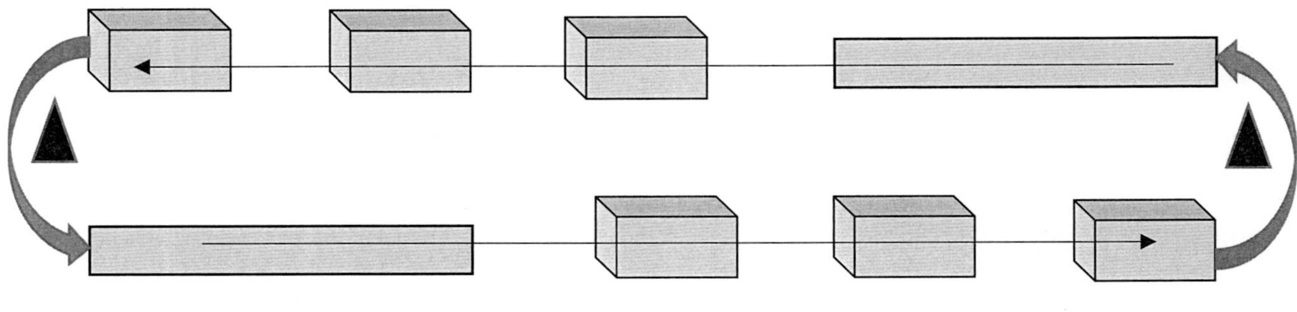

*Skizze 1*

## Mögliche Übungen

### Turnbank

- Hockwenden in der Fortbewegung. – **a**
- Schlusssprünge vom Boden auf die Sitzfläche der Bank und wieder auf den Boden, dabei immer etwas nach vorn springen. – **c**
- Hockstütz auf der Turnbank: vorrutschen der Hände und nachhocken in der Fortbewegung. – **e**

### Kleine Kästen

- Mit Schrittsprüngen die kleinen Kästen überlaufen. – **b**
- Schlusssprünge auf den kleinen Kasten mit Niedersprung in den Zwischenräumen. – **d**
- Übergrätschen der kleinen Kästen. – **f**

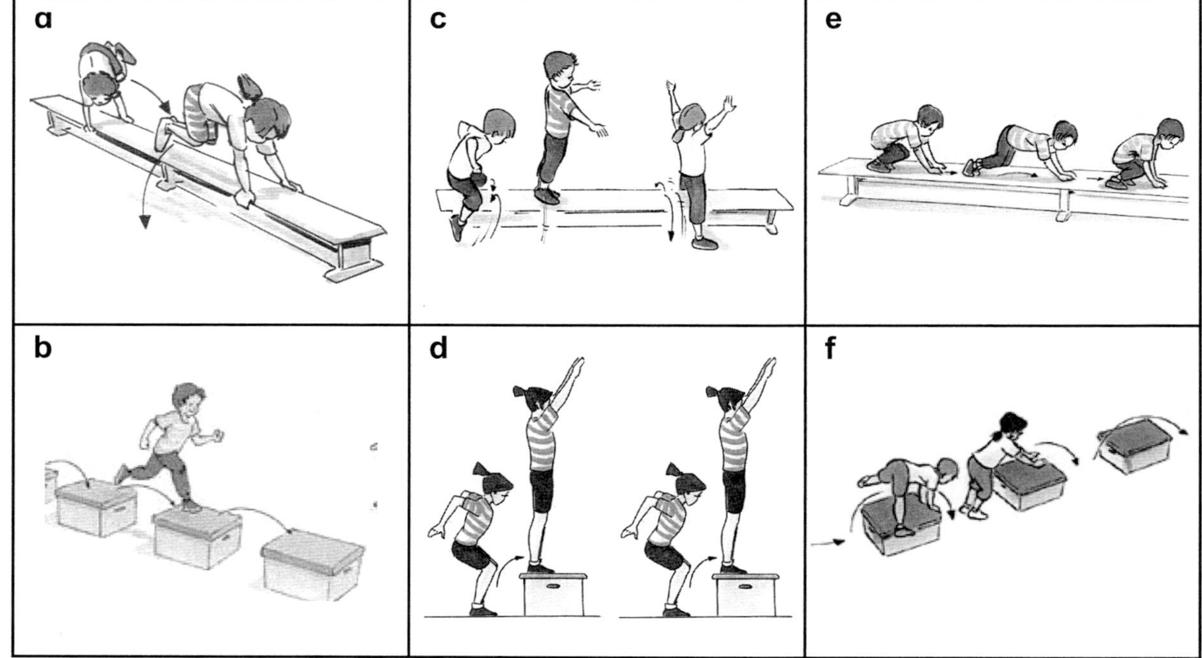


Fitnessstudio im Sportunterricht – Krafttraining

## 2. Beispiel – Barren, Turnbänke und Böcke

| | |
|---|---|
| **Ziele:** | Kräftigen der Hauptmuskelgruppen, schulen der Allgemeinen Ausdauer und koordinativer Fähigkeiten |
| **Benötigte Geräte:** | 2 Stützbarren (ca. brusthoch), 2 Turnbänke, 2 Sprungbretter, 2 Böcke ca. 1,30-1,50 hoch, 1 Bock ca. 90 cm hoch, 4 Turnmatten, 2 kleine Kästen |
| **Anzahl der Schüler:** | 20-24 Schüler |

### Organisation/Übungsablauf

Die Gerätebahn wird in Längsrichtung der Sporthalle aufgebaut. Es werden zwei Gerätebahnen mit unterschiedlichen Anforderungen nebeneinander aufgebaut.

- Bahn 1 ist für die leistungsschwächeren Schüler gedacht, hier ist der Barren brusthoch und der Bock ca. 1,30 m hoch.
- Bahn 2 ist für die leistungsstärkeren Schüler geplant, hier ist der Barren schulter- bis kopfhoch und am Ende der Gerätebahn steht ein T-Bock (kleiner Bock lang – 90 cm hoch und höherer Bock ca. 1,30 m hoch quer dahinter). Die beiden Böcke stehen ganz eng beieinander (kein Zwischenraum) *(siehe Skizze 2).*

Es wird im Strom geübt, das heißt, wenn der Schüler A das erste Gerät verlassen hat, kann der Schüler B mit der Übungsfolge beginnen. Grundsätzlich sollten Staus zwischen den Geräten vermieden werden.

Der Sportlehrer sagt beim nächsten Durchgang nur eine neue Übung für jede Gerätebahn an.

## Mögliche Übungen

### Barren

- Vom ersten kleinen Kasten auf die Holme steigen und auf allen Vieren über die Holme gehen, dann vorsichtig wieder auf den zweiten kleinen Kasten absteigen. – **a**
- Beide Hände auf einen Holm und beide Füße auf den anderen Holm aufsetzen (seitwärts über die Holme gehen). – **b**
- Sprung in den Stütz mit sofortigem Vorschwung und Kehre über den rechten Holm in den Stand. – **c**
- Sprung in den Stütz, Vorschwung, Rückschwung und Kehre über den rechten Holm in den Stand. – **d**
- Sprung in den Stütz und langsam kleinschrittig vorwärts durch die Holmgasse stützeln bis zum anderen Ende. – **e**

### Turnbank

- Hockstütz auf der Turnbank: Die Hände etwas nach vorn rutschen lassen und nachhocken der Füße über die gesamte Länge der Turnbank. – **f**
- Hockwende mit Zwischenhüpfer über die Bank. – **g**
- Hockwenden an der ansteigenden Turnbank mit und ohne Zwischenhüpfer. – **h**
- Hockwenden über die eingehängte Turnbank mit und ohne Zwischenhüpfer. – **i**

Fitnessstudio im Sportunterricht – Krafttraining für Kinder & Jugendliche – Bestell-Nr. 12 200
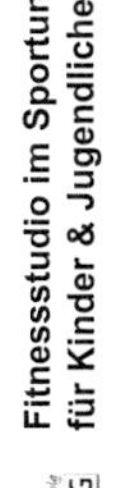

# P15 Kondition und Koordination komplex verbessern

Übungsprogramm an Gerätebahnen – 2 Beispiele

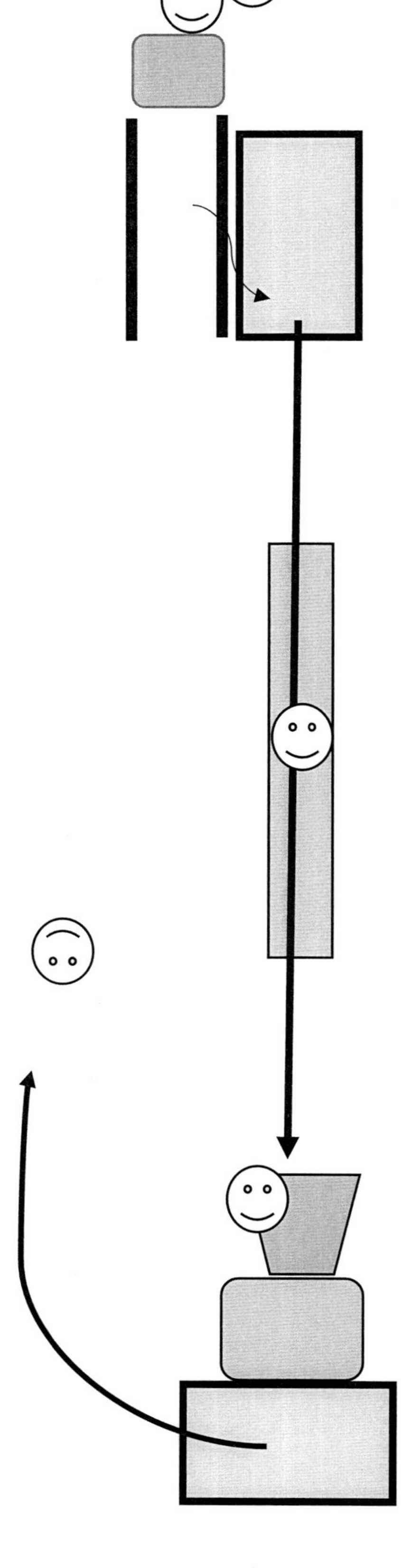

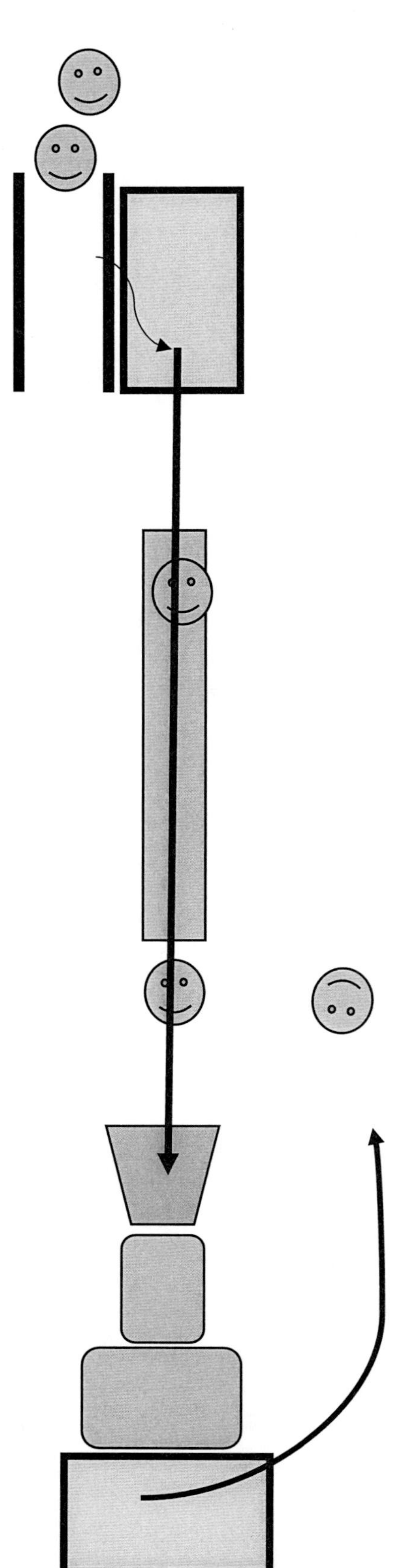

***Skizze 2***

## Mögliche Übungen

**Bock – 1,10-1,20 m**

– Grätsche über den Bock und Landung auf beiden Füßen (evtl auch mit Hilfeleistung). – **j**

**Bock – 1,30-1,50 m**

– Grätsche über den Bock und Landung auf beiden Füßen. – **k**

**T-Bock**

– Grätsche über den Bock und Landung auf beiden Füßen, evtl. auch mit etwas erweitertem Sprungbrettabstand. – **l**

## Bahn 2 – mögliche Übungen

| | | |
|---|---|---|
| a | f | j<br>Bock – ca. 1,10-1,20 m |
| b | g | k<br>Bock – ca. 1,30-1,50 m |
| c | h<br>Bank, an einer Seite erhöht | l<br>T-Bock |
| d | i<br>Turnbank eingehängt | |
| e | | |

Fitnessstudio im Sportunterricht – Krafttraining für Kinder & Jugendliche – Bestell-Nr. 12 200

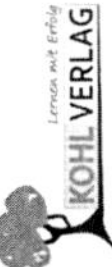

# Kondition und Koordination komplex verbessern

Übungsprogramm an Gerätebahnen – 2 Beispiele

**Beide Gerätebahnen können verändert werden, indem jeweils ein Gerät entfernt wird, siehe Abb. unten.**

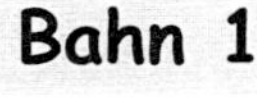


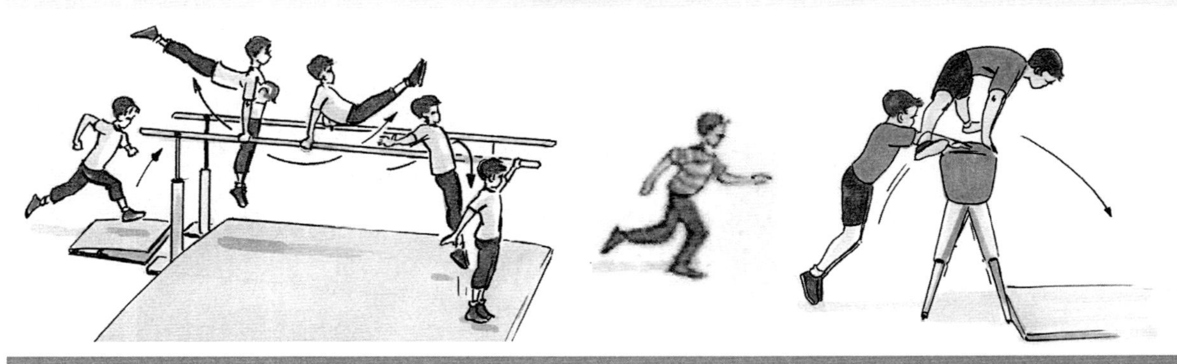

**Bahn 2**

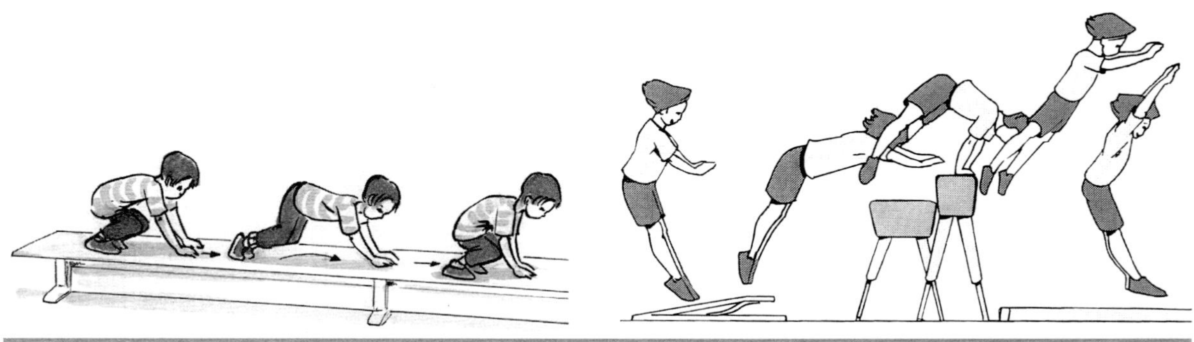

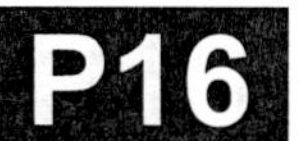

# Steigen, stützen, stoßen und Muskeln kräftigen

## Übungsprogramm mit Bällen

| | |
|---|---|
| **Ziele:** | Kräftigung der Hauptmuskelgruppen – Beine – Arme – Bauch – Rücken |
| **Benötigte Geräte:** | 20-24 Gymnastikbälle (Basket-/Volleyball – einige Medizinbälle 1 kg) 3-4 Turnbänke, 8-10 Turnmatten |
| **Anzahl der Schüler:** | 20-24 Schüler |
| **Wiederholung pro Übung:** | Siehe Hinweise unter der jeweiligen Übung |
| **Differenzierung:** | Die Differenzierung (unterschiedliche Belastung) wird durch die Anzahl der Wiederholungen und durch Variationen der jeweiligen Übung ermöglicht. |

### Programm

Die Inhalte dieses Programms zeichnen sich dadurch aus, dass immer Übungen mit Variationen und unterschiedlichen Anforderungen zur Auswahl stehen. Dadurch ist sichergestellt, dass jeder Schüler entsprechend seiner Möglichkeiten mitmachen und die jeweilige Muskelpartien kräftigen kann.

**Tipp:** Bei allen Übungen immer weiter atmen, nicht anhalten.

### Organisation/Übungsablauf

Jeder Schüler erhält einen Gymnastikball oder Basket-/Volleyball. Alle Schüler stellen sich an den längs stehenden Turnbänken nebeneinander auf. Zunächst wird immer die jeweilige Übung durch einen Schüler nach Ansage des Sportlehrers demonstriert. Danach folgt sofort die Ausführung durch die Schüler, wobei die Übungen in der Regel von allen Schülern zur gleichen Zeit ausgeführt werden können.

Der Sportlehrer räumt für jede Übung einen Zeitrahmen ein, z.B. pro Übung 5-7 Minuten, sodass jeder Schüler mehrmals üben kann – in Serien üben = 10 x wiederholen, kurze Pause dann wieder 10 x wiederholen usw. Den Beginn und das Ende dieses Zeitrahmens wird durch den Sportlehrer signalisiert.

- Die erste Übung wird an den Bänken ausgeführt *(siehe Skizze 1).*
- Die zweite Übung wird im Mittelfeld der Sporthalle ausgeführt – „Jeder sucht sich einen freien Platz".

**Wichtig!** Vor der dritten und vierten Übung muss ein einfacher Umbau durchgeführt werden, das heißt, es werden zusätzlich Matten ausgelegt und die Turnbänke auf die Seite gekippt, sodass die Sitzfläche nach innen liegt *(siehe Skizze 2).*

- Die dritte Übung kann mit Sitz auf einer Matte (zwei Schüler nebeneinander oder Rücken an Rücken), aber auch mit Sitz auf dem Boden ausgeführt werden.
- Bei der vierten Übung gehen die Schüler zu zweit nebeneinander in die Bauchlage auf einer Matte (unterschiedliche Abstände zur Bank) und führen die Übung aus *(siehe Skizze 2).*



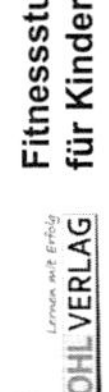

## Beschreibung der Übungen – Einzelübungen

### ❶ Beine

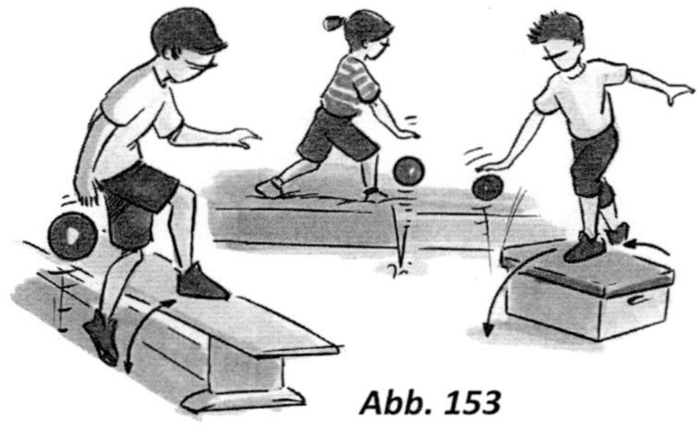

– Prellen eines Gymnastikballes am Ort mit gleichzeitigem Auf- und Absteigen an der Turnbank *(Abb. 153).*

**Hinweise:** Der Ball wird dabei immer auf den Boden geprellt.

*Abb. 153*

**Differenzierung:**

– Leistungsschwächere Schüler steigen 10-12 x auf und ab.

– Leistungsstärkere Schüler steigen 15-20 auf und ab, evtl auch mit mehr Tempo.

**Variationen:**

– Mit der schwächeren Hand prellen;

– Prellen und Schlusssprünge auf die Bank ausführen.

### ❷ Arme

– Liegestütz vorlings mit geschlossenen Füßen: den Gymnastikball mit einer Hand hochwerfen und mit der anderen Hand fangen *(Abb. 154).*

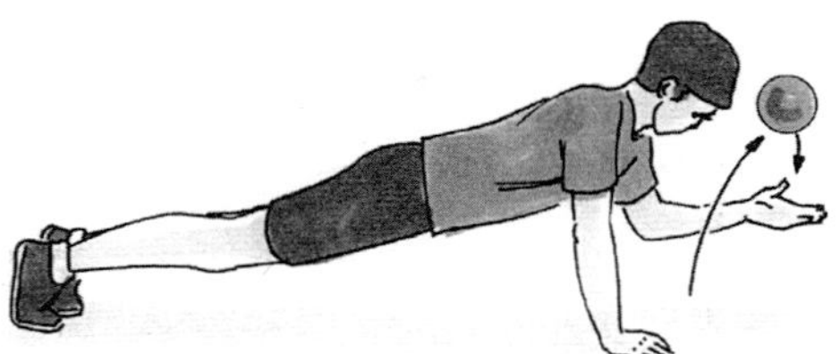

*Abb. 154*

**Differenzierung:**

– Leistungsschwächere Schüler werfen und fangen den Gymnastikball 7-10 x.

– Leistungsstärkere Schüler werfen und fangen den Gymnastikball 15-20 x.

**Variationen:**

– Bauchlage mit gestreckten etwas gegrätschten Beinen, Unterarm und Hand des anderen Armes stützen den Oberkörper leicht ab, die (geübte) Hand prellt einen Gymnastikball auf den Boden *(Abb. 155).*

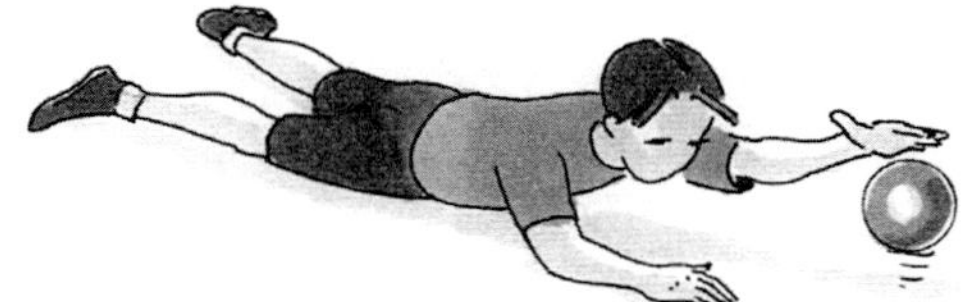

*Abb. 155*

**Hinweis:** Den Kopf nichts ins Genick nehmen (Hohlkreuz!), sondern ganz normal halten. Den Ball mit leicht gebeugtem Arm mehr vor dem Körper prellen.

# P16 Steigen, stützen, stoßen und Muskeln kräftigen

Übungsprogramm mit Bällen

## ③ Bauch

– Sitz auf dem Boden oder einer Matte, die Hände stützen seitlich ab. Jeder Schüler ist im Strecksitz und hält mit seinen Füßen einen Gymnastik- oder Medizinball.
  Nun die fast gestreckten Beine leicht anheben und die Füße mit dem gehaltenen Ball nach rechts und links führen, ohne dabei den Boden zu berühren *(Abb. 156)*.

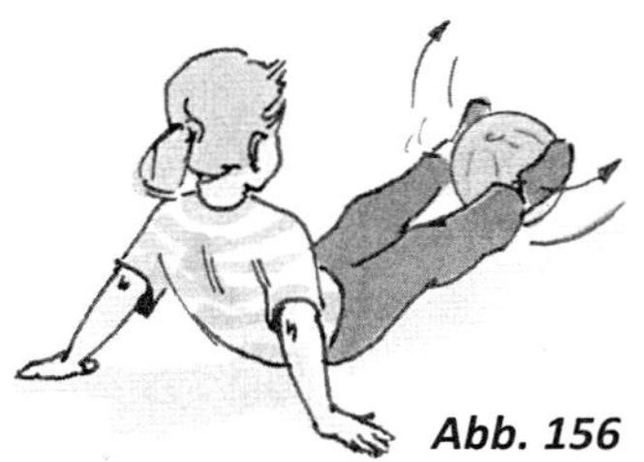

*Abb. 156*

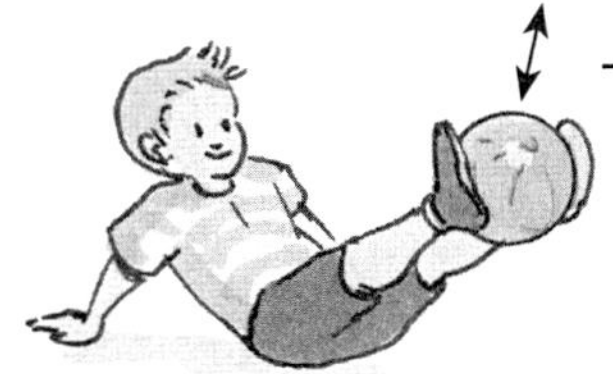

*Abb. 157*

– Sitz auf dem Boden oder einer Matte, die Hände stützen seitlich ab. Jeder Schüler ist im Strecksitz und hält mit seinen Füßen einen Gymnastik- oder Medizinball. Die Beine leicht vom Boden anheben und die Füße mit dem gehaltenen Ball in die Höhe führen. Anschließend wieder in den Schwebesitz zurückkommen *(Abb. 157)*.

**Differenzierung:**

– Leistungsschwächere Schüler üben 7-10 x hin und bzw. auf und ab, dürfen evtl. auch manchmal zwischendurch die Beine kurz auf den Boden ablegen.

– Leistungsstärkere Schüler üben 12-15 x hin und her bzw. auf und ab, evtl. auch mit mehr Tempo und dürfen die Beine nicht auf den Boden ablegen.

**Variationen:**

– Mit einem anderen Ball üben, z.B. mit einem Basket- oder schwereren Medizinball.

– Die beiden Übungen kombinieren, d.h. zunächst den Ball einige Male (3-5 x) seitwärts hin und her bewegen und dann sofort den Ball 5 x auf und ab bewegen.

## ④ Rücken

– Bauchlage auf einer Matte (Abstand zur Wand ca. 2 m), die Schultern schließen mit der Mattenkante ab. Den Basketball (evtl. auch einen Medizinball aus Gummi) mit beiden Händen kräftig von sich wegstoßen, sodass er gegen die umgekippte Sitzfläche der Bank rollt und anschließend wieder zum Ausgangspunkt zurückkommt. Annahmebereit sein und gleich wieder wegstoßen *(Abb. 158)*.

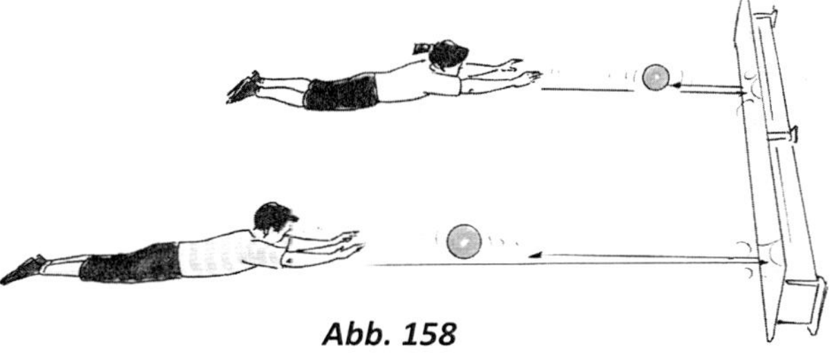

*Abb. 158*

**Differenzierung:**

– Leistungsschwächere Schüler stoßen den Ball 10 x gegen die Bank und dürfen zwischendurch auch die Arme auf den Boden ablegen.

– Leistungsstärkere Schüler stoßen den Ball 15 x gegen die Bank und dürfen während des gesamten Ablaufs die Arme nicht auf den Boden ablegen.

**Variationen:**

– Mit unterschiedlichen Abständen zur Bank üben.

– Mit unterschiedlichen Bällen (Basketball, Medizinball) üben.

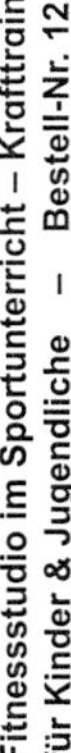

Fitnessstudio im Sportunterricht – Krafttraining für Kinder & Jugendliche – Bestell-Nr. 12 200
KOHL VERLAG

# P16 Steigen, stützen, stoßen und Muskeln kräftigen

Übungsprogramm mit Bällen

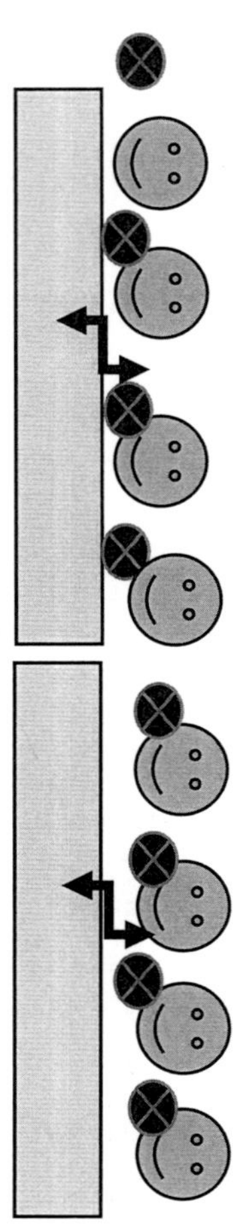

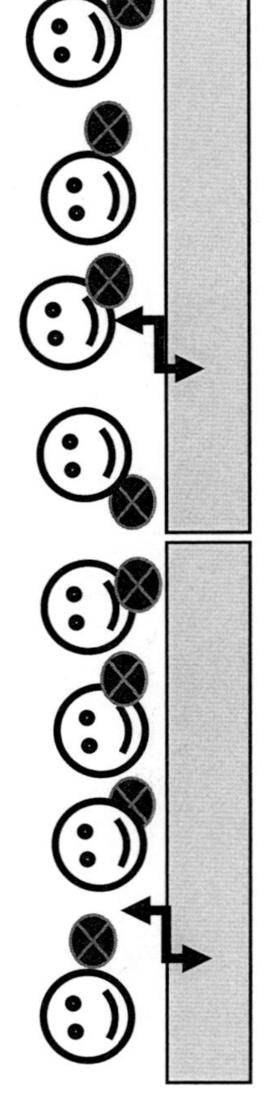

*Skizze 1*

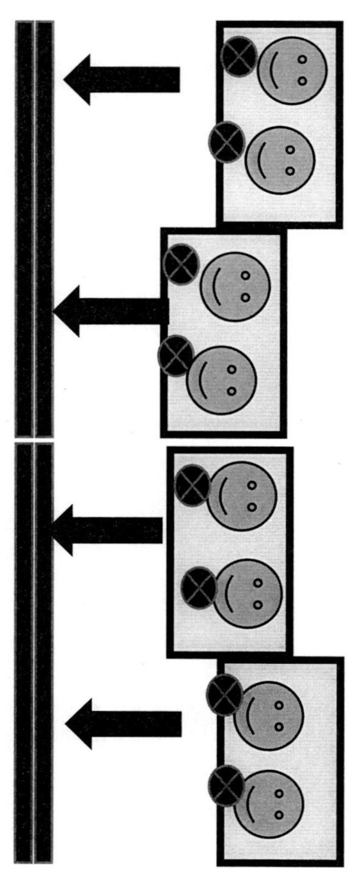

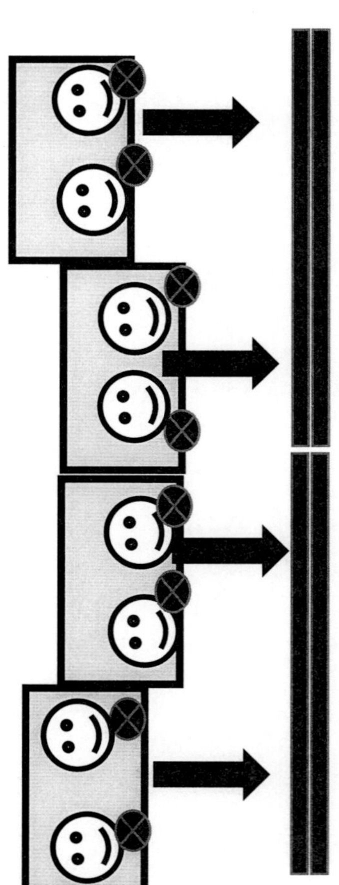

*Skizze 2*